LA PÉNINSULE,

TABLEAU PITTORESQUE

DE L'ESPAGNE ET DU PORTUGAL.

IMPRIMERIE DE ESTIBAL, ET C°,
Rue Saint-Pierre-Montmartre, 17.

LA PÉNINSULE,

TABLEAU PITTORESQUE

DE

L'ESPAGNE ET DU PORTUGAL,

PAR

MADAME LA DUCHESSE D'ABRANTÈS, ET MM. ALEXANDRE DE LABORDE, CHARLES NODIER, LE MARQUIS DE CUSTINE, BORY DE SAINT-VINCENT, P. MÉRIMÉE, LE COMTE ALFRED DE VIGNY, VIARDOT, J.-M. MAURY, ALEXANDRE DUMAS, S. PINHEIRO, ALEXIS DUMÉNIL, ÉDOUARD D'ANGLEMONT, J. JANIN, CAPEFIGUE, PAUL LACROIX, DUCHON, FONTENAY, MURIEL, LÉON GOZLAN, BRUCKER, FERDINAND DENIS, JUAN FLORAN, MONTROL, H. BERTHOUD, GALBACCIO, ADER, L. DUSILLET, BELMONTET, CHAHO, SAINT-GERMAIN-LEDUC, LAVIRON, A. LEDREUILLE, DUBIEF LASSAILLY, CH. MARCHAL, THORÉ, GENEVAY, FAUGÈRE, ACHILLE JUBINAL, ETC.

TOME PREMIER.

PARIS,
AU BUREAU DE LA PÉNINSULE,
Rue des Filles-Saint-Thomas, n° 1.

1835

INTRODUCTION.

Quand le goût des publications pittoresques est devenu le goût de l'époque, comment se fait-il que l'on ait négligé de nous faire connaître cette Péninsule ibérique, formée des deux royaumes d'Espagne et de Portugal; que nous ne possédions pas encore un tableau complet de cette intéressante contrée, la plus pittoresque peut-être de l'Europe? Il est vrai que M. le comte de Laborde a publié sur ce pays un ouvrage orné de magnifiques dessins; mais le prix de cet ouvrage est trop élevé et ne peut convenir qu'à un très-petit nombre d'amateurs. Dans un essai sur l'Espagne, M. Bory de Saint-Vincent a parfaitement traité de la géographie, de la guerre et de quelques points historiques, statistiques et administratifs; mais on peut dire avec lui et le savant Antillon, géographe espagnol, que sous les autres rapports l'Espagne demeure presqu'aussi inconnue que le peut être le centre de la Nouvelle-Hollande, et que la plupart des auteurs qui ont écrit se sont joués de la crédulité des lecteurs.

Tous nos voyageurs, courant sur les traces les uns des autres, se précipitent sur l'Italie, la Suisse, et depuis l'illustration donnée récemment par deux de nos écrivains au nord des îles britanniques, parfois on visite aussi les montagnes d'Écosse : de là, tant de souvenirs, tant de conversations, tant de descriptions, tant de livres au retour, dont le sujet est pour ainsi dire devenu tout-à-fait lieu commun. Mais pourquoi ne voyage-t-on pas en Espagne, pourquoi ne parcourt-on pas cette terre toute voisine, mais vierge, que les Pyrénées seules séparent de la France, ce magnifique pays qui, sous le rapport des singularités physiques, des curiosités naturelles, des sites, des contrastes de toute espèce, des grands souvenirs attachés aux ruines, ne le cède à aucune partie du monde civilisé, sans en excepter la Grèce et l'Italie? C'est, nous dira-t-on, la crainte de tomber sous la balle ou le poignard. Aujourd'hui que la guerre civile rend cette contrée plus que jamais dangereuse, nous avons cru rendre service à ceux qui pouvaient avoir envie d'explorer la Péninsule, en leur en traçant la peinture la plus vraie et la plus complète. Tel est le but de notre vaste publication.

Nous demanderons compte à l'histoire des traces du Midi, de l'Orient et du Nord, sur le sol compris entre les Pyrénées et les Colonnes d'Hercule; nous décrirons les merveilles de l'architecture des Carthaginois, des Romains, des Goths, des Maures et des modernes; nous ferons sortir de la poussière les richesses des musées de Madrid et de ces couvens innombrables qui disséminent trop les monumens de l'intelligence humaine. Nous y rechercherons toutes les productions des arts et surtout les chefs-d'œuvre de Murillo, de Vélasquès, de Moralès, de Ribéra, et de tant d'autres grands maîtres demeurés à peu près inconnus chez nous jusqu'au jour où l'abus de la victoire plaça dans une galerie française les plus belles compositions de l'école de Séville; nous interrogerons le Panthéon du sombre Escurial, ses tombeaux, son reliquaire et ses précieux manuscrits; nous fouillerons dans les annales de l'Inquisition; nous traduirons un grand nombre de poésies ignorées et d'œuvres dramatiques qui n'ont point encore paru dans notre langue; nous raconterons d'étranges, de merveilleuses chroniques; enfin, nous donnerons des biographies de choix sur les plus belles renommées de la patrie de Pélage, du Cid, d'Alphonse-le-Sage, de Caldéron, d'Ignace de Loyola, d'Isabelle, de Cervantes et de Moratin.

Nous visiterons, nous explorerons aussi le Portugal, cette terre déchue, si belle, si féconde, si douce au cœur de Child-Harold ; cette terre d'où partirent les premiers conquérans de l'Inde, et d'où s'exila le Camoëns pour y revenir mourir à l'hôpital.

ÉDOUARD D'ANGLEMONT.

LA PÉNINSULE,

TABLEAU PITTORESQUE

DE

L'ESPAGNE ET DU PORTUGAL.

LA CATHÉDRALE DE CORDOUE.

LETTRE A MISS BOWLES.

Cordoue, ce 3 mai 1835.

Quand on partirait de Paris uniquement pour venir admirer la cathédrale de Cordoue, on ferait un voyage très-raisonnable. J'ai vu bien des monumens ; aucun ne m'a paru aussi singulier que celui-ci ! C'est un quinconce sur lequel on a mis un toit. Au milieu de cet obscur jardin d'arbres granitiques s'élèvent des masses d'architecture distribuées avec assez peu de régularité, et qui ressemblent à diverses fabriques dispersées dans un parc. Ces masses sont le dôme, le chœur et les chapelles latérales de l'église. J'ai considéré ce monument sous le rapport historique plutôt que comme une œuvre d'architecture. Si l'on n'y voulait voir qu'une église, il ne serait pas assez élevé pour son immense étendue en longueur et en largeur. Cette enceinte sert de promenade à la ville de Cordoue ; on se croit aux Champs-Élysées de Paris, si ce n'est que les troncs d'arbres sont de marbre, le ciel d'or et les pierres brodées comme une étoffe.

En présence d'un édifice si bizarre, il est naturel que l'histoire absorbe la pensée, et que l'art soit oublié. Le plaisir qu'on éprouve tient de la réflexion plus que de l'imagination ; ce qu'on voit est le résultat d'une confusion de siècles, de religions, de peuples, dont il n'y a pas, je crois, d'autre exemple dans le monde ! Le catholicisme a fait à Cordoue pour le mahométisme ce qu'il avait fait à Rome pour le panthéisme : il s'est emparé d'une mosquée, et l'a sauvée en la baptisant.

Mais cette mosquée, avant d'être changée en église, était elle-même déjà l'héritière de deux temples : de celui de Janus sous les Romains, et d'une cathédrale chrétienne sous les rois goths. Tant de métamorphoses ont produit un monument bien singulier ; on le décrirait exactement, sans pour cela pouvoir donner l'idée de l'effet qu'il produit à l'œil, car il y a une exactitude incomplète ; voilà ce qui m'effraie ! Qui croirait que l'architecture, avec ses règles si positives, ses calculs si arrêtés, ses lignes données, ses conditions absolues, peut exprimer mieux qu'aucun autre art le désordre, le vague, le mystère des passions ? Voilà pourtant ce qui est arrivé ici !... J'ai rêvé à ce problème tout le temps que j'ai passé dans la cathédrale de Cordoue.

La mosquée avait été bâtie par Abdérame, dans le huitième siècle, et plus tard les Espagnols ont outré le défaut de cet édifice, en élevant le sol, qu'ils ont recouvert d'un pavé de briques, peu digne de la magnificence du monument. La base des colonnes reste enterrée sous ce pavé moderne ; ce qui fait perdre de l'élégance et de la légèreté à leur partie supérieure.

La mosquée d'Abdérame était, dit-on, deux fois plus vaste que la cathédrale actuelle ; mais rien ne justifie cette exagération des admirateurs exclusifs et maniaques du peuple arabe.

Aujourd'hui l'église a six cent vingt pieds de longueur, et

quatre cent cinquante de largeur. Le roi Abdérame avait voulu faire de cette mosquée le plus magnifique temple de l'islamisme, après celui de la Mecque. Elle a vingt-neuf nefs dans sa longueur et dix-neuf dans sa largeur. Près de mille colonnes (on en compte, je crois, neuf cent soixante) soutiennent le faîte; toutes sont de marbre précieux : il y a même des colonnes de jaspe ; elles ont un pied et demi de diamètre, et trente-cinq pieds d'élévation.

L'édifice entier a la forme d'un carré long, dont un des côtés s'ouvre sur un cloître immense, qui ressemble à une cour. Au-dessous du pavé de cette cour est une citerne voûtée.

Avant d'entrer dans l'église, il faut se promener au milieu de ce cloître, qui sert de parvis à la cathédrale. On voit là des orangers d'une grosseur et d'une antiquité surprenantes. On les dit contemporains des rois maures. De ce bosquet découvert, vous entrez dans un bois plus sombre, qui est l'église elle-même, et vous éprouvez une grande surprise; le sanctuaire a un toit ; voilà le seul signe qui, au premier coup-d'œil, le fasse distinguer du jardin. C'est de tous les temples que j'ai vus, et je crois de tous ceux du monde, celui dont l'aspect rappelle le plus les impressions de la nature. Mais c'est une nature de fées, de génies, une nature des mille et une nuits. Gardez-vous de penser à une cathédrale : c'est un parterre oriental ; c'est le palais de quelque sultane favorite ; pourtant le soir on sent que la féerie s'est changée en religion ; à cette heure du recueillement, les murs arabes, dont les ornemens disparaissent dans l'ombre, ne sont plus que les parois d'un monument fantastique, changé en un sanctuaire chrétien. De tous ces contrastes, il ressort quelque chose d'inexprimable, qui fait sur l'âme une impression qu'on ne peut éprouver nulle autre part. On attend là un spectacle extraordinaire, quelque chose d'étonnant, de merveilleux, et quand on a vu qu'il ne s'y passe rien, on s'en retourne *désapointé*.

Figurez-vous une esplanade ornée de neuf cent soixante colonnes antiques, peu élevées, toutes de divers marbres les plus rares, qui soutiennent un double rang d'arceaux mauresques à jour, et des compartimens de bois précieux servant de plafond à chacune de ces allées de pierre. Tel est, au premier aspect, la cathédrale de Cordoue.

Du milieu de ce labyrinthe sacré s'élève le dôme; cette coupole gâte un peu l'ensemble de l'édifice, parce qu'elle est moderne; mais les arcs mauresques, qui la supportent à une grande élévation, me paraissent d'une hardiesse merveilleuse. D'ailleurs, ils sont ornés de sculptures très-fines et d'élégantes mosaïques. Je vous le dis, cela vaut le voyage.

Le maître-autel et le dôme ont été construits au temps de Charles-Quint. Dix-sept portes servent d'entrée à la cathédrale. Elles sont couvertes de sculptures en bronze d'un très-beau travail.

Près du dôme est le chœur des chanoines, qui renferme un monument précieux : ce sont des stalles sculptées en bois par un artiste de Cordoue, don Pedro Duque Corneja, qui, dans chaque panneau, a représenté un sujet de l'ancien testament. Il a mis dix ans à terminer ce chef-d'œuvre. J'ai vu plusieurs ouvrages du même genre; je ne me souviens pas d'en avoir admiré d'aussi parfaits que celui-ci; outre la beauté de l'exécution, il a l'avantage de nous faire faire un cours assez complet de l'histoire sacrée.

A peu de distance du chœur, on voit le tombeau de l'artiste avec une épitaphe, où l'on a rendu hommage à son talent.

En face du chœur est le sanctuaire avec son maître autel, dont l'effet ne détruit pas l'harmonie du temple, et c'est un assez grand éloge. Il y a des chapelles en si grand nombre, que je n'ai pu les compter ni retenir leur nom. Cependant chacune a son caractère, chacune mérite un examen particulier; mais le temps, le temps semble plus court pour le voyageur que pour les autres hommes. Le monument que je vous décris est un monde. Mais Cordoue n'est qu'un point dans la partie de la terre que je veux parcourir cet été ; il faut abréger.

Cette église renferme de bons tableaux, mais dont pas un ne m'a paru du premier ordre. Elle est sous l'invocation de saint Cycle et de sainte Vittoria, frère et sœur martyrisés à Cordoue. Un assez beau tableau représente ce martyre ; il est placé dans une des principales chapelles ; mais ce qui m'a causé une surprise que rien n'effacera de ma mémoire, c'est une espèce de cellule purement mauresque, et dont tous les ornemens sont conservés dans l'état où les Maures les ont laissés. Les chrétiens n'ont ajouté aux constructions musulmanes qu'un autel et un tombeau. On se croit à Sainte-Sophie ; la forme de l'arc turc, les bizarreries des dorures, les dentelles de pierre, les broderies de marbre, tout est purement mahométan. Des inscriptions arabes en mosaïque m'ont fait regretter mon ignorance, et pourtant cette ignorance même ajoute un intérêt vague à l'étonnement qu'inspire ces restes d'édifices profanes, protégés par les vainqueurs des infidèles (1), et sanctifiés par le signe de notre foi.

C'est là que les Maures conservaient un des originaux de l'Alcoran. On vous raconte très-sérieusement à Cordoue qu'ils paient un tribut annuel à l'Espagne pour empêcher qu'on ne dise la messe dans leur sanctuaire abandonné.

Quand on pense que ce peuple de mécréans dit de nous aujourd'hui à Tanger ce que nous disons de lui ici, que le Christ seul sépare le monde appelé civilisé du monde barbare, et que malgré leur ignorance moderne, leur apathie, perpétuée par la fatalité !... la fatalité !... cet article de foi des peuples

---

(1) Lorsque saint Ferdinand conquit la ville de Cordoue sur les Maures, en 1236, la première chose qu'il fit fut de purifier la mosquée et de la consacrer à Dieu.

paresseux, les Arabes ont fait avancer le genre humain dans les sciences positives ; l'esprit se perd à méditer sur des problèmes insolubles. Il faut avouer qu'on ne peut contempler sans trembler le luxe de hasard que la Providence affecte de déployer dans la conduite de l'esprit humain. C'est là que les ravages du libre arbitre sont le plus effrayant. La foi chancèle devant cette mer où la tempête dirige seule une navigation entreprise avec des boussoles que les nochers laissent tomber de leurs mains aux premiers coups de vent. Mon Dieu ! mon Dieu ! ayez pitié de notre science.

Comme un ver qui se tord, la pensée se retourne sur elle-même, s'égare dans de vagues méditations; fatigué de recherches, de doutes, d'études, perdu dans les labyrinthes de la philosophie, épouvanté de sa vanité, l'esprit de l'homme se réfugie dans un monde intermédiaire entre le ciel et la terre : dans le monde des arts, et la poésie est retrouvée ! non la poésie primitive, mais la poésie de la seconde époque des sociétés, la poésie de la science et de la douleur!!!.. Là, le sentiment du beau idéal sert encore de guide à l'âme fatiguée ; l'inspiration lui fait reconnaitre un maître; le maître lui promet, lui assure une patrie, et tout est réparé. Où le théologien a fait naufrage, le peintre et le poète triomphent. Les arts, la poésie et l'éloquence à leur tête sont les héritiers des religions éteintes, comme ils sont les soutiens des religions naissantes.

Quelque point de vue qu'on choisisse dans l'intérieur de la cathédrale de Cordoue, on est sûr de faire un tableau pittoresque, animé, original et éclairé comme par enchantement. C'est de la poésie toute pure (1).

---

(1) Le jour tombe dans l'église par une foule de petits dômes qui donnent à l'édifice une physionomie tout-à-fait orientale. Au haut d'une de ces coupoles, on montre la dent d'un des éléphans qui furent employés à transporter les matériaux nécessaires à la construction de la mosquée.

Un peuple de pauvres nous suivait en mendiant ; ces figures étaient venues là tout exprès pour nous fournir des groupes de Murillo au bout de chacune des nefs, ou plutôt des allées de ce monstrueux, mais admirable édifice, moitié bosquet, moitié temple, moitié palais.

Des paysans de Valence, dans leur costume différent de tous les autres, varient les compositions. Ces hommes viennent l'été en Andalousie pour travailler à la terre ; ils sont chaussés avec des sandales grecques, c'est-à-dire qu'en guise de souliers ils portent des semelles de laine très-dures, de l'épaisseur de deux tiers de pouce, attachées par des bandelettes qui rappellent l'antique. D'autres se chaussent avec des peaux de bêtes, liées méthodiquement autour de la cheville par des cordes ; en général, ils ont le haut de la jambe nu, portent des culottes flottantes, et terminées au-dessus du genoux, qu'elles laissent à découvert, comme les caleçons des pêcheurs napolitains. Cependant elles ressemblent plutôt à cause de leur ampleur, à un jupon écossais ou à la tunique grecque. On les appelle *fustanelle*. Un manteau de couleurs tranchantes, jeté sur une veste de velours ronde et courte, de couleur bleue, et qui est arrêtée autour des reins par une ceinture de soie rouge, complète leur costume. Cet habit est léger, singulier, et de plus, commode pour ce pays.

Ces hommes, plus qu'à demi-sauvages, s'agenouillaient avec une dévotion édifiante dans les mystérieux, je dirais presque les voluptueux réduits de la mosquée chrétienne. Le soir approchait ; ils répondaient des parties les plus reculées de l'église, si sombre et si vaste, aux voix des chanoines renfermés dans le chœur, où ces vieux prêtres féodaux récitaient l'office divin ou plutôt seigneurial, devant le peuple agenouillé. Que de choses, que de sens dans ces prières aristocratiques ! Que d'histoire, que de philosophie dans cette scène ! Aux yeux, c'était une explication de l'Espagne ; raconté, ce n'est plus rien. Un des tourmens des voyageurs sincères, c'est de sentir que ce qu'on dit n'est jamais la traduction exacte de ce qu'on voit. Cela dégoûte d'écrire ; la parole humaine a si peu de portée !...... Nos langues, essentiellement métaphysiques, ne datent pas de la création primitive ; le vrai sublime, celui qui révèle la nature dans ses mystères les plus profonds, est presque toujours hors de la mesure du discours. Aussi les peuples, pour qui les mots deviennent tout, perdent-ils bientôt de vue ce vrai but de l'existence. Quand le sens religieux est émoussé dans les nations, la prédication prend la place de tous les autres moyens de manifester la vérité : alors les mystères sont rejetés ; alors on dit la religion réformée ; alors, pour croire, on n'a plus besoin d'imagination ni de sentiment : l'esprit humain simplifié, c'est-à-dire orgueilleusement rétréci, ressemble à une table où l'on suppute gravement les chances de l'éternité, comme on écrirait un problème de mathématiques sur une ardoise, dans une école d'enseignement mutuel ; alors l'art de gouverner n'est plus que celui de discuter des systèmes ; la politique devient bavarde, menteuse et chicanière ; la poésie mesquine, outrée dans la force, niaise dans la grâce, et la société toute matérielle marche progressivement vers le néant !....

Mais je me rappelle que c'est à vous que j'écris, et je renonce à poursuivre ma pensée.... poursuivre la pensée !... Cette expression peint bien l'espèce de guerre qu'on fait à l'idée qui fuit au-delà des mots dès qu'on veut la saisir. La vérité est souvent trop inexprimable. L'esprit la comprend ; mais le génie seul peut la communiquer. Qui donc osera s'imposer la tâche du génie ?

Cet espoir, ce désir, ce besoin de manifester les vérités que l'on conçoit à ceux qui ne les conçoivent pas, est pourtant ce qui donne la passion d'écrire. Ecrire, c'est faire la chasse aux idées ; la vérité est un oiseau voyageur, presque toujours plus rapide que le trait lancé pour l'atteindre. Que d'efforts superflus, que de chutes attendent dans sa carrière l'écrivain consciencieux ! Passer sa vie à connaître et à faire connaître ce qui est, c'est un péril, c'est un tourment : c'est perdre le bonheur en ce monde ; l'amour de la vérité, quand il est sans bornes, conduit inévitablement au martyre... Qu'on ne me cite pas ceux des grands génies (ce mot est synonyme d'apôtre de la vérité) qui ont échappé au malheur de leurs pareils. Il est plus d'une sorte de supplice ; le plus terrible n'est pas toujours celui des tenailles, du feu et de la ciguë : ce n'est pas sur la croix, c'est au jardin des olives que le type divin de tous les sacrifices, que le martyr de la seule vérité pure communiquée aux hommes, que Jésus-Christ a souffert les plus amères douleurs !

On montre aux voyageurs, sur l'une des colonnes de marbre de la cathédrale, une croix gravée, d'après la tradition, par un esclave chrétien, qui aurait été enchaîné là du temps des Maures ; on assure que cette croix a été tracée là sans autre instrument que l'ongle du malheureux prisonnier. Il faut se laisser persuader beaucoup de choses, avant de s'attendrir ou de s'extasier sur ce fait. D'abord il faut croire que la chose même soit possible ; il faut croire ensuite que les Maures enchaînaient les chrétiens dans les mosquées. Si vous croyez tout cela, vous croirez aux miracles, et vous serez bien heureux.

Au sortir de l'église, dont l'extérieur ressemble parfaitement à une forteresse arabe, on nous a conduits à l'évêché : un majordome, s'avançant avec un air grave et mystérieux, dont nous cherchions la cause sans la deviner, nous a introduits dans le palais ; nous avons su depuis que le prélat faisait la sieste. Il a quatre cent mille livres de rentes. C'est un homme d'une naissance obscure, et que ses talens ont fait avancer dans les dignités de l'église. La constitution du clergé espagnol est républicaine. En France autrefois, le haut clergé était moins recommandable pour ses mœurs que les ecclésiastiques d'un rang inférieur ; en Espagne, au contraire, les grands dignitaires de l'église sont beaucoup plus respectables que les simples curés par leurs mœurs et et par leurs lumières. Si l'on ne s'obstine pas à disputer sur des mots, on reconnaîtra que l'Espagne est plus près qu'on ne l'imagine de la forme de gouvernement annoncée depuis si long-temps à la France ; et pourtant, elle est bien loin de notre richesse et de notre industrie. C'est que les formes politiques ne sont rien en elles-mêmes, et que leur valeur réelle vient uniquement de l'esprit qui a présidé à leur fondation, comme au but que se proposent les hommes qui les perpétuent. Voilà pourquoi les institutions essentiellement libérales du catholicisme n'ont encore servi en Espagne qu'à consolider le despotisme.

Le jardin de l'évêché de Cordoue est un bosquet d'orangers, couvert de fleurs et de fruits; ce lieu de délices, sans cesse rafraîchi par des jets d'eau qui retombent dans des bassins toujours pleins, est bordé aujourd'hui d'un côté par le palais de l'évêque, dont il fait l'ornement; de l'autre, par un château mauresque, qui était devenu le tribunal de l'inquisition, mais dont on a fait une prison depuis dix ans. La largeur de la rue seule sépare ce redoutable séjour du lieu ravissant où je me suis promené avec une sorte de volupté rêveuse pendant une partie du jour. Sans mon guide, j'y serais resté plus long-temps, enivré que j'étais par cet air du midi, tout chargé de langueur et d'amour ; cet air qui perpétue l'orage au fond des cœurs; cet air qui réveille les passions dans l'âme, comme la rosée du soir fait monter vers le ciel les parfums de la terre ; cet air qui vous accable, qui vous paralyse, mais qui repose l'esprit par la fatigue même du corps!... L'inquisition, me disais-je?... et mes yeux se tournaient toujours vers les vieilles murailles de la prison mauresque.

Savez-vous que l'imagination est une faculté qui ne s'accorde que rarement avec la bonté, peut-être jamais!.... Il faut pour la captiver un mélange de volupté personnelle et de douleurs étrangères ; ces douleurs excitent, il est vrai, une sorte de sympathie dans l'âme, mais sympathie de curiosité plus que de pitié. Pour que l'imagination se livre tout entière à l'enchantement du présent, elle aime que le passé l'épouvante ; les souffrances des autres entrent presque toujours pour quelque chose dans les plaisirs du poète. Les hommes à imagination se croient trop souvent dispensés de la vertu ; elle leur a passé par l'esprit ; ils pensent avoir pratiqué tout ce qu'ils ont compris : ce sont de grands menteurs ; ils se trompent eux-mêmes, du moins par moment, avant de nous tromper, et leurs propres illusions assurent notre erreur. Plus mobiles que notre pensée, ils jouent la vie ; nous la portons lourdement. Ils ne sont ni bons ni méchans, les poètes.... Ils ne sont rien ; car ils n'ont de sérieux que le talent de peindre ce qui les émeut momentanément. Ce sont des harpes éoliennes, des échos, des miroirs : tout les traverse ; rien ne vient d'eux, rien ne reste en eux ; la réalité leur manque, et les cœurs qui se prennent à leurs séduisantes paroles sont comme des enfans qui voudraient saisir le ciel dans un bassin d'eau transparente. Fuyez, fuyez les poètes : vous les prenez pour des sources jaillissantes ; ce sont des canaux où l'art a refait la nature, mais où trop souvent coule une eau corrompue. Notre idolâtrie leur sert à nous tromper. Nous en faisons des dieux ; ils ne sont que des missionnaires, et pour la plupart infidèles, car ils n'ont plus le courage de se laisser adorer, et pourtant ils sont dans le secret de leur misère, eux : ils se jugent aussitôt que l'enthousiasme les abandonne ; mais alors ils ne se montrent pas ! Le génie ne parle que lorsqu'il est inspiré, le monde est pour lui un théâtre, sur lequel il ne se produit qu'en costume ; malheur au cœur qui l'écoute et lui voue son amour.

Mais les hommes ordinaires n'ont-ils pas tous les défauts des hommes supérieurs avec le génie de moins ? Aimez donc, adorez un Byron, si vous êtes assez infortuné, assez téméraire ou assez heureux pour en rencontrer; et moi j'aimerai Sapho ou madame de Staël, car la crainte ne me détachera jamais du culte du génie. J'aurais été le valet de Rousseau, l'esclave de Byron, et je me serais cru assez payé de toutes leurs injures, si je leur avais fait sentir une seule fois qu'ils étaient compris par moi, comme personne ne les comprend.

Le nom de l'inquisition m'avait donné l'envie de voir les anciens cachots du saint-office. A mon retour dans l'auberge, le maître de la maison m'est venu dire d'un air grave et craintif que je me rendrais fort suspect, si je persistais dans le projet que j'avais manifesté. Il ajouta que l'ancien palais de l'inquisition renfermait en ce moment beaucoup de libéraux; que mon arrivée dans Cordoue avait déjà attiré l'attention de la police, dont les espions étaient sur mes traces, et que si je parlais encore de la prison, on croirait que je ne venais ici que pour communiquer avec les ennemis du gouvernement. Sur cet avis j'ai renoncé à voir les cachots du saint-office, si bien peuplé par les royalistes, et j'ai protesté contre tout projet hostile de ma part; mais quand mon officieux aubergiste se fut retiré, je me demandai pourquoi on disait que l'inquisition avait été supprimée. Si elle l'est, il faut avouer qu'on l'a bien avantageusement remplacée; cette police, moitié pieuse, moitié politique, est devenue, sous quelque nom qu'on la désigne, un des élémens nécessaires de tout gouvernement espagnol.

Pendant quelque temps j'ai voulu douter de cette infirmité de l'état; mais je suis converti, et je redoute l'espionnage au point de prendre, pour cacher ces lettres si innocentes, autant de précautions que M. Caillé en a prises afin de dérober ses notes aux Maures d'Afrique; pourtant la vieille Espagne tient son rang, du moins nominalement, parmi les nations civilisées de l'Europe.

Cordoue, si on la juge comme une ville ordinaire, est un endroit hideux; le pavé disjoint et mobile empêche de marcher dans cette saison. Les rues, toujours encombrées de pierres roulantes, sont de plus remplies d'ânes et de mulets chargés de bottes de blé vert, qu'on vend dans les carrefours et sur les places. Cette marchandise salit la ville entière, à laquelle elle donne l'apparence d'une grande étable, ouverte de tous côtés.

Le costume des hommes est souvent très-soigné ; c'est le chapeau espagnol comme partout, la veste andalouse de drap ou de velours, avec des broderies et des ganses, la culotte de tricot courte et serrée, garnie d'un rang de boutons depuis la ceinture jusqu'à la jarretière, enfin des guêtres de cuir, élégamment brodées. Il n'y a pas de milieu entre ce costume recherché et celui des pauvres, qui n'est qu'un amas de lambeaux pittoresques, moins dégoûtans.

Nous venons de voir danser le boléro sur la place principale; malheureusement cette danse nationale n'est plus guère exécutée en public que par des hommes, excepté au théâtre: mais là elle est trop calculée pour l'effet, ce qui lui ôte de son originalité. Les danseurs que j'ai vus aujourd'hui étaient les mêmes gens qui, ce matin, portaient les insignes à la procession de la Sainte-Croix du mois de mai, fête que je ne connaissais pas. J'ai trouvé que ces danseurs avaient des mouvemens vifs, mais sans grâce; ils s'accompagnaient avec des castagnettes, tout en sautant au son d'une musette monotone.

Beaucoup de monde était rassemblé sur la place pour assister à ce divertissement vraiment espagnol. J'y ai vu plusieurs prêtres. Le système religieux s'accommode parfaitement ici du mélange des choses réputées profanes chez nous, et des choses sacrées. Ce que les prêtres espagnols redouteraient, surtout pour le religion, c'est ce respect avec lequel on la met à la porte en lui faisant la révérence ; c'est ce qu'on fait en France. Mais ici elle est la base de tout; elle se mêle à tout, et comme elle n'est exclue de rien, elle modifie tout.

En me retirant du milieu d'un groupe et en traversant des flots de peuple, j'ai aperçu plusieurs hommes enveloppés dans des manteaux, sous lesquels on voyait passer le bout d'une carabine, arme obligée de quiconque s'éloigne de la ville, ne fût-ce que de deux cents pas. Grâce à la permission de porter un fusil, les Espagnols se croient plus libres que nous chez nous : on ne met pas, comme ici, les gens en prison sur des soupçons; mais on leur défend de se rassembler armés sur la place publique.

Au moment de retourner à l'auberge, j'ai entendu sonner l'angelus; les danses ont été subitement interrompues; tous les hommes et même les prêtres ont ôté leurs chapeaux; chacun a fait à voix basse, d'un air recueilli, une courte prière, puis la vie a recommencé. Pourquoi ces démonstrations publiques de piété me paraissaient-elles singulières? Y a-t-il de quoi s'étonner de voir un peuple resté d'accord avec lui-même? Oui; les hommes qui, comme nous, se croient les plus civilisés de l'Europe, sont devenus souverainement inconséquens, ce qui fait qu'ils s'émerveillent en rencontrant des gens dont les actions sont l'expression sincère de leurs idées.

J'ai été commander un chapeau à l'espagnole; le marchand jouait de la guitare et chantait : il m'a fait attendre sa réponse jusqu'à la fin du boléro; quiconque n'examinerait pas les choses très-attentivement croirait que les Espagnols ne vivent que pour s'amuser. Ce qu'il y a de sûr, c'est qu'ici le travail n'a d'autre but que de procurer à l'homme le moyen de ne rien faire. On dirait que le gouvernement a pour système de rendre tout difficile; il laisse subsister des douanes entre les diverses provinces de l'intérieur du royaume. Rien de ce qui vient de Madrid n'entre à Cordoue sans être examiné à la porte, et une foule d'objets sont assujétis à payer des droits ; c'est ce qu'on appelle ici respecter les libertés locales, et s'opposer aux abus de la centralisation. Quant à moi, je me ressens encore plus de l'ennui des douanes que des inconvéniens de la police, qui cependant tracasse les étrangers ici comme dans tout le royaume. Je ne donnerai plus d'autre nom à ce pouvoir que celui d'inquisition simplifiée. L'ancienne inquisition était en politique ce que la machine de Marly était en mécanique. Quant à la religion, elle n'a depuis long-temps plus rien de commun avec cette pieuse institution, dégénérée en machine politique chez un peuple à demi-africain et sous un gouvernement oriental.

Le marquis **DE CUSTINE**.

RITA.

Il y a quelques années qu'un de mes bons amis partit pour l'Espagne.

Six mois s'étaient écoulés depuis le départ de Montréal; il m'avait écrit de fréquentes lettres, toutes empreintes d'enthousiasme et d'admiration, lorsque, par un petit billet de quelques lignes, tracées à Madrid, il m'apprit qu'il avait reçu un coup de poignard « *très-léger. Bientôt,* continuait-il, *je serai près de toi.* »

Cette nouvelle m'affecta plus qu'elle ne me surprit ; je voyais, dans mon imagination, Montréal attaqué en traversant quelque *sierra* par des contrebandiers, leur opposant une vaine résistance, blessé et laissé presque nu ; ou bien d'autres fois, je composais dans ma tête une scène de jalousie, qui m'expliquait au mieux la blessure de mon étourdi, croyant sans doute qu'il est permis de rôder autour d'un mari castillan, comme près d'un banquier de la Chaussée-d'Antin. Je ne fus parfaitement rassuré que lorsque j'appris que Montréal avait franchi la Bidassoa. Quelques jours après, je le reçus à sa descente de voiture, et je l'entraînai chez moi, où il était attendu par un bon déjeûner. Son bras droit était en écharpe, et mon regard souvent s'était déjà porté sur sa main enveloppée de bandes, sans que ma bouche eût osé interroger mon ami.

Il vit ma curiosité, sourit, posa sa serviette, fit faire un quart de conversion à son fauteuil, but un dernier verre de champagne, et commença ainsi :

« Si je n'avais pas eu la main aussi prompte, Piedraita

aurait à cette heure une tombe de plus. — Piedraita, ma ville natale! m'écriai-je. — Oui, et écoute.

» Tu sais avec quelle joie d'enfant je partis, Antonio; tu as vu mes transports en quittant Paris pour ton Espagne. Eh bien! je dois pourtant l'avouer, mon imagination fut vaincue; il y a de ces choses qu'on ne comprend que lorsqu'on les a vues. Mais aussi je ne voulus point d'échelle de proportion, je n'avançai pas lentement; je traversai rapidement les royaumes qui séparent la France de l'Andalousie, et je ne voulus commencer à regarder autour de moi que dans cette admirable province, que sous ce beau ciel qui nous inonde d'une clarté nouvelle. Cette atmosphère imprégnée de parfums me faisait frissonner comme un souffle de femme; il me semblait que jusqu'alors je n'avais pas vécu. Cette nation si pleine de poésie, ce mystère qui cache ces belles Andalouses, ce peuple qui ne dort le jour que pour danser et chanter la nuit, ces guitares, ces mandolines, cette existence toute de silence, d'amour et d'harmonie, tout cela me rendait fou, et je crois qu'en y songeant, je le redeviens encore!.... »

L'œil de Montréal étincelait: jamais je ne l'avais vu si beau; sa fraîcheur était un peu disparue; mais en revanche sa figure avait pris ces tons chauds, qui donnent tant de puissance magnétique aux têtes du midi.

Montréal reprit: «Je visitai Santa-Fé, si pleine de souvenirs; Séville, Jaen, et retraversant la Sierra-Morena, je vis Tolède et sa riche cathédrale, et je vins bientôt à Piedraita. J'ai vu la chambre où tu es né; si je l'eusse osé, j'aurais demandé à voir ton berceau, que bien sûr ta bonne grand'mère a conservé. »

Nous échangeâmes un de ses sourires qui amènent les larmes; et il continua. «Je ne te dirai rien de l'accueil que j'ai reçu, mais je ne l'oublierai jamais.

» C'est une jolie ville, ami, que ta Piedraita; les environs en sont riches; la ville est propre, et la classe pauvre elle-même l'est un peu. Enfin, soit par souvenir de toi, soit à cause de l'accueil que j'avais reçu, ou enfin je ne sais par quel pressentiment, je restai à Piedraita plus long-temps que ne le méritaient les curiosités de ton pays, qui consistent en quelques ruines assez belles de l'enceinte élevée par les Maures en 1020.

» Un jour, après la *sieste,* nous étions réunis dans un vaste salon, ta grand'mère, ta tante et tes charmantes cousines. Oublié dans un petit coin, j'écoutais cette conversation de femmes espagnoles, si vive, si colorée, reflet admirable des causeries vantées des Arabes. Comme cette langue dit mieux que la nôtre ! Que ces gestes rares et saccadés font bien comprendre ces têtes où tout est poésie, ces cœurs gros de passion !

» Tout-à-coup la porte s'ouvrit, et une toute jeune femme entra d'un pas léger et grave tout à la fois; tes cousines lui sautèrent au cou, et bientôt la conversation m'apprit qu'elle se nommait Rita, et qu'elle avait épousé un hidalgo vieux et riche.

» Les traits de Rita n'avaient rien d'extraordinaire; ses yeux seuls étaient d'une beauté ravissante ; tu sais, de ces yeux qu'on ne trouve qu'en Espagne. Elle causa peu, mais sans affectation comme sans embarras. Avec un son de voix enchanteur, elle me pria de parler de la France; attentive elle m'écoutait; son regard semblait suivre mes paroles. Je fis l'éloge de ma belle patrie, de nos savans, de nos soldats; mais il fallut une nouvelle interrogation de sa part pour me décider à peindre nos Parisiennes. Qu'elles me pardonnent; je craignais que Rita ne pensât que l'une d'elles avait gardé mon cœur.

» Quand j'eus fini, elle seleva, et avec un son de voix et un regard charmans, elle me dit : « Tout cela est beau; mais vous autres Français vous êtes trompeurs, légers ! (et modifiant l'expression de tout son visage) vous êtes sans religion !»

Elle se signa dévotement, embrassa tes cousines, puis sortit.

» Voilà tous les détails de notre première entrevue... car tu as deviné? » Un signe de tête lui répondit.

» Eh bien! Antonio, cette femme n'avait presque rien dit, eh bien! j'étais fou de cette femme. Elle n'était pas belle comme ta cousine Pacecitta, que j'ai vue depuis à Madrid, et pourtant j'en étais amoureux; mais son œil disait tout; son front était si large, si blanc, si uni; ses lèvres minces paraissaient si pleines d'énergie; cette femme grêle était si souple et semblait avoir tant de force! Enfin, je l'aimais sans me rendre compte de sa beauté; je l'aimais, parce que je l'aimais.

» Bientôt elle apprit mon amour. Ces femmes de ton pays ne connaissent pas d'aveux hypocrites! C'est en vous couvrant de baisers, en vous dévorant de caresses qu'elles vous disent toute leur passion. Rita m'aima.

» Jusqu'alors, tu le sais, Antonio, j'avais eu des bonnes fortunes de salons, de ces amours bien polis, bien discrets, de ces passions à tant d'heures par semaine, où tout est calculé jusqu'au délire.

» Ma Rita ne fut pas ainsi; dès l'heure qu'elle aima, tout devint amour; si tu l'avais vue, tu n'aurais plus reconnu cette femme qui s'était montrée calme et posée. Que son regard était changé! tantôt il étincelait; tantôt ses paupières se voilaient sous le frisson qui parcourait tout son corps. Oh! mon Dieu! qu'elle était belle!

» Vois-tu, me disait-elle, vois-tu, j'ai tout oublié, tout, jus-
» qu'à mon vieux mari qui dort tandis que je suis près de toi.
» C'est un crime! Eh bien! je crois que je t'aime plus que si j'étais
» libre. Mon amour, c'est de la folie! mon amour!.. Serre-
» moi donc plus fort sur ton sein! Je suis perdue d'ivresse et
» de bonheur! » Puis elle se tordait dans mes bras, riait comme une douce enfant, jouait, chantait, et un instant après, redevenue triste et sérieuse, elle pleurait; car il n'y a guère d'amour sans tristesse et sans larmes. Elle s'arrêtait

au milieu de ses élans d'amour ; elle avait des remords, des craintes ; elle parlait de l'enfer ; cette femme brûlante tremblait comme la feuille, et peignait les tourmens des damnés, comme elle avait peint son amour.

» Une nuit, car presque tous les soirs elle accourait chez moi : « Je t'aime tant, me disait-elle, que lors même que tu
» serais Satan ; je t'adorerais encore ! » — Oh ! je ne suis pas tout-à-fait Satan ; mais je suis *juif !..* » La tête de la Méduse n'eût pas produit un effet plus terrible que ce mot ; je crus qu'elle allait mourir ! Elle me regarda un instant avec une terreur inexprimable ; son visage redevint mélancolique ; un pâle sourire flotta sur ses lèvres, et en m'embrassant, elle me dit : «Tu m'as fait bien mal ! »

» Le lendemain elle revint ; mais elle était sombre : «Vois-
» tu cette branche de laurier, dit-elle : elle est fanée ; c'est
» notre sort à nous autres femmes ! Nous vous sacrifions tout,
» vous, rien, rien ! » Puis elle se prit à pleurer.

» — Rita ! Rita ! pour toi je sacrifierais tout, hormis ma patrie !...

» — Tout !....

» Je lui fis un signe de tête ; elle poussa un cri de joie qui me fit frémir ; elle hésita. « Sacrifie - moi ton horrible
» croyance? —Enfant, lui répondis-je ; » et des baisers achevèrent ma réponse.

» Elle s'arracha de mes bras pâle et tremblante. « Mais pense
» donc, s'écria-t-elle, que je suis damnée pour t'avoir aimé,
» toi, juif ! » Elle versa un torrent de larmes ; puis les veines du front toutes gonflées, les lèvres tremblantes, elle se leva et sortit.

» Plusieurs nuits se passèrent sans qu'elle reparût ; en vain j'employai tous les moyens ; rien ne réussit. Enfin je devais partir le lendemain ; elle le sut, et la nuit qui précéda mon départ, elle entra dans ma chambre ; je ne pouvais presque pas la reconnaître, tant elle était changée : j'allai à elle ; elle

me repoussa, puis s'assit. Je ne savais pourquoi ses traits m'inspiraient une sorte de terreur : « Montréal, me dit-elle, » je viens ici par la volonté de Dieu. J'ai été à toi ; aujourd'hui » je suis perdue pour t'avoir aimé : abjure ! je suis sauvée ?..
» Par pitié, continua-t-elle, par pitié ! Je t'aimerai, je quitte-» rai tout, je serai ton esclave ! Montréal, fais-toi chrétien, par » pitié pour ta Rita ! »

» Sa voix était pleine de larmes, son regard suppliant ; ses bras m'entouraient avec force.

» Rita, lui répondis-je, je suivrai la religion de mes pères. »

» Il me l'avait bien dit, *lui !* » Elle se leva et se promena à grands pas ; elle me semblait grande comme un homme.

« Infâme, s'écria-t-elle, tu m'as trompée, déshonorée ; » tu m'as jetée à l'enfer, et à présent tu te railles, juif maudit ! » Mais tu ne m'échapperas pas ainsi ; tu partiras chrétien, ou » tu ne partiras pas !

» Je me levai, et je lui dis de la voix la plus forte et la plus énergique que je pus prendre : « Je partirai. » A peine avais-je prononcé ce mot, que, comme une furie, elle se précipita sur moi ; je vis briller quelque chose dans sa main ; j'opposai la mienne : je sentis le froid du fer qui m'entrait dans la main. Rita épuisée tomba ; je la croyais morte. Elle fut longue à reprendre ses esprits ; se réveillant, comme d'un sommeil, elle passa la main sur son front : à la vue de mon sang, Rita poussa un cri qui me glaça le cœur ; elle s'empara de ma main, buvait le sang, l'épanchait avec ses beaux cheveux en me demandant grâce et merci.

» Rita, lui dis-je, qui t'a conseillée ?

— » Le père Inigo....

» Je rugis de colère ; elle, à genoux, retournait toujours ma main. Ce n'était plus la femme furieuse ; c'était l'enfant plein d'amour d'autrefois. Ses yeux étaient redevenus doux et beaux comme les yeux d'une gazelle que l'on caresse.

» Elle m'appelait son dieu ; je crois qu'elle aurait blasphémé le Christ lui-même, tant elle était irritée contre le confesseur qui lui avait ordonné de me frapper.

» Elle voulait revoir ma plaie, me demandait grâce, mais avec quelle voix !... Antonio, bien vrai, je l'aimais davantage ! Nous nous quittâmes que le jour commençait à paraître.

» Le soir je me mis en route ; je sortis par la route de Madrid ; une femme avec une épaisse mantille s'approcha de moi. Je la reconnus bien ; elle pleurait ; elle baisa ma main blessée, me remit une petite boîte, me dit quelques mots que je n'entendis pas, car moi aussi je pleurais. »

Montréal s'arrêta ; il faisait des efforts pour retenir ses pleurs : « Regarde, dit-il, que ces cheveux sont beaux ! » Deux larmes tombèrent lentement le long de ses joues.

A. GENEVAY.

DON JOSEF DE RIBERA.

Vers l'an 1505, il y avait à Rome un pauvre enfant de quinze à seize ans, qui s'en allait couvert de haillons par la ville, étudiant aux façades des maisons, sur les places, dans les jardins, dans les églises, étudiant dans tous les lieux d'où sa misère ne le faisait pas repousser, les chefs-d'œuvre des artistes de toutes les époques. Il était là, sans parens, sans amis, sans personne qui s'inquiétât de lui. Étranger, et d'une race maudite depuis le ravage du pays par les soldats du connétable de Bourbon ; avec cela, il avait un corps peu robuste et une santé délabrée par les privations continuelles de sa misérable vie.

Cependant il avait conservé une grande énergie de caractère ; vrai Castillan, il était fier de son origine espagnole, et il affectait en parlant de prononcer avec l'accent de son pays, tellement que ses camarades, faisant allusion à la petitesse de sa taille, qui le faisait paraître plus jeune encore qu'il n'était réellement, lui avaient donné le surnom de Spagnoletto, l'Espagnolet ; car ce pauvre enfant, c'était lui, c'était don Josef de Ribera, qu'une suite d'événemens malheureux avait réduit à cet état de dénuement et d'abandon.

Son père était originaire de Murcie, et il appartenait à une famille très-importante de cette ville, et qui jouissait d'une haute considération dans les deux Castilles. Après avoir long-temps servi avec distinction dans les vieilles bandes espagnoles, il s'était retiré à Xavita, aujourd'hui San-Felippo, près de Valence, où il s'était richement marié. Il eut trois fils, dont les deux aînés prirent le parti des armes; mais le plus jeune était d'une santé si délicate, que son vieux père, jugeant qu'il pourrait difficilement supporter les fatigues de la guerre, le destinait à l'état ecclésiastique. Il l'envoya commencer ses études latines à l'université de Valence. Ribera se trouva camarade d'école d'un des fils du peintre Ribotta, qui lui donnait quelquefois des copies des dessins de son père. Celui-ci, ayant eu occasion de voir ce qu'il faisait, dit à son fils de lui amener cet enfant, et lui permit de venir travailler dans son atelier. En peu de temps, il y fit des progrès très-rapides, et ses parens consentirent à ce qu'il abandonnât l'étude des lettres pour se livrer entièrement à un art pour lequel il montrait une si rare aptitude. Enfin, ils se décidèrent à le laisser partir pour l'Italie.

Il suivit donc son frère aîné, qui allait prendre le commandement d'une compagnie de cavaliers espagnols dans le royaume de Naples, où il fut quelque temps gouverneur de Castel-Nuovo. Mais peu après les deux frères furent séparés par les événemens de la guerre. L'aîné reçut ordre de se transporter avec ses soldats dans les provinces belges, et le plus jeune demeura sans ressources dans un pays dont il ne comprenait pas encore bien la langue. Mais il y avait dans cet enfant un courage et une force d'âme à toute épreuve. Il partit pour Rome, où il vécut tant bien que mal, étudiant tout le jour, et dormant la nuit sur la terre nue ou sous l'abri d'un portique. L'extrême finesse de ses dessins, la recherche avec laquelle il les terminait, jusque dans les moindres détails, l'eurent bientôt fait remarquer parmi les jeunes gens qui s'occupaient des mêmes études.

Un jour qu'il dessinait devant une maison quelques figures de Polidoro da Caravagio, un cardinal espagnol, qui passait par là, s'arrêta pour observer ce qu'il faisait; après l'avoir examiné quelque temps, il le questionna sur sa position, ses idées, ses moyens d'existence. Il répondit en contant naïvement son histoire, et le cardinal, touché de sa persévérance et de son assiduité au travail encore plus que de sa misère, le fit monter dans son carrosse, et l'emmena dans son palais, où le mettant sur le pied des officiers de sa maison, il lui laissa tout son temps pour étudier, comme il l'entendrait.

Lui qui était de cette nature sensible et mélancolique de jeune homme qui sait passer une journée délicieuse, seul avec ses imaginations, s'en allait par la ville, insouciant, s'amusant de rien, dormant au soleil, ou regardant aller les passans ; d'autrefois il étalait fastueusement son riche costume dans les promenades, ou bien il courait les champs tout le jour, observant curieusement toutes choses, vivant de la vie des plantes, du chant des oiseaux, du bruit des eaux, des senteurs de l'air ; puis il s'asseyait sous un arbre, et rêvait tout éveillé les rêveries délicieuses que l'on ne connaît bien qu'à cet âge ; souvent la nuit close le surprenait ainsi à une grande distance de la ville.

Ainsi vivait Ribera depuis plusieurs mois, quand un jour il pensa combien ce temps avait passé vite, perdu, irréparable, et combien sa vie nouvelle le faisait nul et incapable. Alors il laissa la brillante livrée et les somptueux repas pour reprendre les haillons qu'il avait quittés, et se remettre à vivre, au jour le jour, d'une poignée de figues ou d'un morceau de pain, que lui abandonnaient ses camarades en échange de ses dessins. Le cardinal fut peiné de cette résolution, et il lui fit faire des reproches de ce qu'il appelait son ingratitude ; mais Ribera répondit qu'avec l'abondance et la sécurité, l'indolence et l'oisiveté lui étaient venues, et qu'il n'avait cru pouvoir mieux faire que de se débarrasser de tout cela d'un seul coup.

Cependant il s'était remis à étudier sérieusement les sculptures antiques et les ouvrages des artistes de la moderne Italie, qeu l'on rencontre à chaque pas dans la ville de Rome ; mais il copiait de préférence les ouvrages de Jules Romain, de Polydore, et surtout ceux des peintres vénitiens, qui étaient en grand nombre dans les églises. Dès ce temps-là les ouvriers les plus forts et les plus énergiques obtenaient exclusivement sa préférence.

Un jour enfin, il aperçut, dans l'église de Saint-Louis-des-Français, des peintures nouvelles, qui soulevèrent toutes ses sympathies. C'étaient des ouvrages de Michel Angiol de Caravagio; c'était, entre autres, son admirable Conversion de saint Paul, cette terrible composition, si imposante dans son désordre; cette lumière qui glisse sur tous les objets, pour frapper en plein sur la croupe d'un beau cheval gris-pommelé et sur la face du cavalier renversé ; cette tête elle-même si sublime dans son énergique simplicité, et partout la vie, la passion, la nature prises sur le fait; et de quelque côté qu'il se retournât dans la chapelle, des peintures d'un caractère aussi puissant, ou des places vides qui attendaient les toiles qui leur étaient destinées : c'était comme une révélation d'en haut; c'était comme dans un songe où la peinture, qu'il avait cherchée toute sa vie, la peinture selon son tempérament, se serait trouvée réalisée, où les pressentimens de son génie auraient pris une forme arrêtée et précise. Jusque là il avait admiré Raphaël, Titien, Michel-Ange, Paul Veronèse; aujourd'hui il était confondu, anéanti; il n'osait bouger de place de peur de rompre le charme qui lui faisait voir son peintre, son maître, un dieu : il croyait rêver, et redoutait de se voir éveillé tout à coup.

Enfin, il fallut sortir; mais dès-lors il n'eut plus qu'une pensée, parvenir jusqu'à l'homme qui pourrait lui enseigner une telle peinture. Cependant il était tout saisi, chaque fois qu'il s'arrêtait à l'idée de se présenter devant le maître, lui, pauvre et couvert de haillons, devant le Caravagio, devant le prodigue, le terrible Caravagio, que les plus grands seigneurs n'osaient contredire, et qu'ils n'abordaient qu'avec mesure.

Un instant peut-être il regretta le crédit du cardinal; mais il n'était pas de nature à tenter une démarche humiliante, à implorer la protection d'un homme dont il avait refusé les services, et il prit le parti de se présenter lui-même. Plusieurs fois il attendit à la porte du maître, et le moment venu, il n'osait s'approcher et lui adresser la parole. Pourtant il le désirait de toute son âme; mais quand il se trouvait en présence du grand homme, le courage et la résolution lui manquaient. Demain, disait-il, demain; et il le regardait passer. Enfin, il fit un violent effort sur lui-même, et s'alla mettre juste sur son passage pour ne pouvoir plus s'en dédire. Maître, dit-il, je voudrais vous voir peindre. L'autre jeta sur lui un coup d'œil dont il demeura anéanti; puis continuant son chemin : Viens, dit-il; et ils entrèrent tous les deux.

Michel Angiol se mit à travailler avec la puissance de génie et de talent qu'on retrouve dans tous ses ouvrages; le jeune homme, immobile derrière lui, le regardait faire. Voilà ce qu'on peut appeler une grande et belle leçon de peinture, une leçon silencieuse et dépouillée de ce fatras de commentaires par lequel les gens qui font métier d'enseigner embrouillent la tête de leurs élèves, et remplacent les préceptes sérieux qu'ils ne savent pas ou ne veulent pas leur donner; pas un mot ne fut prononcé de part ni d'autre, et pourtant le maître sentit que son nouvel élève le comprenait.

Celui-ci était ravi ; dans un état de comtemplation absolue, il regardait de toute son âme, ou plutôt il ne regardait pas, il voyait; ébloui de cette saisissante peinture, étourdi de la profusion de pensées qu'elle faisait naître en lui, il était encore immobile que le Caravagio s'était levé et avait renvoyé son modèle. Demain tu viendras peindre, dit-il ; peindre demain! répéta le jeune homme n'osant comprendre et comme s'il n'avait pas compris. Le lendemain il peignit.

Le Caravagio le mena vite; dès qu'il l'en crut capable, il le fit travailler dans ses tableaux, retouchant, terminant ce qu'il avait commencé ; il lui faisait voir ce qu'il avait rendu de plus ou de moins qu'il ne fallait, lui expliquait ce qu'il n'avait pas compris : il lui montrait combien il fallait souvent peu de chose pour compléter un ouvrage dont il avait désespéré ; et le familiarisant ainsi avec les inconcevables difficultés de l'art, il lui donnait cette confiance en lui-même, sans laquelle on ne produit jamais de grandes choses.

Le maître était ainsi avec tous ses élèves : il les voulait pleins d'énergie, et d'un caractère fortement trempé ; il les voulait audacieux et sympathisant avec lui. Les autres, il les chassait de son atelier, et il faisait bien ; il n'y avait rien là à apprendre pour eux.

On doit comprendre combien un enseignement de cette nature devait convenir à un jeune homme d'un caractère aussi entier et aussi résolu que celui de Josef Ribera. Aussi fit-il en peu de temps des progrès rapides, et il s'était déjà fait remarquer au milieu de ses condisciples, lorsqu'à la suite d'une querelle avec le Giuseppino, le meurtre d'un gentilhomme, frappé d'un coup d'épée destiné à celui-ci, força le Caravagio à quitter Rome.

Ribera accompagna son maître jusqu'à Naples avec le Cigoli, le Pomerancie, le Spada, le Manfredi et plusieurs autres de ses amis ou de ses élèves ; il travailla dans son atelier pendant les deux années qu'il passa dans cette ville, et revint à Rome avec lui, lorsqu'il eut obtenu sa grace. Mais il ne paraît pas qu'il l'ait suivi à Malte, comme le récit de quelques auteurs pourrait le faire supposer. En effet, peu après la mort du Caravage, il revint à Rome, après avoir passé assez longtemps à Parme pour copier plusieurs des ouvrages du Corrège, et se former un style de peinture tout nouveau, qui ne ressemble ni au Corrège, ni au Caravage, mais que l'on sent formé par la méditation de ces deux maîtres.

Malgré la supériorité incontestable de son mérite, le Spagnoletto ne pouvait pas vivre de son talent ; il fit de vaines démarches pour obtenir quelques travaux importans ; on refusa même de lui confier une grande toile dans un couvent où il ne demandait pour tout salaire que son logement et sa nourriture. Les marchands de tableaux lui conseillèrent alors de se remettre à la manière de Caravagio, qu'il savait admirablement reproduire, et qui, étant alors goûtée de tout le monde, lui rapporterait beaucoup d'argent. Il le fit; et l'on vendit publiquement ses ouvrages pour ceux de son maître sans qu'il pût obtenir un prix raisonnable de ceux pour qui il les avait fait. Enfin poussé à bout, il prit la résolution de quitter Rome et partit pour Naples, sans autre recommandation que son talent, laissant son manteau, ses meilleures hardes engagés dans une taverne pour prix de quelques mois de nourriture.

Après avoir été quelque temps dans cette ville en proie à la plus affreuse misère, il eut à faire quelques portraits, entre autres celui d'un riche marchand, qui fut frappé de la vérité et de la puissance de cette peinture. Cet homme se lia avec lui; il le logea dans sa maison, et, au bout de quelque temps, il lui proposa d'épouser sa fille unique, qui passait pour la plus belle femme du pays.

La fortune de Ribera était faite; sa réputation le fut bientôt. Un jour qu'il avait mis sécher au soleil un martyre de saint Barthelemy, la foule s'arrêta si nombreuse devant ce tableau que le vice-roi, don Pedro, duc d'Ossona, qui l'apercevait des fenêtres de son palais, voulut savoir le motif de ce rassemblement. Il se fit apporter le tableau et voulut en connaître l'auteur; quand il sut que Ribera était Espagnol, il le nomma son premier peintre avec une pension considérable. Alors on lui demanda des tableaux pour les églises de Naples, pour les couvens, pour les palais, pour le roi d'Espagne; et tous les jours la vigueur, la vérité, la précision de ses ouvrages lui en faisaient demander de nouveaux. Le succès de sa fameuse Descente de croix des Chartreux, dont la vue seule, suivant Luca Giordono, pourrait former un peintre accompli, et de sa Madona Bianca, passe toute croyance. Ce dernier tableau est tellement lumineux et éclatant, il est tellement suave et élégant, que, comme il n'a pas été signé de son auteur, on le regardait généralement, dans le dernier siècle, comme un des plus beaux ouvrages du Corrège qui fût à Naples. Mais le caractère particulier des têtes, la finesse des détails et les archives du couvent qu'on a retrouvées ne permettent pas de douter qu'il ne soit de Ribera.

La ville de Naples, malgré son beau ciel et sa belle mer et ses beaux rivages, malgré le profond sentiment des arts dont est douée sa population, n'a jamais vu briller dans son sein que des artistes étrangers. La situation politique du pays, toujours soumis à la domination étrangère, jointe à la facilité de pourvoir aux besoins de la vie matérielle, est peut-être la principale cause qui, malgré leur nature sensible et enthousiaste, a plongé ses habitans dans cet état d'abjection, de paresse et d'insouciance qui les rend incapables de ferme volonté, de sérieuse attention : quoi qu'il en soit, jamais un si grand nombre d'hommes supérieurs ne s'étaient trouvés réunis dans cette ville qu'à l'époque dont nous parlons, et jamais non plus ils n'avaient été divisés par des inimitiés plus violentes. Le grec Belisario Carenzio, élève de Tintoretto, et le Caracciaolo étaient les meneurs de toutes ces intrigues. Dès qu'ils avaient vu Ribera en faveur au point de ne pouvoir espérer de le renverser, ils songèrent à le mettre dans leur intérêt, d'autant plus volontiers, que ne peignant pas à fresque, il ne pouvait leur nuire, à eux qui en faisaient leur principale occupation : pour cela, ils commencèrent par se déclarer ses admirateurs, se servant de son crédit, de sa réputation, de son importance, qu'ils étendaient autant qu'il était en eux pour en éloigner leurs rivaux, et se faire donner les grands travaux, à eux ou à leurs créatures ; pour cela tous les moyens leur étaient bons ; quand l'intrigue ne réussissait pas, on avait recours au stylet et au poison.

Ainsi furent éloignés le Guido, Gentileschi, Lanfranco, le Dominichino, qui, après avoir été mandés à Naples pour y faire des ouvrages qui leur étaient désignés, furent obligés de partir en les laissant à des mains moins habiles.

Ce n'est pas ici le lieu de nous apesantir sur ces faits, auxquels Ribera n'eut jamais une participation très-directe; qu'il nous suffise de dire, pour expliquer son engouement pour Belisario, que cet homme, s'il n'avait pas un génie supérieur, n'en était pas moins un artiste d'un immense talent, d'une conversation très-brillante et d'un esprit d'intrigue si consommé, qu'il se maintint jusqu'à la fin dans la position qu'il s'était faite aux dépens d'un grand nombre de gens qui valaient mieux que lui.

Cependant Ribera ne cessait de travailler avec la plus grande assiduité. Il peignait alors le saint Janvier de la chapelle royale et le saint Jérôme de la Trinité ; la figure de ce saint était une de celles qui lui plaisaient le plus à représenter. On en trouve dans presque toutes les galeries considérables; le seul palais Panfili à Rome en renferme cinq très-différentes les unes des autres. On voit souvent de lui des ouvrages du même caractère des anachorètes, des prophètes, des apôtres, vieillards dans toutes les attitudes, avec toutes les expressions, dont il reproduit les os saillans, les muscles raides et amaigris, et jusqu'aux plis de la peau avec la plus rare perfection.

Ribera devint fort riche; il avait une maison montée sur le plus haut pied; sa femme ne sortait jamais qu'en carrosse, avec des écuyers à cheval à chacune de ses portières; il donnait de brillantes soirées, où se réunissaient les plus grands seigneurs de la cour; le vice-roi lui-même y venait quelquefois. On y dansait, on y faisait de la musique, et souvent, pendant ce temps-là, le Spagnoletto faisait des croquis d'après les personnes présentes, ou cherchait la composition de ce qu'il devait peindre le lendemain. Ces nombreuses réunions lui donnaient le moyen de disposer ses groupes comme il voulait les avoir dans sa peinture, et de voir l'effet général que devait produire l'ensemble de toutes ces figures.

Ordinairement il faisait dès le point du jour une course à cheval dans la campagne, revenait de bonne heure se mettre au travail, et dans l'atelier, son application était telle, qu'il lui arrivait quelquefois de passer la journée tout entière sans boire ni manger. Comme cette distraction dérangeait sa santé, il fut obligé d'avoir toujours auprès de lui un homme qui lui disait de temps à autre : « *Seigneur Ribera, vous travaillez depuis tant d'heures.* » Il avait chargé de cet emploi un officier espagnol réformé pour ses blessures, et auquel il donnait un demi-ducat par jour.

Il fallait en effet qu'il fût aussi complétement absorbé dans son travail pour produire, aussi rapidement qu'il le faisait, des œuvres aussi terminées, aussi rendues, aussi finement étudiées dans toutes leurs parties ; en effet, ses plus grands ouvrages ne lui ont coûté que quelques mois de travail, et souvent il arrivait qu'une peinture était terminée dix ou quinze jours après avoir été commencée. Quant à ses tableaux de demi-figure, où il n'y a qu'un seul personnage, comme son saint Jérôme, ses apôtres, etc., il les achevait ordinairement sans désemparer. Il ébauchait sa peinture d'un seul jet; l'étudiait dans la pâte, puis il revenait sur le tout, cherchant les extrêmes finesses, plaçant ses empâtemens saillans, quand la couleur commençait à prendre.

Voici une anecdote qui vient à l'appui de ce que nous avançons sur sa manière de faire.

Un jour, deux gentilshommes qui s'occupaient d'alchimie, vinrent lui proposer d'entrer de moitié dans leurs bénéfices, à condition qu'il leur avancerait les sommes nécessaires pour faire de l'or. Il leur répondit qu'il avait une recette pour en faire certainement plus productive que la leur; comme ils avaient l'air d'en douter, il ajouta que s'ils voulaient venir le lendemain matin, il leur montrerait son secret. Quand ils vinrent à l'heure indiquée, les faiseurs d'or le trouvèrent devant une toile blanche, sur laquelle il se disposait à peindre. Il les pria de l'excuser, et d'attendre qu'il eût jeté ses idées sur cette toile. Les heures se passaient, et nos hommes commençaient à s'impatienter, quand Ribera remit à un valet la peinture qu'il avait faite, en lui disant de la porter chez un marchand qu'il lui nomma, et de lui en rapporter quatre cents ducats en or. A son retour, il défit les rouleaux sur la table en disant aux visiteurs : « Mes seigneurs, vous m'avez vu faire ; voilà, si je m'y connais, de bon or d'Espagne plus que l'alchimie n'en saurait faire dans le même temps. »

A travers tout le luxe de sa demeure, tout l'éclat de ses fêtes, toute la pompe dont il s'entourait, la plus large part de son temps et de sa fortune était donnée aux arts. Comme il ne peignait jamais rien sans la nature, il avait rassemblé chez lui tous les objets dont il pouvait avoir besoin ; en outre, quand il trouvait sur son chemin un vieillard mendiant, une malheureuse femme ou un pauvre enfant, dont la tête lui convenait, il les emmenait chez lui, où il en nourrissait un grand nombre, afin de les avoir toujours sous sa main, quand il pourrait en avoir besoin.

Quant aux belles têtes de vierges et de jeunes femmes que l'on trouve dans ses tableaux, sa femme d'abord, ensuite ses deux filles lui servirent presque exclusivement de modèle, et de fait, elles étaient très-belles, comme on peut en juger d'après ses peintures ; l'aînée surtout, Maria Rosa, dont l'extrême beauté causa le malheur de son père. Toutes deux étaient recherchées par les plus brillans cavaliers ; la plus jeune fut mariée à un gentilhomme qui était secrétaire d'état, et devint premier ministre du gouvernement espagnol, dans le royaume de Naples.

L'autre n'était pas encore mariée, lorsqu'arriva, en 1647, la terrible sédition à laquelle le pêcheur Mazaniello a laissé son nom. Après la mort de cet homme célèbre, seule tête de toute l'entreprise, les intrigues des Espagnols n'avaient encore pu parvenir à ressaisir complétement un pouvoir que le succès d'une sédition de quelques jours avait considérablement ébranlé. Alors le roi d'Espagne pensa que la présence de l'altesse impériale et royale, son frère don Juan d'Autriche, serait plus efficace pour imposer à des gens que l'autorité du vice-roi ne pouvait soumettre entièrement.

En effet, à l'arrivée du prince, les Napolitains rentrèrent dans leur caractère habituel de soumission absolue au premier occupant; alors ce furent des fêtes à effacer tout ce qu'on avait vu jusque-là; fêtes publiques, fêtes particulières chez tous les Espagnols de distinction et chez tous les gens du pays qui tenaient pour les Espagnols, ou qui craignaient de passer pour des mécontens.

Cependant Ribera n'avait pas quitté Naples pendant tout le temps de la révolte; il affecta même de se montrer par la ville avec son surnom de Spagnoletto, le mit en grandes lettres sur son chapeau, et il avait pu le faire impunément, car le respect que l'on portait à la personnne de l'artiste faisait pardonner la bravade du Castillan; mais quand le calme fut rétabli, tout le parti espagnol lui sut gré de son audace, et il fut mieux en cour que jamais. Il obtint même que don Juan assisterait à une de ses soirées. Celui-ci, comme gage de la bonne volonté qu'il avait pour le peindre accorda à toutes les personnes présentes l'honneur de lui baiser les mains. La fête commença; mais entre toutes les femmes présentes, don Juan avait remarqué Maria Rosa, qui vraiment était la plus belle; il dansa plusieurs fois avec elle le soir même, lui faisant les plus grands éloges de sa beauté, de sa bonne grâce, de son esprit, de ses belles manières.

Le lendemain, il revint sous prétexte d'admirer les peintures du père, et il fit en sorte d'être admis dans l'intimité de la famille.

Il fit faire plusieurs fois son portrait au père; il le lui fit graver, et pendant ce temps-là, il sut si bien gagner la jeune fille, qu'éblouie par le haut rang de son séducteur, elle consentit à se laisser enlever et conduire dans la demeure royale de Palerme.

Quand Ribera sut la trahison, d'abord il ne voulait pas y croire : c'était impossible qu'on eût eu l'audace de s'en prendre à un homme de son caractère ; c'était une plaisanterie qu'on voulait lui faire ; don Juan était trop prudent, et il savait trop bien quelle atroce vengeance il tirerait d'une aussi cruelle offense. Mais quand il ne fut plus possible de douter, il demeura anéanti, et ne voulant pas s'exposer aux regards publics après son déshonneur, il partit à la nuit pour une maison de campagne qu'il possédait auprès du Pausilippe, résolu de ne pas reparaître qu'il ne se fût vengé convenablement d'un tel affront.

Là il fut plusieurs jours égaré et hors de lui, sans pouvoir s'arrêter à aucune résolution ; mais à la fin il se calma et prit tranquillement son parti. Il fit venir son fils et lui communiqua ses projets de vengeance, lui disant qu'il avait besoin de son bras pour l'aider à les mettre à exécution ; mais celui-ci se récria très-fort sur l'énormité de l'attentat. Ce n'était rien moins qu'un horrible assassinat qu'il lui proposait, avec préméditation, guet-apens, et cela sur personne royale, ce qui en faisait un crime de lèze-majesté, crime prévu par tous les codes, et puni chez tous les peuples par les plus horribles tortures. D'ailleurs, après tout, de quoi avait-il tant à se plaindre ? N'était-il pas admis dans les plus grandes maisons, que les personnes royales ne déshonorent point, au contraire ? Sa fille n'en serait pas moins bien venue, et l'on n'en trouverait pas moins à la marier très-honorablement.

Je ne sais pas ce que pensa le père du talent oratoire de son fils, ni jusqu'à quel point il fut touché des raisons qu'il lui donna ; mais il ne répondit pas un mot. Il fit seller deux chevaux et partit sans rien dire à personne, suivi d'un domestique de confiance.

Il vint droit à Naples, monta dans son hôtel, et mit dans une valise l'argent et les bijoux qui se trouvaient chez lui. Il sortit de la ville ; on sut qu'il s'était dirigé vers les forêts qui avoisinent le palais habité par Don Juan ; mais depuis on n'a jamais eu de nouvelles ni du maître ni du serviteur...

Quelques auteurs prétendent que, désespérant d'en venir à ses fins sur la personne de don Juan, il se serait enfermé dans une maison religieuse pour le reste de sa vie ; mais cela n'est pas possible, car on ne peut pas supposer que, dans la force de son talent, à cinquante-six ans qu'il avait, il eût pu demeurer long-temps sans faire de la peinture ; et quelque part qu'il eût été, ses ouvrages l'auraient trahi.

Quant à ses enfans, son fils avait de trop belles dispositions pour ne pas faire son chemin dans le métier d'homme de loi : il devint conseiller général, chef de la justice pour le royaume de Naples. Son gendre, don Tomajo Manzano, demeura secrétaire d'état au département de la guerre, et sa fille aînée, lorsque Don Juan en eut assez, fut enfermée dans un couvent.

Voilà les principaux événemens de la vie de don Josef de Ribera, du Spagnoletto, comme disent les Italiens. Le talent de cet homme nerveux et irritable fut d'une finesse, d'une précision et d'une vigueur au-dessus de tout éloge ; sa peinture est toujours d'une force de couleur et d'effet que nul peintre n'a surpassée. Rien n'égale la suavité des chairs de femme ou d'enfant, et personne n'a su peindre mieux que lui les vieillards ; il rend les rides, les saillies des os, le grisonnement des cheveux avec une finesse et une recherche extrêmes, qui cependant n'ôtent jamais rien à la largeur de de sa peinture. Il traitait de préférence les sujets terribles et mélancoliques ; ses martyrs sont toujours peints dans le moment le plus atroce de la torture. Je ne donnerai pas de plus grand développement sur le caractère spécial de son génie, parce que j'aurai occasion de le faire dans un article consacré exclusivement à l'appréciation de la peinture espagnole en général, et là j'aurai occasion d'examiner l'influence que ses ouvrages ont dû exercer sur le développement des peintres ses compatriotes. Je finirai en disant qu'il a laissé un grand nombre d'eaux-fortes, qui sont fort recherchées, surtout une bacchanale, un saint Jérôme et le portrait de don Juan d'Autriche à cheval, qui est excessivement rare. Les belles épreuves de toutes ses gravures sont depuis long-temps hors de prix.

G.-F.-H. LAVIRON.

A MON PAPIER.

CANÇAO, TRADUIT DE CAMOENS (1).

Viens ici, discret confident des plaintes que j'exhale sans cesse; toi qui soulages ma peine, disons les douleurs que je n'ai point méritées, et qu'un destin inexorable me fait souffrir durant ma vie; répandons un peu d'eau sur un feu brûlant; que par ses cris un tourment étranger à tout le monde se rallume. Confions ce grand mal à Dieu, au monde et aux hommes, à qui je l'ai tant de fois conté aussi vainement qu'aujourd'hui. Mais puisque je suis né pour l'erreur, celle-ci n'en sera qu'une de plus; je suis si loin du but, qu'on ne me fasse pas un crime de me tromper encore en cela : je n'aurai, si l'on veut, que cette seule ressource, parler et m'abuser innocemment, mais avec liberté. Malheureux qui est réduit à se contenter de si peu !

L'illusion a cessé; je n'ignore point que se plaindre n'apporte aucun remède; mais il faut qu'il crie, celui qui souffre, si sa douleur est grande. Je crierai, quoique ma voix soit bien faible, pour soulager mon cœur. Ce n'est cependant pas encore de crier qui adoucit la douleur; qui m'aidera à répandre des larmes, des soupirs sans nombre, égaux au mal que je garde au fond de mon âme; qui pourra juger ce mal par les larmes ou par les plaintes? Enfin, je dirai tout ce que m'enseignent la colère et le chagrin, et les souvenirs de ces sen-

(1) Parmi les poésies élégiaques si connues du grand poète, nous avons choisi ce fragment comme l'expression la plus complète de sa vie malheureuse.

timens qui font naître la douleur la plus vive et la plus profonde. Que les hommes atteints du désespoir accourent pour m'entendre! mais qu'ils fuient, ceux qui vivent d'espérance ou qui se fient en elle ! L'amour et la fortune ont décidé qu'ils peuvent connaître la mesure des maux qu'on leur a réservés.

Quand je vins dans ce monde, ces maux me soumirent à l'instant à une funeste étoile; ils ne me permirent point d'avoir une détermination libre. Je le reconnus en diverses circonstances ; je suivis le bien et le mal en m'y trouvant forcé, et, pour me donner un tourment qui s'accrut avec l'âge, je n'avais pas plutôt ouvert les yeux, encore enfant, qu'on ordonna aussitôt à un autre enfant privé de la vue de me blesser. Les larmes de mon premier âge coulaient déjà avec un sentiment vague et douloureux de l'amour. Le bruit des cris que je faisais entendre de mon berceau résonnait à mes oreilles comme des soupirs.

Quand par hasard on me berçait, si l'on venait à me chanter des vers qui exprimassent la mélancolie de l'amour, la nature m'endormait aussitôt ; elle était d'accord avec la tristesse. Ma nourrice fut une tigresse, et le destin ne voulut pas que celle qui portait ce nom, pour moi, fût une femme ; je fus ainsi élevé, afin que je commençasse à boire dès l'enfance le poison de l'amour, dont je m'enivrerais dans un âge plus avancé. Il ne me fit pas mourir ; il fallait que j'y fusse habitué. Je vis alors l'image de cette créature à forme humaine, si belle, si séduisante, si dangereuse, qui m'éleva sur le sein de l'espérance, que j'ai vue depuis dans sa réalité, et qui a été la cause impérieuse de mes plus grandes infortunes. Je crois qu'elle ressemblait à une femme, mais sur qui scintillait un esprit divin. Elle avait un si doux mouvement dans sa contenance ; sa présence avait tant de charmes, que l'on se glorifiait de ses maux en la voyant dans l'obscurité comme à la clarté la plus vive : elle surpassait ce que produit la nature.

Quel genre si nouveau de tourmens a pu inventer l'amour

qu'il ne les ait essayés sur moi. J'ai senti les implacables cruautés arrêtant le brûlant désir dont la pensée reçoit sa force. Je me suis vu injurié et méprisé; j'ai considéré les ombres fantastiques nées de quelques espérances téméraires, ainsi que les félicités qu'elles retraçaient pour me tromper; mais la douleur des dédains qu'on m'a fait éprouver, et qui troublaient mon esprit, dissipe les illusions.

J'ignore comment elle savait dérober mon âme par le feu de ses regards, et cette âme, elle s'échappait subitement de mes yeux pour se réunir à elle; je la voyais s'éloigner peu à peu comme la douce rosée du ciel qu'un soleil brûlant aspire.

Enfin cette exquise pureté se faisait sentir même à l'être qui se trouve placé trop bas pour apprécier ce qu'il y a de beau et de noble. Ce regard touchant et doux qui tenait l'âme en suspens, voilà les poisons magiques que le ciel me fit boire, et qui, pendant de longues années, me transformèrent en un être tout différent; mais j'étais si satisfait de ce changement, que je plaçais moi-même devant mes yeux le bandeau destiné à me cacher le mal qui s'en accrut depuis, parce qu'il naissait de doux encouragemens.

Qui peut peindre cet oubli de la vie, ce mécontentement de tout ce que je voyais; cette absence des lieux où je pouvais être; cette coutume de parler sans savoir ce que je prononçais, de marcher sans savoir où je portais mes pas, de soupirer en ignorant qu'il m'échappait des soupirs quand j'étais tourmenté de ce mal, de cette douleur exhalée des eaux du Tartare, pour se répandre dans le monde et faire souffrir plus que toutes les autres, parce qu'elle pénètre partout? Qui pourrait peindre mes sombres fureurs changées en de doux regrets? Tantôt irrité de mes tourmens, je ne savais plus si je devais aimer ou cesser d'être amant, et par vengeance porter vers d'autres objets un désir privé d'espérance...

FERDINAND DENIS.

ZUMALA-CARREGUY EN NAVARRE.

— « Hola! volontario de Navarra, si vous n'êtes point trop fatigué...— Ay! Jesus! fatigué? jamais!— Dans ce cas, vous allez, s'il vous plaît, me conduire à Lessaca, chez D. Pedro de Harismendi. — Chez le boticario (1)? — Lui-même. — Santa Maria! jugez si je le connais! Je suis de Vera; j'étais capucin. Les christinos ont brûlé notre couvent, los perros! (les chiens.) J'ai vingt ans; je me fis volontaire. Je porte encore mon ancien habit sous ma capote..... Voyez..... Mais vous êtes pressé, bamos! (allons.) Je vais vous conduire droit comme une balle chez le boticario de Lessaca. Je lui sers d'assistente. »

Avant de tracer le portrait du singulier compagnon que le hasard m'envoyait, je dois apprendre au lecteur qu'un aide ou assistant remplit, auprès des officiers, les fonctions de domestique. Dans cette guerre, où tout service de la part des montagnards est volontaire, les emplois les moins relevés reçoivent des noms honorables, qui caractérisent la fraternité de ces hommes libres, et la noblesse naturelle au génie espagnol. L'espion lui-même devient confident, confidente.

(1) Pharmacien.

Si j'avais été un étranger, le capuchino aurait attendu mes questions pour y répondre brièvement. Le lien mystérieux de la langue nationale avait suffi pour établir entre nous, dès l'abord, la même confiance et la même familiarité que si nous nous étions connus depuis long-temps. J'étais le premier Basque français que des sympathies irrésistibles entraînaient au milieu de l'insurrection. L'occasion était belle pour le capuchino navarrais. Toute l'exaltation, que deux années de périls et de travaux incessans, de combats et de victoires, avaient amassée en lui, fit explosion par un feu roulant de paroles, tandis que nous descendions, en courant, les collines qui dominent le village de Lessaca.

Le capuchino était de petite taille; ses cheveux touffus, surmontés d'un bonnet de police, cachaient à demi sa figure brune, remarquable par deux yeux perçans d'une excessive mobilité. Il portait un mauvais pantalon, et pour chaussure des sandales. Une cartouchière bien garnie lui servait de ceinture par-dessus sa capote grise, et retenait sa baïonnette. L'un de ses bras pendait en tenant un lourd fusil, tandis que l'autre, gesticulant sans discontinuer, accompagnait sa tête, dont le jeu rapide égalait la volubilité de ses paroles. Il se servait invariablement de la langue basque, et les jurons castillans, qu'il entremêlait fort à propos, donnaient à son débit la plus plaisante énergie. Je n'avais garde de l'interrompre; et si les détails qu'il s'imaginait m'apprendre n'avaient pour moi rien de nouveau, sa pétulance et ses exclamations m'amusaient infiniment.

— « Les Basques n'ont jamais été domptés; ils sont invincibles dans leur pays, c...! Vous voyez ma capote? C'est celle d'un christino que j'ai tué. Ce fusil, je l'ai pris à un Manchego, qui ne mangera plus le pain de la reine, p...!
— J'étais dans les plaines de Vittoria; j'ai vu fusiller le général O-Doyle; il fit la grimace en tombant, demonio! —

Quel massacre! Il fallait voir Zumala-Carreguy, Santiago! Ses yeux lancent des éclairs; il est sombre, pas un mot; mais des coups de sabre, caraï! — Et ses cavaliers, Dios mio! Figurez-vous les hommes les plus forts et les plus intrépides de la montagne : l'un est habillé en hussard, l'autre en dragon, celui-ci en chasseur, celui-là en je ne sais quoi; un mouchoir autour de la tête, des sandales, la poitrine débraillée; ils sont la terreur de l'ennemi. Un contre cinq, ils feraient reculer tous les diables de l'enfer, Satanas! — Savez-vous ce que l'on donne au nouveau cavalier? Un cheval et une lance; pour le reste de l'équipement, les christinos sont là. Nous les mettons nus comme la main. On laisse la cravate à ces hérétiques pour les mieux reconnaître; car nous dépouillons aussi nos camarades qui sont tués. Pour ceux-ci, Dieu leur donnera le vêtement de gloire, amen! — Vous me voyez? je parle. Toute une vie ne suffirait point pour vous raconter les horribles souffrances que nous avons endurées, Santa Madre de Dios! Quels hivers! Christinos par-ci, christinos par-là, christinos à tous les diables! Nous avons passé plus d'une nuit les pieds dans la neige, sans autre reconfort qu'un peu de vin et des cigarres. Plusieurs de nos volontaires n'avaient pas seize ans. Ils chantaient tout de même, ces anges! Plus tard, ils ont pleuré, quand il a fallu leur couper les doigts des pieds qui s'étaient gelés, viva Dios! — Enfin, la victoire!! Nous sommes aujourd'hui trente mille hommes; nous serions cent mille, si les armes n'avaient point manqué. Il faut un commencement à tout. Notre cavalerie s'est d'abord composée de quatre hommes. Le plus crâne avait, au lieu de bride, un licol. Il dirigeait son cheval à coups de poing, et disait, en brandissant son bras velu : « C...! quels coups de sabre je vais donner, c...! » Il n'avait point encore de sabre. — En avons-nous tué de ces christinos! Nos lanciers les empalent comme des crapauds. L'un de ces braves se retire de la mêlée, en traînant sa lance, dont le fer était tordu ; il va s'asseoir au pied d'un arbre. Le général court à lui (vous savez qu'il est Guipuzkoan, notre général, et qu'il prononce les *r* comme les *d*) ; cadajo !... Le pauvre lancier se mourait de peur. — « D. Thomas ! je suis las ; je n'en puis plus ; j'en ai tué dix-neuf. » Ses camarades assurent que le lancier disait la vérité. — C'est qu'il ne faut point badiner avec le général ; il est terrible sur le chapitre de la discipline. A la moindre faute, palos ! (coups de bâton.) Si quelque volontaire résiste, ses camarades se chargent d'administrer la correction. Nous appelons cela la justice du peuple, ay de mi !... »

Ici, le capuchino, tout-à-fait hors d'haleine, cessa de parler. Il reprit son babil au bout d'un instant. — « Vous connaissez donc le boticario de Lessaca ? C'est un loyal et fidèle Navarrais. Il a tout sacrifié pour le triomphe de la cause nationale. Ses trois jeunes sœurs ont montré le même dévouement et le même héroïsme. Les Philistins étaient hier dans leur maison, barbaros ! Ils ont tout pillé, jusqu'aux volières, et pris jusqu'au dernier pigeon. L'un d'eux a brisé la guitare de D. Pedro ; sans quelques officiers moins enragés, ils auraient jeté dans la rue sa pharmacie, d'où nous tirons nos remèdes... »

D. Pedro de Harismendi, connu en Navarre sous le nom populaire de boticario de Lessaca, mérite une mention honorable dans l'histoire de l'insurrection. Nous le trouvâmes, à l'entrée de Lessaca, se promenant enveloppé de son manteau, avec la grâce particulière aux Espagnols sous ce vêtement. Il portait un berret rouge, une veste ou simarre en fourrure noire, et un grand sabre de cavalerie : costume de soldat paysan adopté par tous les officiers de l'armée insurgée. Sa moustache épaisse et ses yeux d'épervier donnaient au boticario l'air le plus intrépide. Sa taille moyenne, jointe à des formes élégantes et robustes, sa pétulance extrême et l'exaltation de ses moindres paroles, retraçaient en lui le type navarrais, dont j'ai retrouvé l'empreinte dans Sagastibelza, Ithurralde, Zumala-Carreguy, et presque tous les officiers supérieurs de l'armée. — Amigo! exclama-t-il en me pressant dans ses bras; vous voilà donc en Navarre? Sanglante, mutilée, mais toujours indomptable, jamais la patrie ne fut plus belle qu'aujourd'hui. Le toit et les quatre murs de ma maison me restent pour vous y recevoir, ajouta-t-il gaîment; ces coquins de peseteros m'ont fait dire qu'ils la brûleront sans faute la première fois qu'ils reviendront à Lessaca. Il ne manquerait plus à leur joie que de me prendre vif. »

Le boticario me conduisit à sa maison, et me présenta à ses trois jeunes sœurs. Elles étaient vêtues de noir, suivant l'usage du pays: leurs cheveux, tressés et relevés sur le front en guise de diadème, étaient retenus par de hauts peignes, sur lesquels les demoiselles bizkaïennes jettent de grands voiles tombans. Ce costume, au premier coup d'œil, a quelque chose de religieux et de triste; et l'étranger qui voit, pour la première fois, nos fêtes publiques, serait tenté de prendre les Basques pour un peuple en deuil. L'air sémillant et gracieux des femmes ibériennes détruit bien vite cette première impression. Le noir était la couleur favorite des Cantabres; ils l'avaient adoptée pour leurs drapeaux; quelques-uns des bataillons insurgés ont leurs bannières de la même couleur, avec des ossemens jaunes et des têtes de morts, que les christinos ne peuvent envisager sans terreur.

La soirée était magnifique: le boticario me proposa de parcourir le village. Nous trouvâmes les volontaires jouant à la paume dans la place publique. Six d'entre eux faisaient la partie du *trinquet* sous les arcades de la mairie. — Vous les voyez, ces enfans héroïques, me dit le boticario; quelques-uns d'entre eux n'ont pas seize ans, et portent des visages de jeunes filles; ils ont la gentillesse des petits chats, et deviennent des tigres pour le combat. Il faut les voir courir au feu le plus vif et se précipiter au plus fort du carnage ! Ils se délassent maintenant de leurs fatigues, insoucians et joyeux. La plus sainte des causes leur mit les armes à la main : l'admiration et l'amour des populations les entourent ; chaque mère de famille les reçoit dans sa maison comme ses propres fils, et partout ils retrouvent la patrie.—Bien différens, les christinos ! Vous les verriez le plus souvent taciturnes, sombres, découragés ; ils se barricadent dans les maisons : leurs jeux, c'est de hurler par les fenêtres, c'est de coucher les passans en joue pour leur arracher des cris séditieux qui n'ont point d'écho dans ces montagnes. La soif du pillage excite leur ardeur ; qu'ils ont besoin d'entretenir et d'exalter par des démonstrations anarchiques, des cris confus, des chants discordans. — La nouvelle de l'approche de Zumala-Carreguy a suffi pour faire déloger de Lessaca le Pastor, qui court avec sa bande s'enfermer dans Saint-Sébastien. »

Le boticario me conduisit alors à une maison voisine, où nous trouvâmes une réunion d'officiers. Quelques-uns d'entre eux étaient assis au bout d'une longue table, cartes en main, fumant la *cigarette*, et buvant les vins généreux de la Ribera. Les autres se promenaient dans l'appartement, avec leurs sabres traînans et leurs pantalons bordés de cuir. — C'étaient pour la plupart de robustes paysans, d'une taille plus qu'ordinaire. Soldats de l'indépendance, ils devaient leurs grades au suffrage de leurs concitoyens ; les plus âgés d'entre eux n'avaient guère plus de quarante ans ; leurs gestes vifs, impétueux, trahissaient un excès de force et de vie ; leur langage naturellement pittoresque, animé, recevait de leurs voix mâles et sonores un éclat puissant. Imaginez d'épaisses moustaches sur des visages cuivrés, des yeux d'aigle et des fronts terribles, ombragés par un berret couleur de sang, des vestes ou simarres en peau d'ours, une démarche agile, une allure sauvage, et des poses pleines de noblesse et de dignité : vous aurez une peinture fidèle de ces officiers montagnards, jactancieux comme les héros d'Homère, ou les paladins du moyen âge, et braves comme les guerriers fanatisés d'Odin.

En entrant, le boticario m'adressa la parole d'un air enjoué, pour me fournir l'occasion de lui répondre dans la langue nationale ; il se hâta de me faire connaître et d'annoncer que je venais recueillir des notes pour écrire l'histoire de l'insurrection. J'eus lieu d'être flatté des applaudissemens qui me furent adressés de toutes parts, avec l'élan d'une cordialité non équivoque, et l'admiration naïve que nos montagnards illettrés professent pour la mission du poète et de l'historien.

— « Hijo ! (fils), s'écria l'un d'entre eux, en mêlant cette exclamation castillane à la langue du pays, dans un transport affectueux, où l'excellent vin de Todèle avait sa part : Tu es donc venu de Paris, tout exprès, avec cette pensée patriotique ? bien fait ! Les Basques se couvrent de gloire, et il se passe dans la Navarre des choses qui méritent d'être écrites dans toutes les langues, pour servir d'exemple à tous les peuples. — La première guerre de l'indépendance n'eut point d'historiens, dit brusquement un grand homme sec, à moustache grise ; elle n'en fut ni moins sanglante ni moins glorieuse. Les grenadiers français étaient des géans auprès de la vile canaille des christinos, qu'il aurait fallu chasser de nos vallées sans autre arme que des bâtons. » L'interrupteur, en achevant sa phrase, nous tourna le dos et se promena dans l'appartement d'un pas large et mesuré. Son manteau long, aussi vieux que les guerres dont il parlait, n'était qu'un composé de lambeaux recousus et de pièces superposées comme les tuiles sur un toit délabré.

— « Augustin, me dit-il en revenant, puisque vous avez le projet d'écrire un livre, je vous raconterai de point en point, tout ce qui s'est passé dans nos Pyrénées, à commencer par les guerres de Napoléon.

— L'Espagne était courbée sous le joug étranger : un Navarrais fidèle, en chargeant sur son mulet le charbon qu'il portait aux forges, jura l'indépendance de son pays, et prit la carabine. Patriote ardent, guerillero fameux, cet homme s'appelait Espos y Mina. Pourquoi faut-il que l'exil ait changé le cœur de notre ancien général? A-t-il donc si vite oublié quelle race d'hommes grandit à l'ombre de nos vallées? Insensé, qui s'est flatté de semer parmi nous la terreur, sans comprendre que le sentiment impérissable de la nationalité domine ici tous les autres! Ses cruautés le déshonorent et nous irritent; ses vaines menaces nous font pitié.

— « Qu'est devenu le temps où j'ai vu Mina, simple montagnard, chausser l'*abarca*, et déjeûner, assis sur un escabeau, sa tasse de chocolat entre les pieds, sans autre table que la pierre du foyer? Alors sa voix était toute-puissante en Navarre, et son prestige égalait celui du Vieux de la Montagne. Plus d'une fois le soleil s'est couché sur nous aux hautes frontières de l'Aragon, et s'est levé surpris de nous revoir le lendemain, aux extrémités de l'Alava, sanglans et victorieux, partageant les riches dépouilles d'un convoi français. — L'ange de la patrie favorisait nos expéditions aventureuses. La caille, tapie sur les champs labourés, est moins inaperçue que le guerillero montagnard, couché sur la bordure des vallons, la carabine apprêtée, attendant le signal du chef, l'oreille collée contre terre, pour écouter le pas des chevaux et le roulement lointain des chariots ennemis. Le vent qui fait gémir les bruyères a pour lui des sons prophétiques et des confidences mystérieuses ; il interroge les bruits de la plaine dans ses murmures aériens. — L'heure approche. La lune, à demi-voilée, se penche sur les montagnes, pour contempler de nocturnes combats... Silence! **Entendez-vous ces chants joyeux ?... Ce sont les régimens** français qui s'engagent dans la vallée sombre, où la mort fait sentinelle : marche! marche! la nuit est calme, les astres scintillent dans l'azur... Un fantôme silencieux se lève au haut de la colline, un sifflet aigu part et se prolonge : c'est Mina donnant le signal : arrama !! — Plus nombreux que les épis avant la moisson, les guerilleros se sont dressés avec leurs longues carabines ; la fusillade éclate ; la montagne est en feu ; une grêle de plomb frappe les gavachos (1), et leurs cadavres jonchent la vallée : arrama! victoire aux montagnards ! — Augustin, j'ai vu tout cela ! »

Une mime expressive et théâtrale n'avait cessé d'accompagner les détails de ce récit dramatique, fait à la manière de nos bardes improvisateurs. L'éclair de l'inspiration s'éteignit bientôt pour faire place à une colère sombre. L'officier des guerilleros ramena sur son épaule les mille pièces, qu'il appelait son manteau, demanda des cigarettes à son voisin, et garda le reste de la soirée un silence farouche. Les joueurs avaient posé leurs cartes pour prendre part à la conversation. Le boticario, mon excellent ami, s'était assis à côté de moi, le bras jeté sur mon épaule. J'avais en face l'un des principaux officiers, dont je tairai le nom.

— « La jalousie des Castillans fut la première cause de cette guerre, dit le chef insurgé d'un ton bref et positif, qui annonçait l'homme supérieur. Ils ne pouvaient souffrir de voir les provinces basques se gouverner et s'administrer elles-mêmes dans une complète indépendance ; tandis qu'une infinité d'emplois civils et militaires étaient occupés en Castille par des Bizkaïens et des Navarrais. »

— Cela fut ainsi de tout temps, répondit quelqu'un, et les faveurs distribuées à nos compatriotes étaient le privilége du mérite, ou le prix des services rendus.

---

(1) Dénomination injurieuse, par laquelle les Espagnols désignent les Français.

— Si les Basques tiennent opiniâtrément à leur indépendance et à leurs priviléges, ils ont prouvé, en toute circonstance, combien la gloire de l'Espagne leur était chère, dit le boticario.

— Leur dévouement à la cause générale n'a jamais pu dissiper la crainte qu'ils inspirent, et la défiance dont ils sont l'objet, répliqua le commandant S... Après les guerres de l'indépendance, nos invincibles milices avaient été disséminées dans les places fortes de l'Espagne, et notre pays resta désarmé. La même mesure fut adoptée à la suite des guerres de la Foi.

— Avis aux montagnards, pour le jour où Charles V rentrerait triomphant dans Madrid ! s'écria de son coin l'officier des guerilleros au manteau rapiécé. Puis il vida son verre d'un seul trait et se remit à fumer en appuyant son coude sur la table.

— L'on annonce, dit le boticario, que la régente va faire marcher contre nous les garnisons des villes du midi. Dans ce cas les officiers basques qui s'y trouvent en grand nombre ne franchiront l'Ebre que pour se ranger sous nos drapeaux.

— Il est assez bizarre, dis-je à mon tour, que les meilleurs officiers de l'armée de Christine soient des Basques, et que les Castillans, si jaloux de nos priviléges, obéissent à des chefs de notre race, tels que Iriarte, Gurrea, Oraa, Jaureguy, Mina.....

— Ces officiers transfuges, dit le commandant S..., seraient plus redoutables s'ils avaient à leurs ordres de meilleurs soldats. Iriarte et Gurrea sont actifs et braves. Le plus dangereux de tous, sans contredit, est Oraa. Je me tiens sur mes gardes tant que ce loup de montagne rôde à dix lieues de distance ; au lieu que je dormirais tranquillement la *siesta* à six cents pas d'un chef castillan. Quant à Jaureguy, son rôle dans cette guerre consiste à se promener de Saint-Sébastien à Lessaca, et de Lessaca à Saint-Sébastien, afin de protéger les envois d'argent que le gouvernement français fait journellement aux généraux de Christine. Il mène sa troupe aussi paisiblement qu'autrefois ses moutons; car vous savez qu'il a été berger, comme l'indique le surnom d'*Archaïa* ou Pastor. — Je prévois pour tous ces hommes égarés une fin tragique.

— Amen! dit en se levant un gros gaillard de capitaine, qui avait gardé le silence jusque-là; celui qui porte la guerre dans son pays natal, sous quelque prétexte que ce soit, mérite l'exécration publique, à plus forte raison quand ses fureurs n'ont d'autre mobile que la soif de l'or. C'est une vérité que je dirais à Mina lui-même, redondo como una pelota!
— *Pilota bezaïn biribil!* (1)

— Augustin, ajouta le bon capitaine, en me tapant familièrement sur l'épaule, vous êtes un jeune homme, et j'ai cinquante ans: croyez-moi, tous ces généraux de Christine sont de vieux renards. Il n'en est pas un seul qui ne fût certain d'avance de voir échouer ses armes contre l'insurrection des Basques; mais ils ont regardé cette guerre comme une excellente occasion d'arrondir leur fortune. Chacun d'eux a retenu le commandement en chef tout juste le temps nécessaire pour s'approprier quelques millions. J'admire la duperie de vos journaux parisiens, qui prenaient leurs fanfaronnades au sérieux. L'on sait à quoi s'en tenir sur ces chapons à l'engrais dont ils prétendaient faire des aigles. Je puis citer Rodil, qui ne daigna point attendre l'arrivée de son successeur pour abandonner sans façon l'armée, et prendre le chemin de son pays de Galice, en plein midi,

---

(1) Rondement, rond comme une boule. Cette locution est également usitée en langue castillane et basque.

précédé par une *requa* (1) de vingt mulets chargés de bel argent de France. »

La sortie du capitaine excita l'hilarité générale : seul, l'officier supérieur dont j'ai déjà parlé resta sérieux. — « La question de conquête et d'unité, qui ensanglante les Pyrénées occidentales, est grave, dit-il : elle fut posée contre nous sous le gouvernement précédent. Le désir de contraindre nos provinces libres (2) à une fusion avec la Castille, et de ravir aux Basques le privilége de leur indépendance, a dicté seul le testament de Ferdinand, violateur de la constitution espagnole. Le roi moribond prévoyait notre résistance, et désirant éviter à la régente les embarras et les périls de cette guerre, résolut de préparer l'exécution de son testament par l'abolition de nos *fueros*. Cette menace excita dans les provinces basques une sourde fermentation, avant-courrière des soulèvemens populaires, et les députations diverses adressèrent au roi des remontrances respectueuses, mais énergiques. — Ferdinand, pour toute réponse, fit avancer une armée de trente mille hommes sur l'Ebre. »

L'officier montagnard pressa convulsivement la poignée de son sabre : une contraction involontaire rapprocha ses noirs sourcils ; mais il reprit aussitôt sa pose calme et son air froid, et poursuivit en ces termes :

— « Tandis que l'armée castillane marchait sur les provinces basques, l'insurrection de juillet éclatait dans Paris. La Belgique et la Pologne suivirent l'exemple de la France. L'Helvétien agita son drapeau fédéral ; et jusque dans l'Orient, de vaillantes peuplades de montagnards se répondirent, de l'Atlas au Caucase, par des cris de liberté. Le moment n'était point favorable pour provoquer les Basques à une guerre d'indépendance. Le cabinet de Madrid rappela ses troupes

(1) Une file de mulets attachés les uns à la suite des autres.
(2) Les Castillans les appellent *exemptes*.

échelonnées sur l'Ebre ; et la question resta pendante jusqu'à la mort de Ferdinand, où la cause de l'hérédité légitime vint la compliquer en notre faveur. — La loi salique, adoptée depuis long-temps en Espagne, ôte à Christine tout moyen de colorer son usurpation, et le droit de S. M. Charles V n'est contestable que dans le sens démocratique et révolutionnaire. Il est difficile de prévoir les bouleversemens qu peuvent changer la face de la péninsule hispanique. Quoi qu'il arrive, les Basques connaissent leur droit; ils sauront le faire triompher. N'est-il point vrai, compagnons ? »

Le sang-froid du chef insurgé disparut à cette dernière phrase, qu'il prononça d'une voix électrique, en bondissant jusqu'au milieu de l'appartement : on eût dit un oiseau de proie qui venait d'abattre son vol. L'adhésion la plus éclatante fut la réponse des montagnards : les voûtes du salon spacieux, frappées par le retentissement de ces voix sonores, rendirent comme un bruit d'airain, et les sabres des insurgés s'agitèrent brillans. Le chef promena quelques instans ses regards autour de lui, avec une expression rayonnante de fierté; puis il revint lentement à sa chaise. — « Augustin, me dit-il, en se rasseyant, vous écrirez pour les Français ce que vous venez de voir et d'entendre. »

En ce moment les tambours retentissaient dans la place publique et les rues de Lessaca, pour inviter les volontaires à l'appel et à la prière du soir. Le commandant S... m'avait entraîné vers une embrasure de fenêtre : je le questionnai sur les principaux acteurs de l'insurrection, Valdespina, Zavala, Era o, Ithurralde, Zumala-Carreguy.

— « Valdespina, me dit-il, appartient à l'une des plus anciennes et des plus illustres familles de la Bizkaïe. Il naquit à Ermua, dans le magnifique château de ses ancêtres, que les christinos ont incendié. Dès sa première jeunesse, il porta les armes pour la défense de son pays. Capitaine en 93, il fit admirer aux Français sa valeur brillante. L'invasion étrangère, sous Napoléon, lui fournit l'occasion de montrer tout son dévouement à la cause nationale : il prit une part active et glorieuse à la guerre de l'indépendance ; et plus tard, son hostilité déclarée contre le gouvernement constitutionnel lui valut une arrestation brutale et son exil à Cadix. — Après la restauration de la monarchie castillane et la rentrée de Ferdinand VII, Valdespina fut proclamé député général de la Bizkaïe. Il déploya dans ce poste honorable de rares talens administratifs, et fut réélu, par acclamation, aux assemblées suivantes, sous le chêne de Guernika. — Nommé président de la députation générale de la Bizkaïe, après la mort de Ferdinand, il propagea rapidement l'insurrection carliste dans le Guipuzkoa, l'Alava, la Navarre, et jusque dans la Castille, où il envoya de l'argent, des munitions et des armes. Lorsque les troupes libérales envahirent les provinces basques, Valdespina partagea les succès du brigadier Zavala contre Saarsfield. J'oubliais de vous dire qu'il a eu le bras droit fracassé par une balle dans les guerres précédentes, et qu'il a subi l'amputation. Il peut avoir aujourd'hui soixante ans. L'âge ne lui a rien fait perdre de sa vivacité naturelle. Il joint l'esprit le plus aimable à une instruction solide et variée, et la bonté de son âme égale la courtoisie et l'affabilité de ses manières. Je n'ai plus qu'à vous parler de sa petite taille, de son manteau gris et de son chapeau blanc, pour achever la peinture de D. José Maria de Orbe ý Elio, marquès de Valdespina. »

Le commandant n'avait point fini de parler, qu'il se retourna vivement et fit signe au gros capitaine de s'approcher. — « Tu connais Zavala, lui dit-il. » — Certainement, répondit le capitaine, avec sa rondeur habituelle, que je connais D. Fernando de Zavala, natif de Munguia, en Bizkaïe. — Capitaine de cavalerie, pendant la guerre de l'indépendance. — Sous la constitution, prisonnier d'état. — Miraculeusement évadé. — Guerillero formidable, à la tête de dix mille jeunes Bizkaïens. — Brigadier. — Député général de la Bizkaïe à l'avénement de Charles V. — Général. — Grand d'Espagne. — Vainqueur du rebelle Saarsfield. — Disgracié finalement et réfugié avec sa gloire dans je ne sais quelle partie du royaume inhospitalier de France. »

Le capitaine ayant ainsi répondu, courut assister à l'appel de sa compagnie. — « L'un des plus beaux caractères que vous aurez à tracer dans votre histoire est celui de D. Benito Erazo, reprit le commandant S...; ce gentilhomme parut pour la première fois sur la scène politique en 1821. Elu membre de la junte de Navarre, par les cortès du royaume, il réunit à Ronceveux huit cents jeunes Navarrais : ce fut là le noyau de l'armée dite de la Foi. — La paix s'étant rétablie en Espagne, Erazo fut mandé à la cour et retenu à Madrid comme prisonnier d'état. Sa femme en conçut le plus vif chagrin, qui dégénéra quelquefois en démence. — En 1830, Erazo, à la tête d'un corps de volontaires navarrais, repoussa la bande de Chapalangarra dans le Valcarlos. Ferdinand lui accorda le titre de colonel d'infanterie; mais les volontaires ayant été licenciés, Erazo, privé de son commandement, rentra dans ses foyers et vécut inactif jusqu'à l'avénement de Charles V. — Votre parent, M. D..., a dû vous raconter les détails romanesques de son évasion de Bordeaux. Erazo, caché sous les déguisemens les plus bizarres, mit près d'un mois à franchir les cinquante lieues qui séparent Bordeaux des Pyrénées. — Enfin, le Navarrais fidèle rejoignit ses frères, à la clarté de mille feux de joie, allumés sur les collines, pour annoncer et fêter son retour. Le brave Ithurralde avait organisé, comme par enchantement, les deux premiers bataillons de Navarre, sous la fusillade des colonnes ennemies qui sillonnaient en tout sens nos provinces. Un parti nombreux lui réservait le titre de général en chef. Erazo fit pencher la balance en faveur de Zumala-Carreguy. C'est un spectacle honorable pour notre pays de voir D. Thomas se couronner, entre ces deux fidèles amis, d'une gloire immortelle, avec le commandement qu'il doit à l'abnégation de l'un et à la générosité de l'autre.

— « D. Benito Erazo naquit à Barazuïm, en Navarre. Il est âgé d'environ quarante-cinq ans. Peu d'hommes unissent comme lui la modestie aux talens les plus variés, la bravoure aux sentimens les plus délicats d'humanité, l'activité la plus infatigable à une inaltérable douceur. Le levain de la haine n'a jamais fermenté dans sa belle âme, que reflète une physionomie expressive et riante. Son langage séducteur persuade les esprits les plus rebelles; son patriotisme aussi pur qu'exalté les subjugue. Trois fois le commandement suprême lui fut offert, sans qu'on ait pu le résoudre à l'accepter Il n'a point encore donné la mesure de ses talens militaires, et n'a fait briller que sa valeur. La position indépendante et désintéressée de ce chef vertueux imprime à ses conseils une force irrésistible, à son influence un caractère religieux, dont le prestige rappelle l'ange conservateur veillant sur les destinées de la patrie. »

Le commandant, qui faisait avec une impartialité si noble l'éloge de ses frères d'armes n'était autre que le brave Sagastibelza. Le chef montagnard réunissait en lui deux physionomies ditinctes, qui se succédaient par des transitions rapides : l'Ibérien primitif, et le moderne Espagnol. Parlait-il la langue de Cervantes, il était grave, emphatique, et l'élévation de sa pensée recherchait toutes les magnificences du langage. Mais, au premier accent de la langue des Vascons, son inspiration devenait plus franche et plus abrupte, son tour plus vif, son allure plus décidée; une vie nouvelle éclatait dans le feu de ses regards plus mobiles; le timbre de sa voix devenait plus mordant, et je ne sais quel souffle d'indomptable liberté faisait respirer cet homme assez petit de taille, svelte et fort comme un léopard.

Cependant, le *presente* joyeux des volontaires répondant

à l'appel, retentissait dans la place publique. L'appel terminé, chaque compagnie forma le cercle autour du sergent-major, et se mit à réciter après lui le long chapelet, ou *rosario*, qui compose la prière nocturne de l'armée. — Officiers, bourgeois, prêtres et moines, attirés par la curiosité, venaient grossir notre réunion. Ils se découvraient en entrant avec une légère inclination de tête, et prononçaient divers saluts. J'entendis ces mots : Ave, Maria! auxquels il fut répondu : Madre de Dios! Je reconnus, dans cette salutation toute chrétienne, le mot de ralliement que les Navarrais adoptèrent jadis, en formant, à la voix de Pélage, leur première croisade contre les Sarrasins. Ce souvenir des temps passés jeta son prisme poétique sur la scène où je me voyais transporté. Les groupes variés des montagnards, leurs costumes étranges et leurs figures rembrunies, dont le jour déclinant exagérait progressivement l'expression fantastique, formaient un tableau prestigieux, que l'imagination peintre peut à peine retracer.

Je priai Sagastibelza de nous parler de Zumala-Carreguy. — « Je le veux bien, dit-il avec une grâce parfaite, en me prenant la main; et puisque vous avez résolu d'écrire pour la postérité l'histoire de notre insurrection, il est juste que nous vous fassions connaître l'homme supérieur qui en est l'âme puissante et le digne chef. Sa renommée a fait en peu de jours bien du chemin sur la terre.

Zumalaren (1) izena	Le nom de Zumala
Eta haren omena	Et sa célébrité
Hourroun da hedatzen.	S'étendent au loin.
Erregueren gorthetan	A la cour des rois,
Hiri eta kampanetan	Dans les villes et les campagnes,
Nourk ezdu aditzen	Est-il quelqu'un qui n'entende
Zumalaz mintzatzen?	Parler de Zumala?

(1) Ce verset, dont les montagnards ont fait l'application à Zumala-

— Augustin, ajouta vivement Sagastibelza, vous reconnaîtrez en approchant de cet homme héroïque, qu'un noble cœur bondit dans sa poitrine, et vous l'aimerez, j'en suis sûr. Les senores qui m'écoutent connaissent aussi bien que moi Zumala-Carreguy : chacun d'eux pourra vous attester la vérité de mes paroles.

— D. Thomas reçut le jour à Ormaïsteguy, de parens nobles, dans la noble province de Guipuzkoa. Il est âgé d'environ quarante-cinq ans : il n'en avait point seize quand il embrassa la profession des armes. Sous-lieutenant en 1812, il se rendit à Cadix, auprès de son frère aîné, membre des cortès. Il en revint en 1822, avec le grade de lieutenant dans le régiment des ordres militaires, qui se trouvait à Pampelune. Il offrit son épée aux défenseurs de la Foi, et obtint le commandement d'un bataillon. A la fin de cette guerre, il fut nommé colonel du 4e régiment de ligne, puis du régiment de Bourbon, 16e de ligne, et enfin du régiment d'Extramadura, 15e de ligne. Il se trouvait en Galice, à la tête de ce dernier corps, lorsqu'en 1830 il fut mis à la retraite. Zumala-Carreguy se retira dès lors à Pampelune, avec sa femme et ses enfans. — Telles furent les phases diverses de sa carrière militaire jusqu'au jour où notre suffrage, confirmé plus tard par l'adhésion de S. M. Charles V, lui décerna le titre de généralissime.

— Des mœurs honnêtes, un génie austère et méditatif, l'amour du travail, voilà les traits qui peignent sa jeunesse. Il se développa tard, comme ces fruits excellens, mûris dans l'arrière-saison, et montra toujours plus de raison que d'esprit. Ses vues organisatrices, qu'il réussit à faire adopter, lui acquirent la réputation d'un bon officier d'état-major.

Carreguy, appartient à une ancienne improvisation adressée au ricombre de Belsunce par un barde. Il commence ainsi : — *Belzunzeren izena*, etc.

Il prit rang parmi les colonels les plus distingués de l'armée espagnole. Le seul défaut qu'on lui reproche, et qui fait son principal mérite à nos yeux, c'est l'idolâtrie qu'il professe pour la nationalité de notre race, c'est son patriotisme exclusif.

— Navarrais, dites-moi ! lorsque, paré des couleurs que nous portons, ce guerrier sublime apparut sur la montagne, arborant le nouvel étendard, était-ce Pélage, Garcie ou Mitarra ? L'homme vulgaire s'était transfiguré. Je fus ébloui de l'éclat du héros ; je le saluai comme un libérateur, un prophète ; et je fis serment de vaincre ou de périr avec lui...

— Et nous avec toi ! répondirent les insurgés d'une voix terrible, dans un élan d'enthousiasme électrique ; un éclair soudain jailli de tous les yeux, illumina les figures imposantes des montagnards, que la nuit devenue plus sombre effaçait par degrés ; et lorsque ces formes fantastiques eurent repris leur première immobilité, il y eut un instant de profond silence, pendant lequel nous n'entendîmes que le murmure du *rosario*, récité dans la place publique par les volontaires. Puis la cloche de Lessaca sonna l'angelus. Au même instant des bruits aériens descendirent du ciel, et des fanfares lointaines se mêlèrent au tintement de l'airain ; harmonie religieuse et guerrière tout à la fois, que la pureté de l'air et la sonorité des vallées rendaient plus vibrante et plus magique dans le silence de la nuit. — Je me défais du charme puissant qui subjuguait mes esprits, et je me croyais la dupe d'une illusion, semblable à celle du montagnard superstitieux, qui croit entendre les chasses du roi Arthur au sein des nuages, les aboiemens des chiens et les hennissemens des chevaux mêlés aux sons d'un cor enchanté. — Mais les bruits qui parvinrent à mon oreille étaient réels, et devenaient à chaque instant plus distincts et plus forts. —

« Le général ! » exclama Sagastibelza, frappant du pied sur le plancher ; et je le vis grandir et s'allonger dans l'ombre,

5.

comme un oiseau qui prend son vol. — Le général !! répéta la foule, avec un bruyant murmure, et les montagnards, sortant de l'appartement en tumulte, gagnèrent la place publique. En un instant les volontaires furent sous les armes, et leur commandant à cheval. Zumala-Carreguy les avait habitués aux surprises, aux départs imprévus, aux marches nocturnes. C'était lui qu'une course rapide avait rapproché de la frontière, pour recevoir un envoi d'armes et de munitions; tandis que les troupes libérales, échelonnées sur cette ligne des Pyrénées, s'enfuyaient à Saint-Sébastien et Pampelune, à l'approche du généralissime navarrais.

Plusieurs compagnies de guides arrivèrent les premières sur la place, du côté de Vera. Les sandales, dont les montagnards étaient chaussés, rendaient leur marche plus légère. L'aspect de ces formes grisâtres, circulant sans bruit à la lueur des *farols*, m'aurait paru l'évocation d'un rêve fantastique sans la voix ferme et sonore des officiers qui dirigeaient les mouvemens des volontaires. Les guides précédaient un escadron de ces lanciers que le capuchino m'avait peints si formidables. Deux jeunes officiers les suivaient, bien montés : l'un navarrais de haute taille, D. Vincent de Reyna, le plus brave et le plus instruit de nos artilleurs ; l'autre Français, portant sur son visage mélancolique de vendéen le deuil de son frère, récemment tué dans un combat : Barrès. — Enfin parut, au bruit d'une acclamation universelle, le général en chef, entouré d'un groupe mouvant d'officiers. Les flambeaux posés sur les fenêtres éclairaient son visage expressif et sévère son berret et son pantalon rouges, sa simarre noire et sa longue épée. Arrivé devant les volontaires, il mit son cheval au pas : la fatigue avait coloré d'un reflet de sang les figures naturellement sombres des guerriers montagnards; immobiles, avec leurs capotes grises, leurs berrets bruns, leurs poignards acérés, leurs fusils luisans, ils suivaient d'un regard exalté l'œil fascinant de Zumala-Carreguy, qui passait lentement devant leurs rangs. Les farols illuminaient la ligne de bataille et grandissaient l'ombre du chef illustre. Zumala-Carreguy fit un geste et s'arrêta, levant la tête au ciel, comme pour y chercher l'étoile de son destin ; un vent frais agita le drapeau de Navarre, porté devant lui ; tambours et clairons firent retentir la marche des anciens rois de Pampelune. — Cinq minutes après, les volontaires, poussant mille cris de joie, quittaient Lessaca, la carabine sur l'épaule ; les lanciers trottaient sur les pavés. Zumala-Carreguy, sortant de sa rêverie, lança son cheval superbe, et partit au galop, suivi de son état-major, comme Sanche-le-Fort, par ses ricombres. Il tourna la tête vers la place, et j'aperçus encore une fois son noble visage, sévère et mobile comme une face de lion ; puis le grand homme disparut...

A. CHAHO (de Navarre).

LE NID.

TRADUCTION D'ESTEVAN DE VILLEGAS (1).

J'ai vu sur un thymier se plaindre un petit oiseau dont un paysan venait de dérober le nid tant aimé, le nid dont il était le seul monarque. Je l'ai vu désolé de cet attentat, confier ses plaintes au vent, afin que sur ses ailes il portât vers le ciel protecteur et les tendres pleurs et les tristes accens d'une mère. Tantôt, sur un ton mélancolique, il répétait mille plaintes : tantôt, fatigué de gémir, il se taisait ; puis, avec un nouveau sentiment, il reprenait ses lamentations pleines de mélodie ; tantôt il voletait en cercle ; tantôt il courait en rasant la campagne ; il se perchait sur une branche, de là sur une autre en suivant le villageois, sautillant sur le gazon, il semblait lui dire : Cruel ! cruel ! rends-moi, rends-moi ma douce compagnie ! Et j'entendis le laboureur lui répondre : « Je ne veux pas ; je n'aime pas. »

A. GENEVAY.

(1) Né en 1595, à Nagera, mort en 1669.

LE TAGE ET SES PRINCIPAUX AFFLUENS.

Les romanciers, les voyageurs et les historiens, qui, lorsqu'il s'agit du revers des Pyrénées, ne méritent guère plus de confiance les uns que les autres, sont parvenus à faire de l'Espagne un pays bizarre qui ne ressemble en rien à ce que la nature le fit, et nous l'ont peuplé d'une nation imaginaire dont le modèle ne saurait être nulle part. Ils ont bouleversé jusqu'aux objets physiques, au point que, dans leurs descriptions, les monts et les fleuves n'y ont pas plus de rapport avec ce qui est qu'Alonzo ne ressemble au véritable Castillan. Il suffit, pour s'en convaincre, de lire, au retour d'un voyage entrepris dans la Péninsule, quelques auteurs contemporains, et ce que nous avons autrefois dit sur ce fleuve du Tage, connu comme le plus beau fleuve de l'univers, et qui fut pour le sensible Florian, si je ne me trompe, le sujet d'une romance qui, pour être oubliée de nos jours, n'en eut pas moins la vogue en son temps.

Au seul nom de ce Tage tant célébré par les poètes, l'imagination involontairement émue se retrace le plus riant tableau ; on se figure des rives enchanteresses formées par de longues prairies émaillées de fleurs ; l'esprit est délicieusement exalté sous l'ombrage aromatique d'arbres épais, dont les rameaux enlacés à ceux du laurier d'Apollon se courbent sous le poids de leurs pommes d'or. L'haleine des vents tempérés, plus douce que les zéphyrs eux-mêmes, y caresse un éternel feuillage. La mobile surface d'une onde limpide, qui abandonne à regret un lit étincelant de pierres précieuses, en roulant dans ses molles sinuosités les paillettes d'or pur dont se compose l'arène, y réflechit le suave azur des cieux; au doux murmure de ce Pactole se mêle encore l'harmonieux concert que font entendre, en saluant l'aurore, mille oiseaux parés du plus riche plumage. D'innocentes bergères, d'heureux bergers conduisent sur ces bords d'éblouissans troupeaux, dont on n'exige qu'un lait superflu ou la surabondante toison en retour des plus tendres soins, et qui n'ont à craindre ni le couteau du boucher, ni la dent cruelle des bêtes féroces inconnues dans ces lieux paisibles, et dont la menaçante approche n'appela jamais au combat le chien fidèle, qui ne veille à la garde des brebis et de leurs agneaux que pour laisser à son maître le loisir de chanter de constantes amours, où ne se mêlèrent jamais l'inquiétude ni la jalousie. Le miel naturellement purifié y découle du tronc des vieux chênes; un vin généreux, une huile parfumée ruissèlent des pampres et des oliviers, sans que l'homme s'impose le travail de presser les fruits qui prodiguent ces liquides trésors, et nul climat dans l'univers ne saurait donner aussi bien que les riches bassins du Tage fortuné une idée exacte de ces Champs-Élyséens, où l'antiquité plaçait le séjour de paix promis aux âmes des héros et des justes.

Mais qu'en réalité, le fleuve auquel on prétendit, dès le temps des Romains, donner une si pompeuse réputation, est différent de cette peinture! Des bords arides, âprement et doublement coupés à pic; un canal presque partout torrentueux et rétréci par mille fragmens de rocs épais; des eaux jaunâtres, presque en tout temps bourbeuses, tantôt ralenties par l'épaisseur de la vase qui s'y mêle, et dans laquelle nulle parcelle métallique n'a jamais existé; tantôt se précipitant, sans même former de cascades, à travers des galets: tels sont les traits qui caractérisent réellement ce Tage si peu digne de son et antique célébrité. Ce Tage hideux roule comme égaré dans une campagne sinistre, abandonnée, desséchée par les ardeurs d'un soleil sans nuage, dévorant une végétation dure et grisâtre, lorsque le souffle des tempêtes n'y soulève pas des tourbillons d'une poussière rouge qui pénètre au travers des vêtemens, pour donner sa teinte rebutante à la peau grossière du campagnard, ainsi qu'aux tristes bouquets d'yeuses échappés çà et là à la cognée ou bien à l'incendie, parmi des blocs gigantesques de pierres nues, arides, ternes, éparses ou confusément entassées. Le vautour, seul entre tous les oiseaux carnassiers, habitant de l'austère vallée, y peuple les airs qu'il tyrannise, en menaçant les bandes de mérinos malpropres, guidés par des pâtres plus malpropres encore. Malheureux compagnons d'un bétail stupide, qu'ils défendent non-seulement contre les vautours, les brigands et les loups, mais encore contre les lynx agiles et perfides, dont la chaîne lusitanique et les monts de Gredos sont infestés. Nulle partie de l'Espagne n'est plus sauvage ni plus pauvre que celle qu'on a dit en être la plus riante et la plus riche; et quelques points un peu moins déshérités de la nature, qu'on rencontre dans l'étendue du bassin qu'avaient totalement défiguré les traditions poétiques, mais que nous venons de représenter tel qu'il est, ne sauraient mériter au fleuve qui détruit plus qu'il n'arrose l'une des Castilles et l'Estramadure, le nom de Tage doré, qu'on a coutume de lui donner sur la foi des historiens, des voyageurs et des romanciers.

Le Tage circule de l'est à l'ouest; il passe à Aranjuez, et se jette dans l'Océan Atlantique vers Lisbonne. Nous devons en convenir, dans ces deux endroits, il a quelques beautés. On profita de la fertilité de sa vallée au confluent du Coronama, pour y planter des arbres, qui sont devenus la plus magnifique parure d'un parc royal qui date de Charles-Quint. Ce prince, séduit par la fraîcheur du lieu, voulut qu'on y bâtît une maison de plaisance, laquelle, sous Charles III et sous Charles IV, est devenue un somptueux palais. Le Tage circule dans un parc qui n'offre cependant point le charme que semble vouloir lui prêter la nature; il ne se compose guère que de grandes avenues tirées au cordeau, ou de chemins tournans et murés de charmilles taillées. On a jeté des piliers immenses dans le lit du fleuve pour en métamorphoser un bras en port de mer, où se voyait une frégate sur laquelle on dit que l'ancienne cour se plaisait à se promener dans l'encaissement d'un bassin carré : c'était là toute l'idée que se formaient de leur puissance navale des rois sur les royaumes desquels ne se couchait pas le soleil. Les dépenses qu'ils firent pour créer un méprisable pygmée nautique eussent suffi pour canaliser le Tage, ou du moins pour le rendre navigable jusqu'en Portugal; mais quand on en fit l'observation à un des monarques, il répondit : Dieu n'a sans doute pas voulu qu'il portât bateau, et je n'aurais garde d'entreprendre ce qui n'est pas dans ses vues. Aranjuez, ses eaux et sa verdure ne seraient point si vantés, si le voyageur, par quelque côté qu'il arrive à la résidence, n'avait eu à traverser des plaines dépouillées, brûlantes et hideuses en quelque sorte. On sait qu'Aranjuez fut le théâtre d'une révolution de famille, qui fit descendre violemment du trône un vieux roi qu'y remplaça son fils; ce qui fut pour Napoléon le prétexte d'en dépouiller celui-ci, en réparation du scandaleux outrage fait à la morale et à la légitimité. Le père détrôné avait, entre autres embellissemens dans son parc d'Aranjuez, fait élever une petite retraite appelée *Casa del labrador,* où, nouvel Abdolonime, sa majesté s'occupait de jardinage, et cultivait la terre de ses mains avec des instrumens d'or et d'argent emmanchés de santal et d'acajou. Des sommes immenses furent ensevelies dans cette ferme royale. Pour donner une idée du goût dans lequel le monarque la fit construire, il suffira de dire que la pièce qu'on y décora avec le plus de luxe, et qu'on y montrait avec prédilection aux étrangers, était précisément celle qu'on s'attache le plus à dissimuler à tous les sens dans les demeures à la construction desquelles président le goût et la raison. Quatre des plus savans tableaux de **Girodet**, représentant emblématiquement les quatre saisons sous la figure de génies délicieusement dessinés, et dont l'empereur avait fait présent à son ami Charles IV, sont placés dans ce réduit, entourés de magnifiques guirlandes de roses en platine. « Ainsi, avons-nous dit ailleurs, le métal le plus rebelle n'a pris la forme de la reine des fleurs, et la toile ne s'est animée sous les pinceaux gracieux de l'un des plus grands peintres, que pour orner des latrines. »

Le Mançanarès, sur les bords duquel est située la capitale, est l'un des tributaires du Tage, où ses eaux se rendent par la rivière dont le confluent se trouve à quelque distance au-dessous de la *Casa del labrador*. Il naît des monts du Guadarrama; sous les croisées de la façade méridionale du palais des rois, il n'est en été qu'un simple ruisseau, qu'on pourrait traverser à pied sur son fond de sable, sans y avoir de l'eau jusqu'au genou. Cependant on le passe, au sortir de la porte de Tolède, sur un magnifique pont qui pourrait atteindre d'une rive à l'autre du Danube et du Rhin. Il n'est pas un livre de géographie, pas une relation, où l'on ne se soit égayé à ce sujet ; et j'ai connu un général spirituel et railleur impitoyable sur tout ce qui touchait l'Espagne, qui ne sortit jamais de Madrid, ou n'y rentra par le côté du sud, sans passer à gué ce qu'il nommait le fleuve, son cheval ne se mouillant pas le poitrail, parce qu'il aimait mieux profiter de l'ombre du pont en passant par-dessous, que de se rôtir au soleil en passant par-dessus. Cette critique, sur laquelle les Castillans passent eux-mêmes condamnation, est encore la conséquence des idées fausses sans nombre qu'on a de toutes choses touchant un pays qu'il est enfin temps de peindre tel qu'il est. Le pont du Mançanarès, auquel manque un fleuve, ainsi que le dit un adage castillan, n'est cependant pas une œuvre inutile de somptuosité déplacée ; monument digne de la première ville d'un empire, c'est au temps de la fonte des neiges, ou dans la saison des pluies, qu'on en peut apprécier l'importance. Alors on ne se hasarderait point ironiquement dans son lit ; alors on ne pourrait plus sortir de Madrid par le côté méridional, et toute communication se trouverait interrompue avec la moitié du royaume. Un pont ordinaire n'eût point résisté à ce volume impétueux d'eaux accrues ; il fallait un monument pour braver leur fureur et pour soutenir leur pesanteur fluide. Voilà ce à quoi ne réfléchirent jamais ceux qui écrivirent de l'Espagne, comme si l'hiver n'y avait pas son influence. Ils ne se sont jamais étonnés qu'on eût construit une moitié du massif du Pont-Neuf sur le petit bras de la Seine, que, durant trois mois, les petits chiens traversent sans nager, et dans lequel les petits enfans en ont à peine au-dessus de la cheville, parce que, dans les débordemens, ils peuvent lire XXXIII à la mesure de l'une des arches mitoyennes ; mais ils réimpriment imperturbablement tous les sarcasmes qu'on imprima depuis qu'il est construit, sans s'informer s'il n'est pas une époque de l'année où le Mançanarès est aussi redoutable que le Rhône.

L'Alberche est encore un des affluens du Tage ; il fut long-temps sans célébrité, mais il en acquit beaucoup par une grande bataille, livrée sur ses bords dans l'été de 1809. Nous citons cette rivière dans un article consacré à rectifier les faits, parce que dans le mémorable conflit qui l'ensanglanta, l'influence de cet esprit d'erreur, qui semble être de l'essence de tout ce qu'on raconte des choses d'Espagne, y eut encore sa bonne part. Les deux armées combattantes, qui n'y firent que de grandes fautes, s'attribuèrent également la victoire. On chanta le *Te Deum* dans Madrid ; à Londres on illumina les rues; mais l'empereur Napoléon, qui se trouvait alors bien loin du théâtre de l'événement, éclairé par ce génie de prévision qui lui était propre, jugea que les deux armées s'étaient mutuellement égorgées sans plan et sans résultat, ce qui équivalait pour chacune d'elles au plus ridicule revers, et il en montra son mécontentement d'une façon qui mérite d'autant plus d'être rapportée, que je ne trouve l'anecdote dans aucun mémoire publié jusqu'à ce jour.

Comme l'empereur venait de remplacer le maréchal Jourdan, qui remplissait les fonctions de major-général, par le maréchal Soult, l'un des cinq ou six numéros du *Moniteur* qui nous arrivaient à la fois (parce que les courriers ne passant pas régulièrement, les paquets s'accumulaient fréquemment à la poste), contenait un article ainsi conçu, sous la rubrique EMPIRE DE LA CHINE : « Sa majesté l'empereur est en ce moment retenu sur les frontières de la Tartarie, par une guerre qu'il terminera glorieusement avec sa promptitude habituelle. Ayant laissé le prince son frère, avec plusieurs de ses fameux généraux sur une frontière opposée, où quelques paysans et ramas de bandits ont osé lever l'étendard de la révolte, il reçoit tous les jours de ce côté des bulletins fastueux de grandes victoires, accompagnés de demandes d'argent et de renforts. Sa majesté n'est pas dupe de telles jongleries, et n'entend point être trompée par des rapports mensongers ; elle devine les fautes grossières qu'on fait où elle n'est point de sa personne, à travers les éloges qu'on se donne. Elle prévient le prince son frère et les généraux qui servent sous ses ordres, que si l'on continue à en agir ainsi, et surtout à chanter victoire, quand on s'est fait battre, il donnera le commandement des troupes aux officiers et sous-officiers de la ligne, avec la certitude que les choses en iront mieux, et qu'on n'annoncera plus à sa majesté l'empereur que des victoires réelles. »

Cet article Chine fut un coup de foudre pour plusieurs

qui feignaient de n'y point entendre malice. De retour à Paris, en 1815, et travaillant sur la guerre d'Espagne, je fus à la bibliothèque pour revoir cet avis si spirituellement donné; mais je trouvai un article spectacle à sa place, si j'ai bonne mémoire : je consultai deux autres collections; je ne fus pas plus heureux. L'ordre du jour de l'empereur de la Chine n'avait été imprimé que dans les numéros du journal officiel destinés pour Madrid, et n'existe peut-être plus nulle part.

BORY DE SAINT-VINCENT.

GIBRALTAR.

Depuis quatre mois je ne voyais que le ciel et l'eau, quand le matin du 2 novembre des hommes de l'équipage me réveillèrent en parlant de la terre, dont ils sentaient les approches. Je me jetai à bas de mon cadre, et en deux sauts j'arrivai sur le pont : j'éprouvai dans ce moment une des sensations les plus douces ; le ciel était bleu ; le soleil se levait radieux, et une odeur de thym était répandue dans toute l'atmosphère : ces émanations terrestres nous étaient si douces au cœur, que nous restions dans une sorte d'extase, pour aspirer de toute l'énergie de nos poumons ces parfums qui nous rappelaient les belles matinées de la terre. Pendant les quatre mois que nous venions de passer, le spectacle imposant de la vaste coupole du ciel, qui presse à l'horizon l'abîme transparent des mers ; les astres immuables dans leur cours, qu'il fallait consulter le jour et la nuit pour conduire notre coquille, nous avaient habitués à des pensées qui sortent du cercle habituel des relations de l'homme.

Les privations et les dangers de toute heure que nous avions courus nous avaient façonnés à une sorte d'agonie continuelle, qui avait laissé loin derrière nous les souvenirs du passé et les projets d'avenir.

Au cri de terre! nous étions tombés de la hauteur de ces

pensées d'un autre monde; nous étions revenus à notre nature d'homme. A ces approches de la terre, les pensées les plus agréables, les rêveries les plus ravissantes avaient succédé à quatre mois de stupeur et de fatigues mortelles. Nous allions toucher cette belle terre d'Andalousie; le détroit de Gibraltar allait nous faire rencontrer avec les vaisseaux de toutes les nations du globe; des deux côtés de notre bord allaient se lever des montagnes fraîches et odorantes ! J'étais à toutes ces choses, quand la vigie cria : Le cap Spartel ! et à notre avant nous fûmes aussitôt entourés d'une ceinture bleuâtre; un courant rapide semblait nous y porter.

Bientôt nous aperçûmes les balancelles espagnoles qui cinglaient vers Cadix : une foule de bâtimens franchissait le détroit; les uns danois, finlandais, suédois, portaient vers le nord les vins délicieux de Malaga et de Xérès; les autres, chargés des riches productions de l'industrie française, dirigeaient leurs courses vers les deux Amériques. Nous arrivâmes à la nuit à l'entrée du détroit, qui resplendissait des feux tournans du phare de Tariffa; un peu en avant on voyait se briser les eaux de Trafalgar. Le lendemain matin nous nous trouvions engagés dans le détroit, courant des bordées pour avancer : le vent était tombé de la veille; mais ce contre-temps ne nous affligeait pas beaucoup. Nous examinions dans la plus absorbante contemplation cet antique détroit de Gadès; d'un côté, les riches côteaux de l'heureuse et belle Andalousie; de l'autre, ces roches à pic, qui commençaient l'Afrique, et que dominent les cimes neigeuses de l'Atlas.

Presqu'en face s'élevait une haute montagne qui semblait détachée du continent; battue de tous côtés par les eaux de l'Atlantique et de la Méditerranée, couronnée d'une masse de nuages noirs, elle paraissait défier les tempêtes, et ses rochers sourcilleux, dont la base plonge au milieu des mugissemens des deux mers, attestaient l'antique inscription : *nec plus ultrà*. Cette montagne était Gibraltar, l'ancienne Calpé. Vis-à-vis d'elle s'élevait le mont aux Singes, Abyla. C'était dans la baie de Gibraltar que nous devions relâcher : et pour y entrer, nous fûmes obligés de gagner le vent et de courir des bordées sur Ceuta, ville espagnole sur la plage africaine; puis nous dirigeâmes notre cap sur la pointe la plus méridionale de Gibraltar. A ce moment où notre bâtiment virait de bord, où le cri d'adieu-va retentissait encore, nous vîmes un nuage volcanique s'échapper du pied de la montagne; le pavillon rouge, comme une flamme vive, s'agita au milieu; quand il fut dissipé, un violent coup de canon souffla à nos oreilles; c'était le qui vive anglais, qui vive imposant des maîtres de Gibraltar, dont le roulement retentit dans le détroit, dans les vallées andalouses, et que répétèrent les échos d'Afrique. Notre bâtiment se para alors de son pavillon aux trois couleurs, salut d'usage aux gardiens de la Méditerranée; puis, comme l'oiseau fatigué vient ployer ses ailes sous un abri protecteur, nous glissâmes dans la baie en carguant nos voiles. Quand l'ancre eut roulé dans les flots, nous eûmes à babord la ville d'Algésiras, couronnée de bois d'oliviers et d'orangers; sur l'avant, la ville et le camp de Saint-Roch; à tribord, toute la partie occidentale de la montagne de Gibraltar, depuis son port aux mille voiles, avec ses forts, ses môles, ses châteaux, sa ville et ses vastes murailles hérissées de bouches à feu, qui la ceignent de tous côtés, de la pointe du nord à la pointe du sud.

C'était un des plus beaux panoramas qu'on pût voir, mais unique en face de Gibraltar : que de souvenirs la vue de cette montagne doit rappeler! Son histoire se rattache aux premiers efforts de l'industrie des hommes, et quand, impuissans encore à se mesurer avec les dangers de la navigation, ils eurent besoin de motifs pour dissimuler leurs craintes, ils inventèrent des fables, premières histoires de l'intelligence humaine. Gibraltar fut nommé la montagne de Saturne (1); Homère la plaçait près du tartare, et supposait que les titans y régnaient (2), et que c'était sur elle qu'ils avaient voulu accumuler montagnes sur montagnes, pour escalader le ciel. Elle fut ensuite nommée une des colonnes de Briarée, géant fameux, parce que, suivant Eustace, il fut dieu de la mer, et étendit son empire jusqu'à deux montagnes fameuses auxquelles il donna son nom; elle porta aussi le nom de colonne de Bacchus, parce que quelques écrivains le confondent avec l'Hercule égyptien ou Sésostris. Mais la version qui a eu le plus long crédit est que c'est à ce promontoire que se terminèrent les expéditions d'Hercule, comme le suppose l'inscription *nec plus ultrà;* c'était en effet là que se bornait le monde connu des anciens. Cet Hercule était celui de Tyr, comme le font supposer les noms de *Carteya*, de *Gadès*, qui sont des noms propres de la langue phénicienne. Carteya fut le nom de la ville bâtie au pied du mont, et Gadès le nom de Cadix et du détroit. Ils avaient été ainsi appelés du nom des courageux navigateurs phéniciens qui avaient conduit les premières nefs dans ces parages. Suivant Strabon, on peut conclure que Calpé et Abyla étaient généralement connus onze cents ans avant Jésus-Christ et trente-quatre ans depuis la guerre de Troie. Plusieurs auteurs attribuent le nom de Calpé à un mot grec qui correspond à UDRIA, qui signifie vase, urne prolongée :

— Calpeque rursùm in Græciâ species cavi.
Teretisque visu nuncupatur urcei. (*Orig. marit.*)

D'autres lui donnent une origine phénicienne qui veut dire *élévation, hauteur.* Lopez d'Ayala croit plutôt qu'il faut l'attribuer au mot hébreu et phénicien Galph, Calph, qui veut

(1) *Eustace.*
(2) Odyssée *l*, Iliade ξ.

dire creuser. Cette origine concorderait d'ailleurs avec celle que lui assignent les Grecs et les Romains. Pomponius Mella pense aussi que c'est la véritable, à cause des cavernes profondes que la montagne renferme. Le nom de Gibraltar est le dernier nom qui lui fut imposé au huitième siècle par les Arabes. Les savans de cette nation prétendent que Gibraltar se compose de deux mots de leur langue, dont l'un, *gibel*, veut dire montagne, et *thar* divisé. En effet, elle paraît coupée; ce mot *thar* a été conservé long-temps dans le royaume de Grenade pour désigner une juridiction, un district séparé, comme la tahá de Orgiba, taha de dalias, taha de andarax; tar ou tur veut dire aussi une hauteur, tour, qui s'approprie parfaitement à la configuration de la montagne. Quelques autres auteurs croient que Gibraltar vient de *Gibel al phatah*, qui veut dire *montagne de l'entrée*, parce que les Maures débarquèrent pour la première fois en Espagne par Gibraltar. Enfin l'étymologie la plus généralement répandue est celle que Ben Hazil, écrivain de Grenade, et Ehn Alkhatib, dans sa chronologie des califes, donnent à cette montagne, en lui imposant le nom du capitaine maure qui le premier s'en empara en 712, à la tête de ses troupes. Tarik était son nom, et il avait avec lui dix-sept cent soixante hommes : quelques auteurs prétendent qu'elle lui fut livrée par la trahison et la vengeance du comte Julian, dont Roderic, dernier roi des Goths, avait suborné la fille Florinde. Cet événement est rapporté de la manière la plus naïve dans cette romance espagnole du huitième siècle.

« Florinde sort avec ses compagnes de la tour du palais, toutes chantant et se réjouissant.

» Elles entrent dans le jardin, où coule un ruisseau limpide, sous une treille de jasmins, de pampres et de myrtes.

» Elles s'asseyent en rond à l'ombre et baignent leurs pieds dans l'eau courante. Florinde étourdie prend sa ceinture. Mesurons nos pieds, dit-elle.

6.

» Le ruban passe de main en main : les jambes de la jeune Florinde sont les plus blanches et les mieux faites.

» Bientôt les vierges naïves déroulent leurs chevelures qui flottent dans l'onde; les doigts agiles les divisent en tresses, les cheveux de Florinde sont les plus longs et les plus beaux : ils sont blonds.

» Ces filles innocentes se croyaient seules ; mais le hasard voulut que le roi Rodrigue pût les voir, caché derrière la jalousie d'une fenêtre voisine.

» Elles se retirèrent, et avec elles Florinde qui marchait la dernière.

» Comme elle passait, le roi de son balcon l'appela.

» Belle Florinde, dit-il, je t'ai vue, et je t'aime ; mon sceptre et ma couronne s'inclinent devant toi : réponds à mes désirs, je reconnaîtrai ton amour.

» On dit qu'elle ne répondit point ; que même elle se fâcha d'abord ; mais la fin de cette aventure fut que le roi obtint ce qu'il voulait.

» Florinde perdit sa fleur, Rodrigue sa vertu, l'Espagne sa liberté.

» Qui des deux fut le plus coupable? Les hommes disent que c'est Florinde ; les femmes disent que c'est Rodrigue. »

C'est donc de *gibel tarik*, mont de Tarik, que les chroniques ont fait Gibraltar, dernier nom de cette montagne fameuse que, tant de peuples se sont disputée, qui fut le témoin de tant de désastres, l'objet de tant de guerres sanglantes et de tant de siéges meurtriers.

Les Phéniciens, les Égyptiens, les Rhodiens, les Phocéens, les Carthaginois, les Romains, les Vandales et les Goths y avaient été tour à tour dominateurs. L'an 90 de l'hégire, qui répond à l'an 712 de J.-C., les Maures s'en emparèrent, comme du poste le plus important pour le débarquement des armées qui allaient, dans les champs de Xérès, détruire en Espagne l'empire des Goths.

Les Maures n'avaient trouvé à Calpé que les ruines de Carteya, qui avait été en partie détruite par les Vandales dès l'année 429; ils y fondèrent une nouvelle ville, fortifièrent cette importante position, qui servit dès lors de débarcadère aux nombreuses armées qu'ils envoyaient dans la Péninsule aux temps de la conquête d'Aben Humeyas, d'Almorabide, d'Almohades et de Benimerines : ces passages de troupes étaient tellement fréquens, qu'Isidore Pacense et don Rodrigue donnent à Gibraltar le nom de promontoire du passage, *transductiva promontoria*.

En 846, les Normands y firent une irruption, qui fut repoussée; et en 1003 une bataille sanglante s'y livra entre Soliman ben-Ahlakem, et Mohamed ben-Hescam, deux tyrans qui se disputaient le royaume de Cordoue, tandis que le monarque légitime, Hescam second, appelé Almorayed, était en prison et passait pour mort. En 1070, les rois de Séville, de la famille des Almorabides, s'en emparèrent à cause de la force de sa position, de la commodité de son port, de la facilité qu'on avait d'y débarquer des armées nombreuses. En 1150, Abdulmunem cherche à changer le nom de Gibraltar pour celui de *Gidel et feth*, ou mont de la victoire, en mémoire des batailles qu'il avait gagnées. Mais cette fantaisie du vainqueur ne put prévaloir sur l'usage depuis si long-temps établi. Les chrétiens d'ailleurs se préparaient à chaque instant à reprendre cette formidable position qu'ils regardaient comme la *clef de l'Espagne*. En 1253, ils livrèrent aux Maures une bataille mémorable dans la baie; le succès ne répondit point à leurs préparatifs et à leur courage, qui dut céder devant l'expérience et les talens militaires que déploya *Mohomad Ben Jahia*, natif de Fez, qui s'était rendu célèbre par son génie guerrier.

Mais, en 1326, sous la conduite de Ferdinand IV, les chrétiens pénètrent enfin dans Gibraltar, et s'en rendent maîtres. Cette victoire fut si grande, et les Maures la crurent si importante, qu'ils présagèrent à Ferdinand l'empire du monde, dans cette romance arabe :

« Quand Ferdinand IV mit le siége autour de Gibraltar, et qu'il jura sur un missel de mourir ou de la prendre;

» Après qu'il lui eut donné assaut par terre et par mer, et que la ville et le château se furent rendus à discrétion;

» Un vieux Maure sortit de la ville; il avait bien cent années d'âge, et demandait à voir le roi pour lui parler ouvertement.

» Il mit les deux genoux en terre; le roi lui ordonna de se lever : le Maure parla de cette façon; écoutez bien ce qu'il va dire :

» Je vivais joyeusement et depuis longues années en paix dans Séville, quand l'illustre Ferdinand vint la conquérir sur nous.

» De là je m'en vins à Xérès, où nous pûmes mal résister à la royale colère de ton sage aïeul don Alphonse.

» Alors je choisis Gibraltar pour demeure, comme le lieu le plus fort que les Maures eussent jusqu'à la mer.

» Mais, comme nous n'avons pu tenir contre ta valeur, je viens t'annoncer que si tu continues, ton empire n'aura de bornes que les limites de l'univers.

» Fixe bien ta pensée sur ce que je dis, parce que cela doit arriver ainsi; car je l'ai entendu prédire à un Maure trèssavant. »

Cependant les chrétiens perdirent de nouveau Gibraltar, et imputèrent à la trahison la perte de cette position, dont les vicissitudes furent dès lors liées aux chances de victoires et de défaites, de succès et de revers des Espagnols, jusqu'au moment où Ferdinand d'Aragon et Isabelle expulsèrent définitivement les Maures de la Péninsule, en 1492.

Gibraltar avait supporté dix siéges sous la domination musulmane. Dans les guerres civiles, les partis se disputèrent de nouveau cette forteresse, devant laquelle vainqueurs et vaincus venaient tour à tour placer le siége. Barberousse, cet implacable ennemi du nom chrétien, vint aussi l'assiéger; et comme si ce n'était point assez de tant d'ennemis conjurés contre elle, la peste en décima encore la population.

Ce n'est qu'au dix-septième siècle, dit Lopez d'Ayala, que Gibraltar jouit de quelque tranquillité depuis sa fondation, et qu'elle fut à l'abri d'incursions, de débarquemens, qui amenaient toujours à leur suite des siéges, des bombardemens et des malheurs terribles pour les populations voisines.

Bientôt les guerres de la succession amenèrent les flottes de l'Angleterre et de la Hollande sous les murs de cette citadelle; l'amiral Rook devait concentrer contre elle tous les efforts de ces nations puissantes. La couronne disputée à Philippe V ne pouvait s'obtenir qu'à ce prix : les escadres combinées s'embossèrent dans la baie; le prince de Hesse débarqua sur l'ithsme avec dix-huit cents hommes; mais il reconnut l'attaque impraticable de ce côté, à cause de l'escarpement du rocher. On lança quinze cents boulets sans entamer les ouvrages; la famine paraissait à l'amiral le seul moyen de prendre cette place, quand quelques matelots à moitié ivres s'avancèrent sur des chaloupes jusque sous le vieux mole. Voyant que la garnison ne les observait pas, ils se hasardèrent à débarquer. Fiers de ce succès, et en vue des deux escadres qui les regardent, ils arborent un habit rouge pour signaler leur triomphe. Les troupes alors se précipitent à terre à l'envi, escaladent les remparts de la ville, enlèvent les batteries, et renversent l'étendard de Léon et de Castille.

En vain l'Espagne chercha-t-elle à recouvrer Gibraltar; les Anglais surent résister à tous ses efforts, et le traité d'Utrecht en assura de nouveau la possession à la couronne britannique.

Néanmoins, aux premiers bruits de l'insurrection des colonies anglo-américaines, les Espagnols alliés aux Français voulurent profiter de cette puissante diversion, pour chasser les Anglais d'une position qui les tient dans une sorte de vasselage; mais elle fut vaillamment défendue par le général Elliot, dont la résistance fut d'autant plus honorable, que la marine française avait déployé dans ce siége toute sa bravoure et son expérience.

Pour résister à de nouveaux efforts et déjouer toute espèce de combinaisons militaires, le génie anglais s'est appliqué depuis à faire de Gibraltar la plus forte place du monde, sous la direction du général O'Hara. Tout le promontoire auquel est adossée la ville, et dont la hauteur est de quatorze cents pieds, est hérissé de batteries sur tous les points où le rocher n'a pu être coupé perpendiculairement, pour en rendre l'accès impossible. Les excavations pratiquées à force de poudre dans le centre de la montagne et sur la pierre vive, forment des voûtes d'une telle hauteur et d'une telle étendue, qu'elles peuvent contenir la garnison tout entière en temps de siége, et qu'on peut les parcourir toutes à cheval. De ces voûtes part une route souterraine praticable aussi pour les cavaliers; elle communique à toutes les batteries établies sur le promontoire. On a pratiqué des chemins sur la pierre vive, par lesquels on peut parvenir en voiture jusqu'aux points les plus élevés.

Du côté de l'ithsme, on a superposé des bandes parallèles d'embrasures, dont chacune présente la bouche d'un canon.

Toutes ces embrasures éclairent les galeries souterraines, qui communiquent les unes aux autres par des escaliers à vis construits en bois.

Dans l'étendue de la montagne on trouve des grottes ou cavernes naturelles, où, dans le cas d'un blocus, on peut mettre à l'abri du bombardement les nombreuses provisions nécessaires à la ville et à la garnison.

La plus remarquable de ces cavernes (cuevas) est celle de Saint-Michel, maintenant Saint-Georges; l'entrée est à treize cents pieds au-dessus du niveau de la mer; elle renferme des colonnes de congélation et de stalactites remarquables, et les eaux qui filtrent ont formé sur les murs et dans le plafond une profusion d'ornemens et de festons naturels. Quelquefois le gouverneur anglais choisit ces voûtes immenses pour les fêtes qu'il donne à la ville et aux autorités espagnoles des alentours. Rien alors n'est éblouissant comme les illuminations que reflètent les stalactites; mais aussi rien n'égale en féerie la vue de ces jolies andalouses étalant leurs grâces à mille pieds au-dessus de la Méditerranée, et dont les têtes se balancent d'une manière ravissante sous une masse de rochers de quatre cents pieds d'épaisseur.

Ces cavernes gigantesques ont des issues sur le versant de la montagne, où l'on trouve des chemins praticables pour arriver à son sommet, où le spectacle le plus imposant attend le voyageur assez hardi pour l'escalader. La superficie du terrain en est aride; on n'y rencontre aucune herbe, et la fatigue croît avec les difficultés du terrain. Les raffales du vent, qui battent les roches et s'engouffrent dans ces immenses cavités, portent au loin avec un grand fracas des ondulations sonores qui terrifient; d'immenses abîmes s'ouvrent à l'œil: elles causent un frissonnement involontaire à celui qui a eu le courage de s'élever à semblable hauteur. Sur la crête de la montagne, l'agitation de l'air est si violente, que le bruit du canon paraît moins fort dans le choc de deux escadres ; mais si l'oreille souffre, l'œil découvre un magnifique tableau : là se déroule cette vaste étendue de mer, qui bondit à l'horizon, l'aspect de ce détroit antique et fameux, et l'Afrique qu'on voit là-bas parsemée de villages et d'habitations ; de là on aperçoit les cinq royaumes couchés sur les côtes de l'une et l'autre mer : en Europe, les royaumes de Séville et de Grenade ; en Afrique, les royaumes de Maroc, de Fez et de Barbarie ; puis l'œil s'en va mesurer en bas la largeur du détroit, qui séparant l'Espagne de l'Afrique, unit les deux mers, et baigne les côtes de Mauritanie. A la pointe de l'Almina, qui en Afrique correspond à la pointe d'Europe sur notre continent, se brisent et blanchissent les dernières eaux de la Méditerranée, qui courent le long de la côte comme une frange d'argent. Plus loin, le mont Abyla, rival de Calpé ; à sa partie occidentale est Ceuta, appelée par Ptolomée Exilissa, et célébrée par les poètes arabes comme le théâtre illustre et lamentable de victoires et de déroutes, de grandeurs et de ruines ; plus loin se dressent les sept aiguilles de ces monts que les Romains et les Grecs nommaient les Sept Frères : de cette dénomination vint Septa (septem), dont a fait ensuite Ceuta. A moitié du chemin qui va de cette ville à Tanger, et presqu'en face de Tarifa, vous voyez Alcazar, Elzaguer, petit village fondé par Jacob Almanzor, empereur des Almoades. Vous voyez les coteaux de Siris, qui forment avec Tarifa la gorge la plus étroite du détroit. Quand vous descendez vers la mer, la ville de Gibraltar se déploie à vos pieds, de l'extrémité de la montagne à l'autre ; au nord elle s'élève dans sa plus grande étendue avec ses églises et sa longue rue garnie de trottoirs. Au milieu, le palais du gouverneur, entouré de terrasses, et la promenade publique où sont placées les statues du duc de Wellington et du brave Elliot ; au sud les casernes, le magasin des vivres, l'hôpital militaire, l'atelier général. En temps de paix, *la garnison* se compose de six mille hommes, et on compte vingt mille habitans de population. La plupart sont Génois, Espagnols, Anglais, ou juifs : ceux-ci ont trois synagogues, et l'un d'eux vient de faire construire un magnifique palais de marbre.

L'égalité civile et religieuse proclamée par le gouvernement anglais, la force de cette place, qui la met à l'abri d'une révolution, son climat heureux, devaient attirer un grand nombre de commerçans et de familles riches, dont les opinions religieuses ou politiques étaient ailleurs des causes de persécution.

Quant à la justice, elle y est forte et honorée; l'Angleterre, qui sait coloniser, en conçoit toute l'importance, car l'on ne vit jamais, sous un ministère anglais, des magistrats honnêtes gens sacrifiés à des concussionnaires, quelque protégés qu'ils fussent.

C. MARCHAL,
Ancien président du tribunal de Saint-Louis, au Sénégal.

LA TOUR DE TOLÈDE,

LÉGENDE TIRÉE DE LA CHRONIQUE DU ROI DON RODERIC.

Il y avait autrefois à Tolède une tour que l'on nommait Plaisir et Peine, le Secret de l'Avenir, l'Honneur de Dieu. Les gardiens de cette tour vinrent trouver le roi don Roderic, en son palais, et lui dirent : « Puisque Dieu vous a fait la faveur de vous donner le royaume d'Espagne, nous vous requérons de venir à Tolède, voir la tour confiée à notre garde. » — « Quelle est cette tour ? demanda le roi. » — « Sire, quand Hercule vint en Espagne, répondit l'un des gardiens, il fit plusieurs choses merveilleuses, et lisant dans l'avenir que Tolède serait un jour une des plus belles cités du royaume, et la demeure favorite des rois, il y laissa plusieurs enchantemens pour perpétuer, après sa mort, le souvenir de sa puissance et de son génie. Cette tour est un de ses ouvrages, et montre sa miraculeuse habileté; il n'y en a pas une pareille dans le monde ! Elle est ronde et portée sur quatre lions de bronze, si grands que deux hommes à cheval de chaque côté de l'un d'eux ne peuvent se voir ; cette tour est si élevée que personne ne pourrait jeter une pierre à son sommet. Nul ne sait comment elle a été construite, ni ce qu'elle renferme ; mais nous pouvons vous dire ce que l'on voit à l'extérieur : les murs sont de morceaux de marbre et de jaspe, gros comme la main d'un homme, et si polis et si brillans, qu'ils semblent de cristal; il ne s'en trouve pas deux de la même couleur et leurs joints sont imperceptibles; et ce qu'il y a de plus merveilleux, c'est qu'ils figurent, par leur arrangement, toutes les grandes batailles, tous les hauts faits des temps passés, qu'Hercule avait prévus dans sa sagesse. Lorsque Hercule eut bâti cette tour, il établit qu'aucun des rois d'Espagne n'eût à chercher à en voir l'intérieur, et que chacun d'eux eût à ajouter un cadenas à celui qu'il avait posé lui-même à la grande porte. Ceci ayant été exécuté par tous vos prédécesseurs, nous vous requérons d'y venir placer votre cadenas. »

Quelques jours après, le roi don Roderic rassembla les plus grands seigneurs d'Espagne et alla voir la tour de Tolède, qu'il trouva plus merveilleuse encore qu'on ne lui avait dit. « Amis, dit-il à ceux qui l'accompagnaient, il faut que je voie absolument ce qu'il y a dans cette tour. » Les seigneurs lui représentèrent qu'il devait trembler de faire ce que nul roi n'avait osé tenter depuis Hercule; mais le roi dit qu'il était bien sûr de n'avoir rien à craindre; que les enchantemens ne l'arrêteraient pas, et qu'il voulait en faire à sa guise. Don Roderic alla donc vers la porte et commanda qu'on ouvrît tous les cadenas, ce qui fut un grand travail, tant ils étaient nombreux; puis le roi poussa la porte et entra suivi de quelques-uns de ses seigneurs. Ils trouvèrent d'abord une vaste salle carrée, dans laquelle était un lit magnifiquement orné; sur le lit était couchée la statue d'un homme extrêmement grand, armé de pied en cap, et tenant dans sa main un écrit que les chevaliers montrèrent au roi. Don Roderic prit aussitôt l'écrit dans la main de la statue, et tremblant, il y lut ce qui suit : Audacieux qui portes ici ton regard, vois le mal dont tu seras la cause! Par moi l'Espagne

fut conquise et peuplée ! elle sera dévastée et perdue par toi !
Je suis Hercule le fort, qui conquis la plus belle partie de
la terre et toute l'Espagne, qui tuai Géryon, et que la mort
seule a pu vaincre !

Le roi eût bien voulu n'avoir pas tenté son entreprise ;
néanmoins, comme s'il n'eût point eu peur : « Nul ne peut
connaître l'avenir que le vrai Dieu. » Puis il passa dans un
autre appartement plus merveilleux encore que le premier.

Les quatre murailles de cet appartement étaient de quatre couleurs différentes : l'une était noire ; l'autre était blanche ; la troisième était verte, et la quatrième était rouge. Elles étaient aussi brillantes, aussi transparentes que du cristal, et paraissaient faites d'un seul morceau. Au milieu de l'appartement était un pilier rond de la hauteur d'un homme ; une petite porte pratiquée dans le pilier était surmontée de caractères grecs, qui indiquaient que cette tour avait été bâtie par Hercule, en l'an du monde 306. Le roi ayant ouvert la petite porte, trouva derrière une niche profonde ; cette niche contenait un petit coffre d'argent doré, couvert de pierres précieuses, et fermé par un cadenas de nacre de perle. Des caractères grecs gravés sur le cadenas disaient que le roi qui ouvrirait la cassette ne pouvait manquer de voir des choses étranges. « Voilà donc, s'écria don Roderic, ces choses que je veux connaître, et dont Hercule a défendu la recherche ! » Puis aussitôt il brisa le cadenas, ouvrit la cassette, et n'y trouva qu'un morceau de toile blanche, plié entre deux lames de cuivre ; sur la toile étaient peints des Maures avec leurs turbans, le cimeterre à leur côté, et leurs arcs pendus à l'arçon de leurs selles. Au-dessus des figures était une inscription qui signifiait que lorsque ces figures verraient la lumière du jour, une horde d'hommes semblables à ceux qu'elles représentaient viendrait conquérir l'Espagne.

Le roi parut alors tout troublé ; ses chevaliers pâlirent et lui rappelèrent le conseil qu'ils lui avaient donné. Mais don Roderic leur répondit que nul ne pouvait empêcher ce que la toute-puissance avait décrété, et que si c'était la volonté du Seigneur que l'Espagne fût conquise, c'était aussi le Seigneur qui l'avait envoyé pour ouvrir la tour; puis il sortit en recommandant le secret à ses chevaliers, et en ordonnant qu'on refermât la porte. Mais à peine avait-on fini de replacer les cadenas, qu'on vit un aigle descendre du haut des airs, et se poser sur le sommet de la tour, en tenant dans ses serres un brandon flamboyant; l'édifice s'enflamma sur-le-champ et fut bientôt réduit en cendres, sans qu'il en restât la moindre trace. Quelques instans après, on vit arriver une nuée de petits oiseaux noirs, qui se mirent à voltiger au-dessus de l'emplacement de la tour; il y en avait tant que le vent de leurs ailes dispersa les cendres, et les répandit sur tous les points de l'Espagne.

On raconte aussi que toutes les personnes sur qui tomba cette pluie de cendres en furent tachées, comme si c'eût été une pluie de sang.

EDOUARD D'ANGLEMONT.

LE NAUFRAGE DE SEPULVEDA ET DE DONA LIANOR DE SÁ,

Poème portugais de Corte-Real, comparé aux chroniques de Maffei et de Goulard (1).

« Je vous remercie du Camoens, écrivait Voltaire à M. de Vaisne : je ne l'avais jamais lu tout entier, et je crois que peu de gens le liront tout entier. » (2)

Qu'aurait pu dire Voltaire lui-même du sourire qu'il aurait surpris aux lèvres d'un Portugais, si on lui avait montré qu'avant d'avoir reçu l'obligeante communication de M. de Vaisne, il avait fait partir Camoens pour les Indes-Orientales avec Vasco de Gama, quitte à se rectifier dans une autre édition, en commettant d'autres erreurs aussi étranges.

Quelques années plus tard, un homme d'assez grande renommée, qui avait cependant voyagé en Portugal, écrivait, avec un admirable sang-froid que Luiz de Camoens, *brave spadassin, aventurier malheureux*, avait composé un poème qui n'était pas sans mérite, mais qu'il l'avait intitulé assez mal à propos *As Lusiadas*, parce qu'il s'appelait Louis (3).

---

(1) Ce morceau doit faire partie d'une deuxième édition de l'histoire littéraire de Portugal, que l'auteur prépare en ce moment.

(2) Voyez le recueil des lettres.

(3) Dumouriez : *État présent du royaume de Portugal*, nouvelle édi-

Après ces deux autorités, je ne vous parlerai pas de Duperron de Castera, et je laisserai en paix les manes de l'auteur du Lycée; ce fut cependant ainsi que le dix-huitième siècle apprécia la littérature portugaise! Que dire de celle des Espagnols? Ce fut ainsi que sa fierté légère essaya de désigner le rang que devait occuper dans le monde de l'intelligence ces hommes à part parmi les poètes, ces capitaines dévots et braves, qui disaient leur religieux pèlerinage, et qui mouraient pleins de génie, vierges du blâme ou de l'éloge, léguant leur nom à un tardif souvenir.

En voici un qui n'a rien su de sa gloire, et dont les larmes, comme celles de Luiz de Camoëns, ont coulé solitaires. Aussi quand je relis ses poèmes, ne puis-je m'empêcher de trouver qu'il y a une religion secrète à révéler dans la poésie de cet homme, et qu'il marche encore à part maintenant, après avoir cheminé si long-temps méconnu.

Je ne voudrais pas laisser croire cependant que Hyeronimo Corte-Real est un grand inventeur, un de ces hommes qui commencent une littérature; un de ces *trobador*, comme disent les vieilles langues du midi, qui trouvent l'éternel secret de poésie, et qui l'enseignent à des générations de poètes.

Dans la littérature portugaise, cet honneur est réservé à Camoëns, à Sa de Miranda, à Ferreira, et Corte-Real ne marche vraiment qu'après eux: avant lui la harpe d'or avait résonné; la corde avait été touchée d'une main inspirée ou savante; le maître virgilien avait été retrouvé, et il avait chanté son harmonie. Cependant Hyeronimo Corte-Real demeure un grand poète, et un poète original; mais savez-vous comment il le devient? Comme le devinrent plus tard

tion, corrigée et considérablement augmentée. Il est inutile de dire que le poème des *Lusiades* est ainsi intitulé, parce qu'il roule sur les exploits des enfans de Lusus, les Lusitaniens.

Shakespeare et Calderon, qui le dépassent de si loin, comme l'a peut-être été Homère, en écoutant les soldats et les voyageurs, en répétant les paroles du peuple ; poète enfant, qui veut qu'on l'amuse précisément des récits qu'il a le plus souvent entendus.

Quelque temps après la naissance de Corte-Real, un grand malheur était arrivé dans la terre désolée du Cap, déjà si fréquente en naufrages ; et ce malheur avait eu lieu dans la famille à laquelle le poète devait s'allier plus tard. C'était une de ces infortunes qui laissent des souvenirs éternels aux cœurs les moins capables de profondes émotions, parce que l'expiation a été plus grande que la faute, et qu'une femme a mêlé son innocence à cette lutte hardie et sévère, dans laquelle un grand criminel veut détourner le châtiment.

Camoëns avait compris qu'il y avait là le sujet d'un livre admirable, et s'il avait entendu, comme je le pense, le récit de quelques compagnons de Lianor, il savait que le poème existait déjà.

Avant d'examiner l'œuvre du poète, interrogeons donc la chronique, interrogeons-la surtout dans un de nos vieux historiens, qui a merveilleusement connu toutes les traditions du Portugal, et qui les a rendues avec une énergie de style qu'on a trop promptement oubliée. Le traducteur si vrai et si naïf de Castanheda, Simon Goulard, le Senlisien, qu'on ne lit plus aujourd'hui, avait été frappé, comme le poète, de la touchante majesté de cette poésie, lorsque Camerarius et surtout Maffei lui étaient tombés entre les mains. Quand sur la fin de sa vie il voulut faire connaître à la France cette touchante tradition *dans ses mémorables exemples*, ce fut dans l'auteur italien surtout qu'il alla puiser ce qu'il appelait lui-même un *sévère enseignement,* pensant que nulle autre part la source ne pouvait être plus dégagée de mensonges et d'incertitudes.

Mais voyez quelle était la puissance de la tradition en

elle-même! D'ordinaire Simon Goulard procède fort simplement : il dit sans préambule et de prime à bord les faits qu'il rencontre dans les historiens; il voile même l'énergie de son style pour laisser parler celui qu'il interroge. Cette fois le sujet qui a inspiré Corte-Real l'émeut : il se sent attendri; la parole semble lui manquer pour commencer le récit, et l'austère philosophe s'en va moralisant, comme le poète qui cherche son invocation.

« Jean de Satisberi, ancien évesque de Chartres, disoit de bonne grâce que la prospérité mondaine, marastre de vertu, applaudit à ses mignons pour les supplanter, et par un heur malheureux, s'accommode tellement à eux durant leur course tant prisée, qu'enfin elle les traverse et renverse, abreuvant à l'entrée du banquet ses conviez de miel et de vin doux; puis, quand ils sont yvres, elle mesle à la desserte du poison, et pis encore dedans le gobelet; plus elle paraît illustre et magnifique, et plus espand-elle au bout des brouées espaisses qui aveuglent ses esclaves. Voyons-en une histoire (entre plusieurs autres de notre temps), du tout pitoyable, pleine d'estonnement pour toutes personnes qui font trop d'estat de la vie transitoire. »

Après ce début austère, le chroniqueur laisse parler Maffei.

« Manuel de Souze, surnommé Sepulvede (1), autrefois gouverneur de la citadelle de Diu en l'Inde-Orientale, pour le roy de Portugal, seigneur opulent et magnifique, qui avait espousé Éléonore, fille de Garcias de Sa, lors vice-roy, désireux de revenir en Portugal, chargea de richesses un fort grand navire, et s'y embarqua au port de Cochim. Suivi de sa femme, de ses petits enfants, de Pantaléon de Sa, et de quelques gentilshommes, puis de ses domestiques et esclaves;

---

(1) Il est inutile de dire que, selon l'habitude de son époque, Goulard donne une terminaison toute française aux noms espagnols et portugais.

toute cette troupe, compris les passagers et les matelots, estant d'environ six cents personnes. Le commencement de janvier est le temps assigné pour faire voile à ceux qui prétendent venir de Calecut en Portugal, ce que les changemens des vents, et la navigation plusieurs fois éprouvées enseignent; mais Souze, et ceux de sa suite, ayant esté occupez à faire divers achapts en la ville de Coulan, ne partirent qu'au mois de février. »

Le voyage commence; et nous ne suivrons pas l'historien dans ses récits; il suffira ici de raconter les faits rapidement: le séjour des Portugais le long de la côte a les plus terribles résultats. Des tempêtes horribles vont les accueillir au cap de Bonne-Espérance, et, comme dit le vieil auteur, « un » vent d'occident commence à leur faire tête, suivi d'éclairs, » de tonnerres, de nuages noirs, épais et redoutables.... ils » ne peuvent doubler la pointe et passer ce cap de déses-» poir. »

Ils font naufrage; on jette les ancres à un trait d'arc de la côte; la plus grande partie de l'équipage se sauve, et Souza gagne un des premiers la terre avec sa femme et ses enfans; mais ils ont la douleur de voir périr près de quarante hommes, tandis que la chaloupe va se briser devant eux sur un écueil. Privés de ce moyen de naviguer le long de la côte, et d'aller chercher du secours aux établissemens portugais, ils restent plusieurs jours sur cette plage désolée; puis ils se décident à côtoyer le rivage et à chercher la rivière que Laurent Marquez avait surnommée le fleuve du Saint-Esprit (1), et où les Portugais se rendaient de Sofala pour trafiquer avec les naturels; pour parvenir à cette factorerie, il y avait près de deux cents lieues à faire vers les régions d'orient. « Quoique Souze fût le plus intéressé de tous en cette adversité, néanmoins, de contenance et de parole

(1) L'événement arriva en 1553.

il acouragea tous les autres à suyvre cette résolution ; qu'il n'était pourtant question de se juger perdu..... d'avantage qu'ayant chacun d'eux mérité damnation éternelle à cause de leurs forfaits, il leur était séant de supporter franchement ces chastiments temporels.....

» Tous s'écrièrent là dessus qu'il les menast où et comme il lui plairait, qu'ils lui obéiraient entièrement.

» S'estant ainsi quelque peu renforcez et acouragez, ils se mirent en chemin selon l'ordre qui s'ensuit. Manuel de Souze marchait le premier avec sa femme Eléonore, dame résolue à merveille, et leurs enfants qui, pour leur bas âge, n'appréhendaient rien ; suivis d'André Vasée, maistre de navire, lequel portoit pour enseigne une longue croix ; quatre-vingts Portugais marchaient après, et cent esclaves, lesquels tour à tour portoyent Éléonore en une meschante lictière à bras, suivie de quelques servantes et de serviteurs du navire. Après cette misérable troupe marchait Pantaléon de Sa, accompagné de quelques autres avec les esclaves portugais ; ils marchoyent à petites journées, par chemins périlleux, à cause des bestes sauvages et cruelles, qui à tous coups leur donnoyent l'alarme ; avoyent à traverser des rochers sans chemin, gravir par des montagnes d'excessive hauteur, puis devaler dans des barrécaves effroyables à regarder, où ils trouvoyent des fondrières profondes et des torrens impétueux. C'estoit à ces pauvres voyageurs de chercher et sonder les gués, les montées et descentes moins malaisées ; mais faute de savoir leur chemin, ils allongèrent le leur de plus de soixante-dix lieues.

» Un mois se passa durant ce voyage ; et le pis fust qu'estant au bout de leurs vivres, la famine vint les assaillir. »

Voilons cette partie du récit ; laissons à chaque imagination la terreur de ces émotions intimes. Disons seulement que tout ce que le dénuement a de plus horrible est rappelé avec des mots d'une naïveté effrayante, que nous voudrions pouvoir conserver. La misérable caravane n'a point que ce fléau à supporter ; l'eau manque ; alors pour me servir encore des paroles du vieux chroniqueur : « De fois à autres quelques uns espuisés et ne pouvant plus se soutenir, demeuroyent en chemin pour butin aux barbares cruels, et pour proie aux oiseaux carnassiers. Ceux à qui restoyent quelque force pour passer outre, recueilloyent les derniers mots et soupirs de leurs compagnons, piteusement expirans, si estonnés au reste de leurs propres maux et périls, qu'ils estoient comme stupides et du tout abrutis. Quant à Souze, quelques siens amis qui lui restoyent l'angoyssoyent desmesurément ; mais les travaux et malheurs journaliers de sa femme le rendoyent presque insensé. »

Sans doute il restait quelque espoir de salut à cette misérable caravane ; mais l'ignorance où ils étaient de la situation géographique du pays, l'absence de renseignemens positifs sur le caractère des tribus, tout se réunit pour causer leur ruine complète. C'est ainsi qu'ils traversèrent le fleuve de Laurent Marquez, sans se douter qu'il était devant eux, et qu'ils abondonnèrent une aldée, où ils avaient reçu un asile favorable pour s'abandonner, quelques lieues plus loin, à un chef de cafres, qui parvint à leur faire livrer leurs armes, et qui les chassa dans le désert sans leur donner le moindre secours.

« Alors Souze et les siens sentirent combien ils avoyent esté mal avisés de se désarmer et fier en des barbares inconnus et perfides. Mais ce ne fut pas le bout de leurs misères ; car desnuez de conseils ; tous desbandez sans conducteur, sans guide, ils commencèrent à marcher à l'avanture : et là-dessus, voici soudain une grosse troupe de Mores, esquipez de bastons fort pointus, qui enveloppent Souze et sa suite ; puis sans acception d'aucune personne, despouillent hommes, femmes et enfans, qui ne disoyent pas un mot, tant ils estoyent esperdus ; excepté Eléonore, qui se souvenant de sa race et soigneuse de son honneur, fait toute résistance à elle possible, pour les irriter à ce qu'ils la tuassent. Mais n'en pouvant plus, et son mari l'exhortant, elle désista. Ces pauvres gens tous estonnez (après la retraite des voleurs), tournoyent les yeux pour ne s'entrevoir, nommément pour ne contempler cette honorable dame, qui, plus effrayée de la lumière du jour que de la mort mesme, se fit faire une fosse dedans le sablon, où elle se couvrit d'icelui, et quand à ce qui paraissait déhors, le cacha de ses cheveux esparpillez; puis appelant André Vasée et quelques autres restez en petit nombre, leur dit : « Gens de bien et d'honneur ! vous avez esté très-fidèles à vostre capitaine : il suffit, allez et pourvoyez à vostre sanneté. Si quelqu'un de vous peut finalement arriver en Portugal, faites sçavoir en quelle misère mes péchez ont réduit mon mari et moi. » (1) Cela dit, elle demeura en son estat sans bouger, ni dire plus pas un seul mot. Si quelquefois elle regardoit ses chers enfans, les larmes lui ruisseloyent des yeux avec hauts soupirs et sanglots. Quant à Manuel de Souze, père et mari, une tristesse et douleur profondes lui avoient serré le cœur et la bouche; ayant tenu quelque temps les yeux fichez en terre, comme frappé d'un esclat de fouldre, ou tout hébété : finalement le soin de ses petits s'éveillant tout à coup, il s'achemine vers une forest prochaine, pour y trouver quelque nourriture. De retour, il trouve le plus petit de ses fils décédé, et sa femme

(1) Nous croyons devoir reproduire pour cet admirable passage la chronique de Maffei elle-même, que ne donne point Simon Goulard.

Tum verò, castæ matrone tristior omni morte lux visa, defodit arenis è vestigio sese; que supereminent, soluto raptim fusoque obtegit crine. Mox ad Andream paucòs que superstites, voce supremâ : vos quidem inquit duci vestro fidem egregiam præstitistis optimi viri. Nil ultrà opus est. Ite vobis que ipsi tandem aliquando consulite, ac si quem patriis olim finibus reddi contingat, renuntiate que loci mea me maritumque delicta perduxerint.

qui avait esté trois jours sans manger, accablée de tristesse et de larmes : il enterre de ses mains son enfant, et le lendemain retourne à la queste ; mais au retour il voit sa femme et son autre fils expirez, autour desquels estoyent quelques servantes, qui se lamentoyent à grands cris ; il se jette par terre, appuyant quelque peu de temps sa teste sur la main droite estendue de sa femme trespassée ; puis à l'aide des servantes, cache dedans le sable la femme et l'enfant, sans proférer parole quelconque. Cela parachevé, il s'en retourne par la forest, où l'on présume qu'il fut dévoré par les bestes sauvages, car on en ouït depuis ni vent ni voix. » (1)

Ici je m'arrête : l'énergie de ce vieux langage, et la poésie de cette belle tradition parlent assez.

Toutefois, pour commencer l'examen du poème, il faut soulever une question de date. Cette chronique parut pour la première fois en latin vers 1588, cinq ans avant la mort du poète ; mais elle fut composée sur des pièces originales, que Maffei trouva dans les archives de Lisbonne. Si Goulard n'a été qu'un traducteur naïf et touchant, j'ose croire que l'historien italien, ordinairement si soigneux de sa phrase, a laissé aller son cœur au souvenir des naufragés, qui avaient écouté les paroles de la triste Lianor, et dont le récit avait été religieusement conservé durant tout le seizième siècle.

Ce n'est point que je cherche d'inutiles rapports ; ce n'est point que je veuille en rien diminuer la gloire du poète : ce serait comme si je tentais de rabaisser Camoëns aux dépens de Barros et de Brito ; mais il est toujours bon de faire voir comment procède le génie, quand il imprime sa forme durable aux voix fugitives qui racontent (2).

Corte-Real n'écouta pas seulement les récits des contem-

(1) Pantaléon de Sa revint en Portugal avec plusieurs des naufragés.
(2) Dans un cours fait l'hiver dernier à l'Athénée, M. Philarète Chasle a développé avec beaucoup de bonheur cette manière de procéder qu'on trouve chez la plupart des poètes du seizième siècle.

porains; il ne puisa pas uniquement aux chroniques; comme Luiz de Camoëns, il alla s'abreuver aux sources de la poésie réelle; il parcourut les mers de l'Inde, et peut-être qu'il interrogea, sur la terre désolée du Natal, quelque vivant, témoin du naufrage de Sepulveda.

Hyeronimo Corte-Real, seigneur du majorat de Palma, était le fils du capitaine donataire des îles Tercère et de Saint-George; et comme il nous l'apprend lui-même dans une lettre à Philippe II, il descendait des illustres familles espagnoles de Baçen et de Mendoça (1). Son sort fut bien différent de celui des poètes contemporains; tout porte à supposer qu'il jouit d'une haute opulence, et il est prouvé qu'il occupa le rang de capitao-mor d'une flotte qu'on avait envoyée croiser dans les mers de l'Afrique et de l'Asie. Dans ce poste élevé, il acquit une juste réputation militaire, et rien ne nous indique qu'il ait eu à se plaindre du sort. Ceci avait lieu en 1571, à peu près à l'époque où Camoëns composait son poème dans l'exil, et peut-être au temps où ses créanciers le jetaient en prison.

Corte-Real ne paraît avoir eu aucun rapport avec le grand poète. Barbosa Machado, fort sobre de détails sur sa vie privée, ne dit rien à ce sujet; mais en examinant les sonnets louangeurs qui précèdent l'Austriada, poème espagnol qui dut s'imprimer vers 1577, cinq ans après les *Lusiades*, on trouve divers morceaux appartenant aux poètes en faveur, tels que Ferreira, Diogo Bernardes, et Andrade Caminha; le nom de Camoëns ne paraît point. Ce poème appartient à une autre littérature, et nous ne le jugerons pas ici; nous dirons seulement que l'on comprend fort bien comment il a précédé le

---

(1) Nicolas Antonio, ni Barbosa Machado ne font mention de l'année de la naissance du poète. Brito, dont nous possédons le manuscrit autographe à la bibliothèque royale, garde le même silence, et contient du reste fort peu de détails sur notre auteur.

siége de Diu et le naufrage; c'est un hommage en l'honneur de Jean d'Autriche, dans lequel le poète essaie son énergie, mais sans savoir encore où le conduira son inspiration.

Traité de magnifique et illustre seigneur par Philippe II, auquel cependant il ne demanda rien, marié à une femme qu'il aimait, Corte-Real paraît avoir passé les temps de trouble qui désolèrent le Portugal dans une heureuse retraite. Il s'était retiré dans une maison de plaisance de son majorat, près de la ville d'Evora, qui de tout temps a été célèbre en Portugal par ses sites admirables et par ses antiquités; on nous le représente comme affectionnant la solitude et la retraite. Durant des heures entières, dit un de ceux auxquels nous devons ces détails, il restait sur une colline, au milieu d'âpres rochers ; de cette éminence on découvrait de vastes campagnes, et, pour me servir des expressions toutes portugaises de Barbosa, « là, sa fantaisie errait librement, et sa poésie trouvait des images. » Hélas! nous verrons que le poète y regarda trop long-temps le vieil Olympe, et que ses souvenirs en reçurent une tache.

Corte-Real ne fut pas seulement poète; il fut, dit-on, musicien habile, et il eut la haute intelligence de la peinture. Vers le milieu du dix-huitième siècle, la ville d'Evora conservait, comme preuve de son habileté en ce genre, un tableau de saint Michel, placé dans la chapelle das Almas (1).

Rien ne nous apprend l'époque précise de la mort du poète; on suppose cependant qu'elle arriva vers 1593, dans l'heureuse retraite qu'il s'était choisie au Morgado de Palma. A cette époque, il avait depuis long-temps marié sa fille à Antonio Souza, et c'est à son gendre que nous devons l'impression du beau livre de Sepulveda, qui ne parut qu'un ou deux ans après la mort du poète.

Corte-Real, comme il convient aux hommes de valeur

---

(1) Paroisse de S.-Antao. Nous ignorons si ce tableau existe encore.

réelle, semble avoir eu le sentiment intime des beautés de son poème; mais en ce temps de croyances sincères et de graves espérances, on ne s'en allait point demandant une heure de renommée : on faisait l'œuvre, et on attendait; il n'y a que le christianisme sincère qui ait fait de tels miracles.

« Dieu a appelé à lui mon beau-père, écrivait à D. Theodosio, duc de Bragance, le gendre de Corte-Real, et parmi les choses dont j'ai hérité, j'ai trouvé dans un portefeuille où il recueillait ce qu'il avait de plus précieux, cette histoire, ce vrai discours de la malheureuse destinée de Manoel de Souza de Sepulveda, et de Lianor, son épouse, morts avec leurs deux petits enfans. Je l'ai trouvée avec bien de la joie, car j'avais entendu dire à mon beau-père que c'était cette œuvre qu'il considérait comme étant la plus réellement fille de son génie.

Oui, l'œuvre de Corte-Real est une œuvre de génie, et il s'en faut de bien peu qu'elle ne lui ait mérité une de ces couronnes qui ont consacré pour toujours Camoëns et Tasse du grand nom de poète.

J'ai dit autre part comment d'harmonieux souvenirs, puisés en partie dans l'instinct secret des traditions et de la langue, rendaient naturel aux Portugais l'emploi des mythes de l'antiquité; je le répète, au seizième siècle, l'emploi des formes mythologiques était presqu'un souvenir de religion; mais ce furent ces chants de syrènes qui enivrèrent Corte-Real, et qui firent tomber de ses mains la palme bénie de la poésie chrétienne.

« O Rédempteur, s'écrie-t-il dès le début du poème, ô vous qui avez pris naissance dans les entrailles de la vierge sacrée, ô vous qui avez été à la fois le dieu et l'homme parfait, c'est à vous, ô Christ, qui avez été cloué sur le calvaire, et qui êtes mort pour nous, qui avez lavé nos fautes à la fontaine sanglante qui coulait de vos plaies; c'est à vous que je demande secours. Je ne veux point de leur Hélicon. Je n'ai point dit à

Apollon : emporte-moi doucement, donne-moi ta science nouvelle; je ne lui ai demandé ni sa lyre, ni son harmonie; je ne l'ai point supplié qu'il rendît mon chant sonore; je ne demande rien qu'à vous, je n'invoque que vous pour chanter le cas acerbe et dur, le lamentable naufrage de ceux qui, submergés par la furie des ondes, là bas sur la terre inconnue, sont tous morts ! »

Mais quand le poète écrivit ces octaves, tout empreintes de sa croyance énergique, quand il rêva le poème chrétien, peut-être venait-il de se faire redire par sa femme, dans un entretien d'intimité douloureuse, les malheurs de cette belle Lianor, qu'on répétait alors par tout le Portugal; peut-être venait-il de s'attendrir sur quelques détails ignorés de foi religieuse racontée à la famille par un des naufragés. Pour rester sublime, il fallait demeurer avec sa prière et son souvenir; mais il voulut obéir aux formes consacrées du poème latin; il s'en alla dans la retraite qu'il s'était choisie, et de là, contemplant ces belles campagnes d'Evora, couvertes de ruines romaines, il lui vint mille souvenirs du temps de Virgile. Comme Luiz de Camoëns, il regarda trop longtemps dans l'Olympe, et quand il abaissa ses yeux vers la terre, sa pensée était déjà profanée.

Ce n'est pas que le poète, dans ses extases solitaires n'eût eu des visions enchantées, des rêveries élevées et saintes, des élans d'enthousiasme déchirans. La voix qui résonnait à ses oreilles mêlait seulement les deux croyances; comme ces poètes du temps de Byzance, c'était une lyre païenne qui chantait la foi au chrétien.

Cependant, pour être juste avec Corte-Real, il faut dire qu'il n'obéit pas seulement aux formules consacrées de la poésie antique : l'Orient même exerça peut-être plus d'influence sur lui que sur Camoëns; il est moins préoccupé de la perfection du style et d'une irréprochable harmonie; mais il obéit davantage au besoin sincère de dire ce qu'il a vu, et c'est à cette disposition de poète voyageur que l'œuvre doit son originalité.

Rien d'enchanté comme le début, rien de gracieux comme le récit de la naissance de Lianor. Ainsi qu'il arrive à tous les poètes, la voix de Corte-Real prend souvent une sorte de douceur, un accent inouï de tendresse, qu'on ne trouve peut-être que chez lui ; il caresse sa fiction adorée, comme un amant qui prévoit une fin terrible à son rêve, et qui veut endormir, par des chants passionnés, celle dont le réveil aura une réalité effrayante.

Une jeune fille est née dans le royaume de Canara ; cette jeune fille est chrétienne, fille d'un gouverneur des Indes, et voilà que les grâces de l'Olympe s'en viennent doucement la bercer ; mais, sous un nom grec, ces grâces sont des vierges orientales, des dewas légères, onduleuses, parfumées des fleurs du Gange, et dont l'harmonie est un chant caressant, qui n'a point la gaîté folâtre des nymphes de l'Hellénie. Elles s'approchent du berceau, regardent l'enfant, et lui disent :

> . . . . Deos te guarde,
> Fermosa e tam perfeita creatura,
> Elle, que assi te fez entre as mais bellas (1).

Le chant des déesses continue ; une harmonie légère suit tous les mouvemens du berceau, et le cri implacable qui lui succède en prend une énergie plus terrible. On comprend la fin de Lianor aux paroles des trois furies.

Mais, comme dit le poète, la gentille dame va croissant. Manuel de Souza de Sepulveda, le fort chevalier, l'aime éperduement ; et néanmoins elle a été promise à Luiz Falcao,

---

(1) Dieu te garde, belle et parfaite créature, lui qui t'a créée ainsi entre les plus belles.

l'un des premiers entre les Portugais. Quand elle avoue à son père un amour qui doit faire le destin de sa vie, la parole du gouverneur est engagée, et le vieillard est de ce vieux sang chrétien, qui jamais n'a su mentir. Lianor doit tout oublier.

Dans cet ouvrage, étincelant de beautés, mais dont les beautés sont si souvent interrompues, une des choses les plus curieuses sans contredit, c'est le second chant, qui noue l'action et qui détermine la marche du poème. Toutefois, pour faire apprécier son étrange bizarrerie, il suffira de traduire l'argument, et Corte-Real y gagnera peut-être autant que le lecteur.

Dans le second chant donc, « l'amour se détermine à faire mourir Luiz Falcao, capitaine de Diu. Par le conseil de Vénus, il passe dans l'île de la Vengeance, où réside Raunusia. Celle-ci lui accorde la haine, la colère et la détermination; il retourne dans leur compagnie à Paphos, où Vénus lui donne un trait de foudre, dont il se sert pour frapper Luiz Falcao, au grand effroi de toutes les Indes. »

Hélas! sans ajouter avec l'auteur « qu'on trouve dans ce chant un coup d'œil sur la géographie du monde, » je dirai que cet échafaudage mythologique est destiné à voiler dans le poème une circonstance bien réelle et bien douloureuse de la vie si pure de Lianor. Sepulveda, que les historiens nous représentent comme un des hommes les plus hautains et les plus hardis de ce siècle, brisa l'obstacle qu'on lui opposait; Falcao mourut de sa main, et il n'en obtint pas moins la fille du gouverneur de Diu.

Parmi nos vieux voyageurs français, contemporains de Corte-Real, il y en a un, c'est Pyrard, je crois, qui donne, avec sa prolixité conteuse, une admirable idée de la magnificence des Portugais aux Indes. Ces vice-rois, qui mangent en public, et dont la table est offerte à tous les étrangers; ces soldats qui reçoivent une paie de capitaine, et qui se font suivre par des esclaves ; ces lieux d'asile, qu'on prendrait pour des palais, et où il est difficile de reconnaître un hôpital : tout cela frappe comme un reflet des contes orientaux. Néanmoins on sent dans ce récit l'aventurier en détresse, que la richesse a ébloui, et qui ne l'a guère vue que de loin. Dans la description que nous fait Corte-Real des magnificences qui eurent lieu aux noces de Lianor, on reconnaît toujours le grand seigneur qui a vécu au milieu de cette pompe orientale, et qui la décrit sans l'exagérer : nul livre peut-être ne donne mieux l'idée de ce que devait être le luxe de Goa, en ces temps de splendeur. Aux détails seuls de la toilette de Lianor, on reconnaît le peintre qui a étudié sans doute sous le grand Vasco. Rien qu'à cette esquisse, on devine le poète qui aurait le pouvoir de rendre sur la toile la grâce un peu austère, l'attitude sérieuse dans le bonheur, qui convenait à Lianor : c'est une de ces nobles figures que les peintres de la renaissance posaient à l'entrée d'un de leurs portiques magnifiques et qui réunissaient la pureté chrétienne à cette attitude de fête, qui convenait si bien aux déesses de Giorgion, ou du Primatice.

Je ne veux point ici excuser complétement le défaut le plus réel de Corte-Real ; je ne prétends point même diminuer le reproche qui lui a été fait de gâter ses peintures les plus touchantes par l'emploi des formes mythologiques ; mais il me semble qu'en général on a poussé bien loin, sous ce rapport, les reproches qui ont été faits aux poètes espagnols et portugais. Chez eux, c'est une espèce d'ajustement de fête, qui va aux caprices de leur fantaisie, plutôt qu'au sentiment intime de l'inspiration. Je le répète, la renaissance a eu de ces priviléges en peinture : ne saurait-on les appliquer à l'œuvre du poète ? N'y a-t-il pas en poésie des figures isolées, belles par la valeur réelle de l'art, et telles qu'on en trouve dans les vieux peintres castillans.

Cette fois c'était la splendeur indienne qui devait dominer.

Corte-Real, pour la décrire, était allé aux sources, et il rappelle, avec une grâce tout empreinte d'éclat chevaleresque, ces fêtes des Malabres, qui succèdent aux tournois des chrétiens; écoutons-le : « Le soleil s'abaisse à l'horizon ; mais il jette encore ses rayons éclatans sur la terre, quand les Canarins s'avancent pour donner une fête aux amans nouvellement unis.

» Les Canarins se sont réunis, dit le poète, et se préparent aux danses consacrées ; on entend retentir les trompettes de cuivre, qui résonnent en sons vifs et mesurés; les cornemuses, les flûtes joyeuses et mille autres instrumens en usage parmi les Indiens leur répondent. Tout à coup ils entrent dans la grande place, en faisant des voltes légères, où se déploie leur habileté; le brocard d'or, la soie lustrée aux riches couleurs, les entourent de leur éclat lustré; leurs jambes et leurs bras sont nus, mais de larges anneaux d'or y ont été fixés, et une perle d'orient chatoie à la flèche d'or qui traverse leur narine, les danseurs, les jeunes filles portent le même ornement ; tous se balancent avec grâce ; tous s'élancent au bruit sonore des instrumens.................

» Et voici que le peuple accourt en foule : un mugissement de voix et d'acclamations s'élève ; ceux que leur âge empêche de suivre la multitude sont entraînés, pressés par cette furie violente du peuple, qui veut voir. Tout à coup cette foule, resserrée dans une rue étroite, arrive par son propre poids à la place du palais; elle s'étend, elle s'éparpille, elle court avec un tel rugissement, qu'on dirait de ces eaux turbulentes qui s'échappent de la digue, et qui grondent de leur voix rauque avant de pouvoir s'apaiser.........
....

» Et au bout d'un certain temps d'attente, comme tous les cœurs sont en vive émotion, de nouveau la montagne et la vallée résonnent tout à coup du bruit de mille autres instrumens : ce sont les saquebutes, les trompettes, les atabales, les tam-tam sonores, les rustiques cornemuses, qui font ce concert, dont l'âme se sent toute émue. De nouveaux acteurs s'élancent dans la place, et en se mêlant aux danses, ils traînent le simulacre d'un cheval doré, aussi grand que celui qui fut jadis si fatal à la ville de Troyes. Des naïres belliqueux l'entourent : ils marchent ceints d'écharpes éclatantes ; leurs bras sont nus, et de gros anneaux d'or brillent à leurs poignets ; tous ils portent des espèces de toques de couleurs variées à l'infini ; tous ils s'avancent en agitant leurs armes : celui-ci joue avec une grâce infinie de l'épée et de la rondache ; celui-là tire en l'air sa forte arquebuse, et de momens en momens, ils poussent leur cri guerrier. Il y en a encore qui bandent avec vigueur leur arc, d'autres qui brandissent leurs fortes lances.

» Bientôt quatre éléphans s'avancent, et tout le monde semble effrayé de leur grandeur. De hautes tours s'élèvent sur leur dos, et mille guerriers robustes s'y montrent avec leurs armes ; au bruit des cris et des acclamations qui s'en vont déchirant les airs, ils bandent de nouveau leur arc avec une fureur toute guerrière, et leurs flèches, pointées du côté des dames qui ne s'attendent point à ce salut, leur donnent un moment de terreur ; mais la corde s'échappe sans rien frapper : un cri terrible s'élève dans les airs et s'approche si près d'elles, que croyant un moment à la réalité de ce combat innocent, et du brillant simulacre, il y en a qui pâlissent et qui sentent le froid de la terreur.

» Mais quand les monstrueux et terribles animaux sont arrivés sur la place, en jetant leurs rugissemens et en déployant leurs trompes épouvantables, mille autres cris retentissent de tous côtés. Le peuple s'enfuit avec effroi, redoutant l'inévitable danger qui suit leur marche terrible ; et quand les instrumens ont donné le signal, les fiers éléphans commencent eux-mêmes les évolutions du combat avec enthousiasme. Tantôt ils sillonnent l'air de coups inutiles ;

tantôt ils s'arrêtent, et d'un pied sûr ils attendent qu'on leur ait répondu. D'autres fois on les voit tous, et d'un même mouvement, chercher à parer les lances, les dards et les flèches courtoises, qui viennent des hautes tourelles, et que les redoutables guerriers leur jettent avec vigueur. »

Après cette fête toute orientale, le poète décrit un de ces feux d'artifice si variés dans leurs jets capricieux, si imposans par l'éclat de leur lumière, et il a soin de faire remarquer que c'est déjà une antique coutume du Malabar, une de ces innombrables merveilles que les conquérans trouvèrent à leur arrivée. Tout est original dans cette solennité indienne, je dois le dire encore; mais on voit bientôt avec quel amour Corte-Real va retrouver les dieux de la Grèce. Une scène dramatique succède à toutes ces pompes, dont il a décrit avec enthousiasme la splendeur: il semble que ce soit pour étaler avec plus de complaisance que jamais ce luxe de mythologie, qui détrône l'olympe indien.

Les dieux resteront sans doute; mais il n'y aura plus de fêtes dans le poème. Corte-Real a épuisé ce qu'il y avait en lui de joies.

Sepulveda et Lianor sont partis des Indes, et voilà que le chant du poète prend tout à coup un accent douloureux; il y a vraiment quelque chose de solennel, et qui rappelle un peu le début de la chronique, dans ses interrogations redoublées :

« Qui donc, s'écrie-t-il, peut se laisser tromper au bien que la fortune nous offre?

» Qui s'est vu plongé en ces délices sans deviner la fin triste et amère?

» Qui s'est jamais confié en ce qu'elle promet sans avoir découvert la fausseté et le piége?

» Qui a eu des jouissances, et ne les a pas achevées en larmes et en douleurs? »

On le voit bien, le poète a eu foi de nouveau en ses souvenirs; il a laissé parler son cœur, et sa poésie a repris une énergie chrétienne. Mais le vaisseau vogue sur l'océan indien ; les vents alisés le poussent, et Prothée ne pourra pas voir Lianor sans se prendre d'un violent amour. C'est au milieu des flots qu'il chantera son martyre à la jeune Portugaise. Il faudra même nous résoudre à voir Amphytrite venir implorer Eole pour qu'il soulève la tempête qui brisera la nef sur les roches désolées du Natal.

A bien dire, c'est ici que le poème commence réellement, et l'on comprend que si Corte-Real avait lu la chronique, il s'était fait donner par les gens échappés au naufrage mille détails qu'il avait ensuite recueillis avec un esprit religieux, comme une tradition sainte que le poète ne devait jamais altérer. On a déjà fait remarquer, je crois, qu'Alfonse d'Albuquerque, se trouvant en détresse durant une tempête, éleva dans ses bras un enfant qu'il arracha aux flots, offrant ainsi à Dieu ce pur holocauste, comme si des larmes innocentes suffisaient pour laver les fautes de celui qui avait dû faillir (1). C'est le souvenir de cette muette oraison qui a inspiré, dit-on, Corte-Real, lorsque dans un des passages les plus touchans du poème il peint Sepulveda, au sortir du naufrage, implorant la miséricorde divine, en élevant son jeune fils dans ses bras. Moi je ne vois dans ce geste d'angoisse qu'un souvenir pathétique et vrai de ce qui advint à ce père désolé. J'y reconnais la confession chrétienne et la prière d'un grand coupable devinée par la poésie.

Il est raconté dans une vieille chronique castillane que

---

(1) Voici le passage d'Osorio, auquel un critique estimable a peut-être fait allusion. Je citerai la vieille traduction de Goulard :

« Le vice-roy Albuquerque, emmy ce naufrage, voyant un fort jeune garçon près de soy, prest d'être noyé par les vagues qui entroyent dedans sa capitainesse, le chargea et le teint sur ses espaules jusqu'à ce que d'un autre navire on feût venu au secours, disant que l'innocence de ce garçon l'assurait d'échapper de ce naufrage par la grâce de Dieu. » liv. 8 sect. 9.

quand le pic de Teyde venait à vomir des flammes, et que le génie du volcan semblait irrité, les Guanches s'en allaient jadis avec les petits de leurs troupeaux au sommet de quelque montagne, espérant que les cris plaintifs de ces créatures auraient pouvoir d'apaiser Dieu(1). Oui, comme dit Montaigne en parlant de la poésie, la divine, la suprême, la surhumaine marche à son gré, et ne se fie point aux règles ; et si pour le développement du poème, la tradition était nécessaire, il y a des beautés éternelles que le poète a su retrouver écrites déjà en son cœur.

« Muse, s'écrie le poète, c'est maintenant qu'il faut raconter la pérégrination mortelle!... » C'est en effet un bien douloureux voyage, que celui qui va s'accomplir dans cette terre désolée. On le sent aux paroles entre-coupées du poète, à ses âpres descriptions, à ses douloureux retours sur le passé. Le drame terrible se déploie, l'affreux dénouement se presse. Si je n'avais pas déjà donné le récit de Maffei, je laisserais raconter à Corte-Real la marche dans le désert ; mais, je suis bien contraint de l'avouer, au milieu d'admirables détails, il faudrait écouter encore les amours d'un dieu. Malgré la bizarrerie de ces interventions mythologiques qui viennent toujours gâter les plus belles situations, on comprend la pensée du poète ; c'est dans ce moment suprême qu'il évoque tous ses souvenirs de tendre compassion. Pour faire mieux comprendre Lianor, il l'entoure d'une tendresse surhumaine ; il s'en va cherchant dans le domaine de la poésie antique tout ce qui doit parer ce type divinisé de la femme. C'est pour cela que Pan évoque ses faunes et ses sylvains dans les terres brûlées du Natal ; c'est pour cela qu'Apollon descend de l'Olympe, et qu'il vient chanter sur sa lyre d'or des amours inconnues chez les dieux.

C'eût été, il est vrai, quelque chose de bien admirable

(1) Historia y conquista de la gran Canaria, 1 vol. in-4°. Ce précieux volume sera l'objet d'un examen particulier dans la *Péninsule*.

que la tradition racontée simplement, en vers énergiques comme ceux de Corte-Real. Disons plus, pour retrouver dans l'œuvre toute sa beauté native, il faut la dégager, à la lecture, de ce luxe déplorable; il faut se décider à faire subir au poème une épuration nécessaire; cette fois donc ce sont les dieux qu'il faut chasser du temple. Alors seulement la figure ravissante de Lianor se dégage : parée de sa tendre douceur de femme, comme dit le poète, elle marche en silence et on pleure; elle soupire en regardant ses deux jeunes fils, et on devine presque les paroles de compassion véhémente qui ont ranimé tant de fois le courage défaillant des hommes forts qui l'accompagnaient; et quand elle attache ses yeux presque éteints sur les yeux de ses enfans, quand on sent qu'elle donnerait sa vie pour savoir s'il leur restera assez de force jusqu'à la fin de la marche douloureuse, on est tenté de s'écrier avec le dieu qui lui parle de son amour :

« Où vas-tu, belle créature, où vas-tu ? N'avance pas... »

Que nous fait, après cela, malgré la beauté infinie des détails, ce temple de la vérité, où Sepulveda pénètre en songe ? A quoi peut servir cette peinture obligée des lieux fantastiques où demeure le mensonge ? L'esprit de vertige va triompher.

Malheureusement Manuel de Sepulveda est dans le poème ce qu'il fut dans la réalité, un être orgueilleux, auquel la passion prêtait sa force, un soldat hautain, qui courba la tête dans l'adversité, et pour lequel on ne se sent quelque pitié que quand il a épuisé toutes les angoisses qu'il est donné à un homme de souffrir. Lui offre-t-on une franche hospitalité au désert, il demeure irrésolu, il refuse, malgré Lianor, l'hôte auquel il devrait se confier. Les souvenirs fantastiques des temples où il est entré se mêlent et se confondent sans qu'il sache auquel s'arrêter; le vertige semble devenu son dieu, et ce n'est point sans raison que le poète le compare à ce roi Sédécias, contempteur de toutes les prophéties.

Le véritable héros pour le lecteur, c'est un personnage

secondaire, c'est ce jeune Pantaléon de Sa, qui devine toujours le danger, et qui toujours essaie de le détourner. Eh bien! les visions de Pantaléon de Sa lui-même interrompent démesurément l'action. De retour d'une expédition dirigée contre les Cafres, et au moment de rentrer sur le territoire d'un chef qui a recueilli la triste caravane, il a une de ces apparitions, qu'à partir de la Lusiade on voit se renouveler, sous une forme plus ou moins heureuse, dans tous les poèmes des Portugais. L'aspect des lieux où pénètre Pantaléon est d'un effet grandiose, et la tradition s'y déroule avec majesté. Un sage vivant au fond d'une sombre caverne explique au jeune Portugais l'histoire du Portugal depuis Alphonse Henriquez jusqu'au jeune roi Sébastien ; il se plaît à rappeler l'origine toute fabuleuse de la maison des Corte-Real ; il met dans sa narration un luxe d'heureux détails, peu d'accord certainement avec le reste de l'œuvre : mais quand il s'agit de la journée d'Alcaçar, où s'anéantit la gloire de son pays, l'énergie toute portugaise du soldat se ranime ; on voit que le poète a combattu ; il parle admirablement du carnage et du bruit de l'épée.

« Je vous fatigue peut-être de cette peinture déplorable, dit le vieillard, mais enfin, il faut que vous voyiez la victoire livrée aux Maures. Ah! pourrez-vous être témoin de la chute du Portugal? Toute sa splendeur, toute sa renommée, toute sa gloire, élevée avec juste raison au plus haut de sa grandeur, ne sera plus que honte et abattement ; il n'y aura plus qu'opprobre et mépris.

» Hélas! seigneur, voyez ; et en disant cela il détournait ses regards. Oh! contemplez la funeste vision ; rien qu'à la voir le sang se gèle dans les entrailles. Regardez ce champ où coule mille ruisseaux de sang ; et il montrait des monceaux de corps étendus, cachés dans les longues herbes.....

» Oh! regardez, regardez : vous ne verrez pas une place

vide, où, sur ces chevaliers morts, on n'entende crier le corbeau carnassier. »

Puis le poète guerrier s'attendrit sur ces nobles soldats, tombés avec tant de courage; il parle aussi des captifs et du jeune Sébastien.

« Ah! vous perdrez un roi ami, s'écrie-t-il, après avoir parlé sévèrement d'une ambition téméraire.

» Oui, tout est possible en ce monde. Quelle dure captivité! quelle vie laborieuse! et cependant les temps antiques n'ont vu jamais tels chevaliers. »

Qui ne sent pas, à ce cri douloureux, que Corte-Real a assisté à la bataille, et qu'il frémit de ses propres souvenirs?

Mais sortons de cette caverne pour rentrer dans un monde plus fantastique encore; écartons toutes les divinités de l'Olympe afin d'arriver à la vérité dans toute sa poésie. L'argument nous servira encore à franchir ce chant bizarre et une partie de celui qui va lui succéder.

« Pantaléon est de retour auprès du roi cafre; on se décide malgré ses avis à chercher le rio Marquez; les nymphes d'un fleuve annoncent clairement sa mort à Sepulveda; on arrive sur le territoire du chef qui dépouille la caravane; le sang de Luiz Falcao demande justice à Dieu; le châtiment du ciel descend sur les Portugais: leur raison se trouble, et ils consentent à remettre leurs armes entre les mains de leurs ennemis. La caravane est dépouillée. »

Il faut bien l'avouer, Corte-Real se montre ici inférieur à la chronique, malgré toutes les magnificences de son langage; je sais qu'il n'appartenait qu'à un grand poète de peindre, comme il l'a fait, Lianor toujours forte et résignée, comprenant son avenir, et gardant une miséricorde inépuisable pour soutenir son mari jusqu'à la fin de la journée laborieuse. Mais ce geste sublime de la femme qui va mourir, et dont les naufragés gardaient encore long-temps après un si chaste souvenir; ces longs cheveux épanchés sur le sable; ces funérailles que la jeune épouse se fait d'avance à elle et à ses enfans, tout cela était sublime à dire simplement, comme l'avait fait Maffei. Eh bien! toute cette pudeur chrétienne est profanée des regards d'un dieu.

Mais, attendez, l'heure est venue, et le poète saura retrouver le beau langage des émotions, et dépassera de bien loin la pensée de Maffei. Un des fils de Lianor vient de mourir; Sepulveda entre dans une sombre forêt pour chercher quelques misérables alimens; l'ombre de son enfant lui apparaît, et voilà que d'autres morts lui sont encore prédites.

« Aux dernières paroles, dit le poète, la vision disparaît tout à coup, laissant le misérable seigneur épouvanté. Plein d'angoisses et d'une grave douleur, il reste long-temps sans se mouvoir, le cœur brisé de la triste nouvelle, le visage sans couleur, les yeux baignés de larmes, le regard fixé à terre; il va tournant et retournant, en sa fantaisie lassée d'affliction, différens souvenirs; un froid tremblement s'empare du malheureux, et court par tous ses membres brisés. Il voudrait revoir Lianor; mais il craint de la retrouver sans regard. Il voudrait aller lui parler; mais il pense que ses lèvres seront muettes, et qu'une vapeur noire et mortelle l'aura déjà enveloppée.

» Ah! combien de fois il essaie de retourner en arrière! combien de fois le cœur lui avise son mal! combien de fois, changeant de chemin, il prend la résolution de ne plus avancer et de chercher pour remède la rencontre de quelque féroce animal!

» Hélas! il ne va pas long-temps sans qu'il y ait pour lui des signes évidens de ce qui cause ses terreurs. Il entend des cris lamentables et entre-coupés; muet et froid, il tressaille: le présage est terrible en son cœur. » Ici le poète doit seul parler:

« Il se presse péniblement pour être témoin de ce malheur,

qu'il redoute et qui est déjà certain. Accablé par une douleur poignante, il traîne ses membres fatigués ; un souffle difficile lui dessèche la bouche : il est mortel ; mais ses tristes yeux, ses yeux affaiblis versent encore des larmes amères. Il arrive: Lianor était prête à franchir le passage terrible, le terme si redouté. Il voit que sa vue troublée et incertaine ne cherche que lui ; et comme il est arrivé, son âme prend un peu de force : elle veut lui dire adieu ; ses yeux mourans se lèvent avec effort ; elle veut parler ; sa langue est déjà morte et s'arrête. Mais ses regards se fixent plus fortement sur le triste visage de cet unique ami qu'elle abandonne ; elle voudrait balbutier le dernier mot, et ne le pouvant, elle se penche vers la terre avec une douleur mortelle. »

Assistons maintenant aux funérailles ; peut-être n'y en eut-il jamais d'aussi terribles.

« Après être resté long-temps évanoui, le cœur oppressé, Sepulveda se lève ; il est muet, et il pleure. Il va où le rivage lui offre une place favorable ; il écarte avec ses mains le sable ; il ouvre une étroite sépulture, et ensuite, retournant vers l'endroit qu'il a quitté, il prend dans ses bras fatigués ce corps froid qui s'abandonne. Les esclaves l'aident dans ses derniers et funestes hommages en poussant de longs cris.

» Ils la laissent dans la sombre demeure où elle doit rester toujours, et ils poussent encore un cri prolongé. Ils répandent sur le sable de l'eau de mer : ce dernier adieu ils veulent tous le faire. Lianor ne sera point seule dans sa triste demeure. Un tendre petit enfant reste près d'elle ; quatre ans il a joui de la lumière du jour, et le cinquième sa mort est arrivée. C'est là que l'enfant mort est avec sa mère privée de vie. Tous deux ils reposent dans la terre avec un amour dont il ne reste rien. Elle ne lui présentera plus ce sein qu'il demandait ; il ne sourira plus à sa tendresse maternelle : ils sont restés sur la rive solitaire ensevelis près des vagues irritée, et ils donnent au monde un funeste exemple des coups de la fortune.

» L'infortuné Sepulveda roule les yeux avec égarement; au souvenir de ses douleurs, enfin ses yeux troublés se fondent en larmes, ces larmes oppressaient son triste cœur. La voix embarrassée par les sanglots, il prononce encore des paroles de tristesse et de compassion. Il prend le fils qui lui reste, ce fils d'un âge si tendre, d'une apparence si misérable : il entre par une percée étroite, dans la forêt peuplée de tigres et de lions, il cherche la mort; ces animaux prendront pitié de ses maux; bientôt ils la lui donneront. »

Le poète, pour ajouter encore à cette scène terrible, personnifie le désespoir, qui apparaît à Sepulveda, en lui disant qu'il est désormais sa seule ressource. L'infortuné suit le le spectre en silence (1). Mais une jeune femme lui apparaît, elle est brillante d'éclat et de beauté; c'est la douce Résignation : elle lui parle du Christ et de ses souffrances. « Par ses larmes, dit-elle, il obtint un pardon universel. » Elle lui fait aussi espérer une éternelle gloire, et lui place sa couronne sur la tête. Souza de Sepulveda prend un peu de courage dans sa terrible agonie, le Désespoir s'éloigne de lui; la vision sainte reste : il est déjà au plus profond de la forêt.

« Il porte dans ses bras ce tendre petit enfant qui va mourir, qui est presque expirant. La forêt se couvre d'une nuée sombre et épaisse, et dans l'enceinte qu'entoure la vapeur, on entend les rugissemens perçans des lions et des tigres. Du sein de cette obscurité de deux corps inégaux sortent deux âmes égales. Délivrées de cette prison mortelle, toutes deux elles vont se reposer dans la gloire de l'éternité. »

Quand la mort a consommé le sacrifice, quand tout est redevenu muet dans ce lieu de désolation, le poète nous ra-

---

(1) En portugais, le désespoir est représenté par une femme hideuse *a desesperacao*.

mène vers la tombe de Lianor, qui s'élève sur un rivage stérile, où l'on entend le gémissement des flots et les cris des oiseaux de mer.

Dans ce lieu funeste, témoin de tant de désespoir; il nous offre encore une scène fantastique que le goût réprouve, mais qui entraîne cependant l'imagination. Ces dieux, dont les amours étaient si bizarres, viennent déplorer le sort de Lianor et graver des vers sur sa tombe. Sans doute il eût été préférable de s'en tenir à la simple réalité; mais dans ce dernier hommage rendu au malheur, il y a quelque chose de noble et de touchant; d'ailleurs la poésie de Corte-Real prend alors un tel caractère de grandeur qu'elle ne peut nous laisser insensible. On l'éprouve au fond de l'âme : il y là une dernière émotion que le poète n'a pu complétement retracer, et qu'il laisse sentir au lecteur.

FERDINAND DENIS.

L'ASCENSION DU MONT-PERDU.

SOUVENIRS DES PYRÉNÉES ESPAGNOLES.

C'était au milieu de la belle saison de l'année 1832. Je m'étais rendu aux eaux de Saint-Sauveur, et j'avais visité dans leurs plus petits détails les hautes et basses Pyrénées françaises. Tout à coup il me vint en idée que le versant opposé de la chaîne (les Pyrénées espagnoles) ne devait pas être moins curieux ni moins pittoresque. En conséquence, lorsque je fus à Cauterets, je hasardai une excursion jusqu'aux bains de *Pentacosa*, et après vingt-quatre heures d'arrêt à Bagnères-de-Luchon, je me dirigeai sur *Venasque*. Quelque jour peut-être vous raconterai-je ces dangereuses expéditions, où je ne découvris pas l'Amérique, cela est vrai, mais où j'eus du moins l'avantage de m'éloigner du chemin battu par les voyageurs ordinaires.

Aujourd'hui je veux seulement vous mettre sous les yeux, non pas le récit d'une tournée que je fis dans la montagne espagnole jusqu'à la petite ville de *Jaca*, à quinze lieues de Pampelune, mais la narration qui, pour abréger la route, me fut tracée par mon guide, de son ascension au Mont-Perdu, avec le célèbre naturaliste Ramond.

Il pouvait être environ cinq heures du matin. J'entrai dans une petite maison située à l'extrémité de Barèges, et qu'on *démonte* tous les ans aux approches de l'hiver, de peur qu'elle ne soit emportée par l'avalanche. « Bonjour,
» mon brave, dis-je à un petit vieillard de soixante ans que
» j'y aperçus : c'est vous qu'on nomme Simon Charlet ?

— Oui, monsieur, pour vous servir.

— « Volontiers, d'autant plus que je viens justement vous
» demander ce que vous m'offrez. Mais avant répondez-moi :
» vous souvenez-vous d'un de vos camarades d'école nom-
» mé *Miquel ?* »

— Miquel ?... (Il me regarda un moment.) Miquel Jubinal ?... ça ne s'oublie pas ces choses-là !

— « Eh bien ! c'est son fils que vous voyez. »

— J'en étais sûr ; je vous avais reconnu au type de la vallée de Zuz ; vous le portez sur votre visage.

— « Vous trouvez ? »

— Oui ; mais avant tout il faut que je vous embrasse en souvenir de votre père.

— « Avec plaisir, Simon, en attendant qu'il vous le rende
» lui-même. »

Ici nous nous donnâmes fraternellement l'accolade. Cela fini : — Je vous demande dix minutes, monsieur, me dit Simon en tirant sa montre, pour aller prévenir ma femme qui est gardeuse des bains ; après cela je suis à vous, et je vous conduirai où vous voudrez.

— « Soit, repris-je ; mais que vois-je sur votre montre ? »

Il me la tendit, et je lus : — *A Simon Charlet, guide de Barègs, madame veuve Ramond.* — « C'est un cadeau, re-
» prit-il, et qui m'est bien cher, car il me rappelle un homme
» avec lequel j'ai vécu long-temps comme un frère, buvant
» à la même outre, cassant le même pain, partageant la même

» couche ; et pourtant je ne suis qu'un simple paysan des
» Pyrénées ; lui c'était un savant des villes. »

Simon me quitta alors et reparut quelques minutes après, amenant avec lui sa femme, grosse mère en capelet rouge, qui semblait vraiment enchantée de retrouver un compatriote. Vingt minutes plus tard, nous étions sur la route de *Gavarnie*, ce grand chemin des curieux, afin de gagner la Brèche-de-Roland, par laquelle nous devions nous introduire en Espagne.

Je ne vous décrirai pas toute cette gorge féerique, dans laquelle vous rencontrez *le pas de l'échelle*, *le pont du diable*, la grotte de *Gèdres*, *le chaos*, épouvantable désert semé de rocs, et nommé par les habitans eux-mêmes le *cimetière des montagnes*. Enfin au bout, pour couronner l'œuvre, quelque chose de mille fois plus surprenant que tout ce que vous avez jamais vu de plus surprenant, de mille fois plus colossal que tout ce que vous avez jamais vu de plus colossal, de mille fois plus beau que tout ce que vous avez jamais vu de plus beau ; je veux dire *le cirque de Gavarnie* (1) avec sa *grande cascade*, qui tombe de douze cent soixante-six pieds ; ses dix-

---

(1) Voici comment un de nos grands poètes, notre poète voyageur, Édouard d'Anglemont, a traduit en poésie écrite toute cette poésie naturelle :

Ce cirque environné de longues galeries,
Que la neige blanchit de larges draperies,
Au front on ne pourrait monter le Panthéon
Supportant l'un sur l'autre élevés sur son dôme
Le bronze triomphal de la place Vendôme,
Et le granit des Pharaon.

Ce cirque, né le jour où la terre fut faite,
Traversé de torrens qui tombent de son faîte,
Semé de ponts neigeux, battu par les isards,
Où les cailloux des vents attestent la démence,
Et qui renfermerait dans son arène immense
Dix fois le cirque des Césars.

sept autres chutes d'eau; ses ponts de neiges éternelles, ses tours de marbre, sa Brèche-de-Roland à droite, et sur la gauche, comme un plumet, le Mont-Perdu, cet empereur colossal de toute la chaîne pyrénéenne.

Nous ne nous arrêtames à Gavarnie qu'assez de temps pour nous munir chacun d'une paire de crampons, d'une gourde d'eau-de-vie et d'une hache, car nous avions à traverser des glaciers.

Une fois que nous fûmes arrivés sur l'extrême frontière, à je ne sais combien de mille pieds au-dessus du niveau de la mer, nous fîmes une station pour déjeûner. Il y avait déjà quatre heures que nous grimpions, et le vent d'Espagne, qui nous arrivait avec vigueur, nous avait ouvert l'appétit. A peine eûmes-nous dépassé la *brèche*, et commençâmes-nous à descendre sur le versant espagnol, qu'en me retournant sur la gauche, j'aperçus tout à coup, à trois ou quatre lieues devant nous, une montagne quadrangulaire de glace, qui s'élevait jusqu'aux nues.

— « Ah! ah! dis-je, qu'est-ce cela Simon? »

— Cela, monsieur, c'est une vieille connaissance; c'est le Mont-Perdu.

— « En effet, repris-je, vous avez essayé de le gravir avec » M. Ramond; contez-moi cette course, je vous prie. »

— Je ne demande pas mieux, dit mon guide; ça fera passer le chemin.

Nous bûmes chacun alors une gorgée d'eau-de-vie, et cette opération préliminaire terminée, Simon commença en ces termes : — « Dès mon enfance, monsieur, quand je courais sur le *Bergons*, sur *Brada*, sur *Néouvieille* (vieille neige), mes camarades et votre père lui-même, attirés par la curiosité, regardaient la pic du Midi; moi ce n'était point cela : malgré tout ce que je pouvais faire, mes deux lorgnettes naturelles se braquaient toujours sur ce diable de Mont-Perdu, qui montrait sa bosse par-dessus toutes les autres.

Avec l'âge ça ne fit que croître et embellir; je parlais si souvent du Mont-Perdu qu'on crut que je finirais par en perdre la raison, si je n'en perdais pas autre chose; car cette montagne-là ne jouit pas d'une réputation très-catholique. On disait dans le pays qu'il n'y avait qu'un homme qui en eût atteint la cime, encore à l'aide de Satan, qui l'y avait mené par dix-sept degrés, et qui l'avait jeté ensuite du haut en bas après lui avoir volé son âme. Vous sentez bien que je ne croyais nullement tous ces contes en l'air; mais je ne savais pas comment m'y prendre pour monter sur ce grand chameau-là, et pourtant je me répétais tous les jours en le regardant : je te grimperai dessus, va !

Voilà qu'un matin, comme j'étais dans de grandes perplexités pour décider si je ne m'adjoindrais pas quelqu'un, afin de tenter le coup, voilà, dis-je, qu'on vient me demander de la part d'un monsieur qui voulait aller voir *Néouvieille*. C'était M. Lapeyrouse. Je lui parlai de mon projet, auquel il m'encouragea très-fort, en m'apprenant que ce serait très-important pour la science, ce dont je ne me doutais pas. Du reste, il me dit qu'il avait en ce moment un de ses amis, naturaliste, qui ruminait la même idée que moi, et que, si je voulais, il lui parlerait de ma personne. Je le remerciai infiniment, et trois jours après je fus appelé à Zuz par M. Ramond, qui m'engagea à son service, en me disant qu'il allait consacrer un mois à faire des reconnaissances. En conséquence, nous nous mîmes d'abord à chercher où était le Mont-Perdu. Ça vous étonne, n'est-ce pas, monsieur, que moi, qui tout à l'heure vous disais que je le voyais si bien, je ne susse pas seulement où il était : eh bien ! personne n'en pouvait dire plus que moi. Ce que je pensais être lui, c'était le *Cylindre*; ce que je pensais être le *Cylindre*, un autre le prenait pour le Mont-Perdu; et le pic d'*Allauz* devenait tout cela pour la plupart. De sorte qu'il était clair que personne ne connaissait le Mont-Perdu, et que depuis qu'on nomme des montagnes, jamais aucune n'avait été aussi bien nommée.

Ce fut bien pis quand il fallut déterminer le passage. Du haut des pics d'où M. Ramond m'indiquait la montagne, je disais : « C'est bon, nous n'avons qu'à aller tout droit; » nous arriverons. » Mais dès que nous quittions la cime, je ne voyais plus rien ; alors je retombais dans mes incertitudes. — N'y avait-il pas entre le mont et ce que nous prenions pour sa base des déserts à franchir, des précipices ? Quel était le côté par où il fallait aborder ? « Devine, mon » garçon, reprenais-je ; devine ! » Et je ne savais à quoi me résoudre.

M. Ramond pestait, parce qu'il se disait en contemplant le *Marboré :* « Comment ! je vois là l'image des anciens cou- » rans sortis du nord, l'apparence d'une mer qui a tout arra- » ché sur son passage, et jeté sur la cime un collier des co- » quillages maritimes, sans pouvoir m'en convaincre par des » preuves positives et en toucher les objets ? » — Moi, je ne comprenais pas trop ce raisonnement; mais ce qui me faisait enrager, c'était ceci : je m'en allais à Gavarnie consulter les bergers ou les chasseurs d'*isards*; tous, à les entendre, savaient par cœur le Mont-Perdu ; ils l'avaient gravi deux cents fois. Mais si je leur demandais où il le mettaient, l'un le plaçait en Espagne, l'autre en France, etc. ; si bien que moi, qui n'avais de peine qu'à trouver un seul Mont-Perdu, j'en rencontrais là trois ou quatre. Comme il arrive d'ordinaire, jetés dans ces labyrinthes d'avis par des gens qui connaissaient tout, nous en sortîmes en ne prenant avis que de nous seuls, qui ne connaissions rien, et en ne consultant personne ; c'était ce que nous pouvions faire de mieux. Le 25 thermidor an 5 de la république une et indivisible (11 août 1797) — (ici Michel souleva respectueusement sa casquette), M. Ramond par- tit accompagné d'une demi-douzaine de personnes et suivi de M. Lapeyrouse, qui en amenait autant. Nous prîmes la gorge de Zuz, et nous couchâmes dans une grange sur le *Coumélie;* la nuit nous ne dormîmes guère, moi surtout. J'allais à chaque instant interroger l'air et le ciel, car j'avais peur du vent d'Espagne. Enfin le matin parut; les nuages inondèrent le fond des vallées que nous dominions, formant une mer immense, que perçaient, comme des écueils, les sommités sur lesquelles nous étions. Nous priâmes Dieu de nous continuer ce temps-là, et après nous être adjoint un chasseur de *Héas* et deux bergers du Coumélie, nous commençames à espérer.

Bientôt nous entrâmes dans la vallée d'Estaubé; vous savez ou vous ne savez pas, monsieur, comme cette vallée-là est belle et majestueuse, comme les montagnes y sont régulières, comme !... Mais bast, ça ne nous touchait pas. Nous levions les yeux en haut, ce qui faisait que nous risquions de nous casser le col en bas; mais ça nous était égal, pourvu que nous trouvassions la cime du Mont-Perdu. Tout à coup nous l'aperçumes : c'était une espèce de grande casquette toute blanche, couvrant une tête énorme, soutenue par de larges épaules, et rayonnant sous le soleil comme un parapluie tout neuf. « Pour cette fois, que je me dis, c'est bien
» lui; avec du temps et du courage, il faudrait avoir du mal-
» heur, si nous ne réussissions pas à lui donner une poignée de
» main..., à moins que le diable ne s'en mêle ! encore quand il
» s'en mêlerait, ça me paraît un peu plus difficile à escamo-
» ter qu'une muscade, et quoiqu'on assure que l'individu
» dont je parle ait des griffes assez longues, il me semble
» que pour faire filer entre ses doigts un pareil morceau,
» sans qu'on le voie entre son index et son pouce, ils au-
» raient besoin d'un écartement joliment large. » Cependant je ne partageais pas complétement les idées de la société sur la distance. A entendre quelques-uns de ces messieurs, qui n'étaient jamais allé plus haut que le *Bergons*, il n'y aurait eu qu'une enjambée à donner; ils se croyaient déjà à cheval

sur le dos du Mont-Perdu, et ils auraient parié contre moi qu'ils y arriveraient en quatre ou cinq heures ; c'était juste ce qu'il leur fallait pour gagner le pied des murailles du *cirque d'Estaubé*, c'est-à-dire pour savoir s'il leur était possible d'arriver au pied seul du Mont-Perdu.

En effet, à mesure que nous avancions, le Mont-Perdu se cachait derrière les grandissimes murs de l'*Oule*, qui s'élevaient encore et encore ; bientôt il se cacha tout-à-fait, et nous restâmes face à face avec cette enceinte aussi lisse qu'une cloison, sur laquelle l'ouvrier aurait passé la truelle. Or vous sentez bien que pour gravir cela en droite ligne, il aurait fallu être autrement constitué que nous le sommes. Quant à tourner la muraille, c'était folie d'y songer ; on aurait employé à ce détour seul un jour entier : vous voyez donc que la position était assez difficile.

Enfin, après quatre heures de louvoiement à travers des débris et des éboulemens, nous nous trouvâmes à la base même de la muraille dont le faîte nous parut atteindre le ciel, et au-dessous de beaux glaciers qui s'élevaient jusqu'en haut, à plus de trois mille mètres par-dessus nous.

Sur ces entrefaites, nous aperçumes dans une petite *couïla* (station de pasteurs) une espèce de sauvage couché par terre à l'ombre d'une roche ; c'était un contrebandier. Obligé de fuir les routes battues et de se confier aux plus dangereux sentiers, cet homme devait connaître les moindres passages : aussi, tandis que mes compagnons, à l'exception de MM. Lapeyrouse et Ramond, qui voulaient comme moi s'engager sur la glace, débattaient entre eux s'il ne fallait pas descendre en Espagne par le port de Pinède, et remonter par la vallée de Béousse, moi je demandais son avis à notre nouveau compagnon : il me répondit que les glaces devaient être praticables ; et quelques minutes après, il se mit en devoir de faire honneur à ses paroles, car bientôt nous le perdîmes de vue.

M. Ramond déclara alors qu'il était décidé à suivre le même chemin, et toute la compagnie, entraînée par son opiniâtreté, mit le pied sur la neige.

Au premier abord ce ne fut qu'une plaisanterie. La neige n'était pas très-inclinée, et à chaque pas que nous faisions, s'affaissant légèrement sous notre pesanteur, elle nous aidait, en nous empêchant de glisser. Mais ce n'étaient là que des roses ; les épines allaient venir. Nous n'avions point fait deux cents toises, que l'inclinaison augmenta. Nous regardâmes au-dessus de nos têtes ; le couloir se dressait aussi raide, pour ainsi dire, que les murailles. Nous nous arrêtions à chaque instant ; nous nous consultions, et tout cela nous faisait perdre notre temps et notre courage, qui nous étaient également nécessaires. Enfin au lieu de la neige, nous avions atteint la glace. Ici ce fut bien pis vraiment ; ceux qui n'avaient pas l'habitude des hauts plateaux ni des crampons éprouvaient des craintes et des difficultés inouïes : M. Lapeyrouse ne tarda pas à avouer qu'il ne pouvait aller plus avant. M. Ramond ordonna à deux des nôtres de rester avec lui, et tous trois s'asseyant sur une roche, nous regardèrent continuer notre ascension.

A peine y avait-il de cela un quart d'heure, que le glacier devint dur comme du fer ; les dents de nos crampons n'enfonçaient plus, et celui de nous qui fût tombé eût entraîné avec lui tous les autres, et comme des capucins de carte : nous tirâmes donc les marteaux et une petite hache ; puis nous rangeant sur une file, nous marchâmes tour à tour et du même pied dans les trous que creusait celui qui était en tête. Ce manége nous réussit assez bien, si ce n'est qu'en le continuant plus au long, nous serions arrivés à faire à peu près, comme on dit, *quatorze lieues en quinze jours*.

Soudain nous entendîmes des cris perçans au-dessus de

nous, et nous vîmes un homme qui, dégringolant sur la glace l'espace de deux ou trois cents pas, alla s'arrêter dans sa chute, à moitié mort de peur, à quarante pieds de nous, contre un rocher, au bord d'une crevasse. C'était notre contrebandier : il avait voulu s'approcher de la muraille, afin d'éviter l'inclinaison du glacier ; mais le pied lui avait glissé, et je ne conçois pas encore comment il ne se brisa point une fois lancé. On peut assurer que celui-là devait une fameuse chandelle à la sainte Vierge.

Je me trouvais le plus près de lui ; il s'était fendu la tête contre la roche, et je le voyais chanceler tout en se cramponnant aux pierres. J'aurais donné je ne sais quoi afin de pouvoir le tirer d'au-dessus de l'abîme à l'instant ; mais il n'y avait pas moyen : il fallut mettre à ce trajet vingt-cinq minutes, car ça allait en descendant, et j'étais obligé de me servir du marteau. Enfin j'arrivai à lui ; il avait perdu son chapeau, sa pacotille, son bâton, et quatre pieds de plus, sans un mot de la Providence, il disparaissait dans l'immense gueule du glacier : je me penchai sur le bord pour regarder dans l'intérieur ; ça était noir comme un four, et on aurait dit un des soupiraux de l'enfer.

Vous concevez que cette aventure-là ne donna pas beaucoup d'assurance à notre troupe. On proposa d'essayer de gravir les rochers qui bordaient la glace, et deux fois le chasseur de Héas et moi nous nous élançames à l'assaut ; deux fois nous fûmes forcés d'y renoncer : ça nous était tout aussi impossible que de voler dans les airs.

Nous étions presque tentés de redescendre.

Cependant M. Ramond, ayant mesuré le glacier, dont la pente était de quatre-vingts degrés, s'assura que c'était là sa plus forte inclinaison. On résolut donc de faire encore un effort, et une demi-heure après nous voyions le sommet des murailles, dont nous gravissions les flancs depuis sept heures, s'abaisser lentement devant nous. Nous sentions le vent fraîchir, et l'espoir de gagner la cime du Mont-Perdu nous faisait oublier nos fatigues. Aussi quand moi, le premier, j'atteignis le faîte, je poussai un cri de joie, que répétèrent successivement tous mes compagnons, mais qui fut suivi d'un morne silence.

Nous avions cru devoir atteindre la cime du Mont-Perdu aisément, une fois parvenu où nous étions : ah bien ! oui ; nous nous en trouvions séparés encore par des profondeurs, des abîmes, des déserts, quoi !...

Jamais vous ne verrez des gens aussi stupéfaits. Puis, quand nous nous mîmes à regarder le mont lui-même, qui nous apparaissait comme un colosse ; le *Cylindre* qui se détachait à droite aussi menaçant que le Mont-Perdu ; tous ces dômes, tous ces gradins chargés de neige, de glaciers, qui se débordent les uns sur les autres comme des cascades, nous nous assîmes par terre découragés. Près de nous se découvrait un grand lac, dont la surface était glacée, sauf dans quelques parties, et sur lequel un troupeau d'isards errait pour s'aller désaltérer dans les crevasses ; ces animaux s'enfuirent à notre approche, et nous restâmes seuls dans ces solitudes.

M. Ramond m'engagea à descendre sur le lac avec lui, et à peine l'eûmes-nous traversé, qu'arrivés à un petit promontoire formé d'une terre rouge, il se mit à frapper dessus avec son marteau, afin de reconnaître la direction des courans. Il n'avait donné encore qu'un ou deux coups, quand je l'entends pousser un cri, et que je le vois fouler la terre avec enthousiasme : il venait de rencontrer une écaille d'huître ; par son ordre j'appelle alors le reste de notre compagnie, qui accourt et découvre en abondance des polypiers et autres animaux marins. A dater de ce moment-là, je crus que nous emporterions le Mont-Perdu. Ces messieurs, qui tout à l'heure semblaient tellement abattus, sautaient de joie maintenant, et voulaient coucher dans les environs pour gravir la cime le lendemain. Mais le froid?... Qu'est-ce que cela en présence de l'espoir? Mais les vivres?... On ne meurt pas pour rester douze heures sans manger. J'avais beau m'y prendre de toutes les façons, je désespérais presque de les convaincre qu'avec le changement de temps que je prévoyais, rester où nous étions, c'était s'exposer à y périr, quand une voix plus éloquente que la mienne vint à mon secours. Une avalanche roulant des gradins supérieurs de la montagne, fit retentir de sa détonation tous les échos, et montra ce que devait être un orage dans ces régions : les plus intrépides pâlirent.

M. Ramond profita de ce mouvement pour déterminer tout le monde à partir ; seulement, afin d'éviter le glacier, qui nous avait coûté tant de peine à franchir, je l'engageai à exécuter le retour par la vallée de Béousse. Il nous fallut côtoyer long-temps des précipices d'une profondeur incroyable, passer sur des corniches d'un pied de large, et nous laisser couler le long de ravins aussi escarpés qu'une échelle. Nous nous en tirâmes cependant assez heureusement ; mais quand nous arrivâmes, par le *port de Pinède*, à la grange que nous avions quitté le matin, l'orage éclatait sur les hauteurs, et une grêle énorme s'abattait sur notre toit fragile, en menaçant de l'enfoncer.

— « Ainsi, dis-je, Simon, vous n'êtes allé que jusqu'au pied du Mont-Perdu. »

— Oui, monsieur ; et c'était déjà bien assez. Je fus convaincu pourtant, qu'en attaquant le mont par l'Espagne, on finirait par lui poser le pied sur la tête ; mais il faudrait malgré cela de solides jarrets. »

J'aurais bien voulu éprouver si l'avis de mon guide était fondé en raison ; par malheur le mauvais temps, qui régna depuis notre retour de Jaca jusqu'à mon départ pour Paris, s'opposa à l'expérience que je voulais faire, et c'est peut-être à cela que le Mont-Perdu doit d'être encore aujourd'hui, à l'heure qu'il est, aussi vierge des pas de l'homme que lorsqu'il sortit des mains de Dieu.

ACHILLE JUBINAL.

LE ROI D'ARAGON ET LE DUC D'ANJOU.

Un combat singulier, un combat en champ clos, devait avoir lieu entre Pierre III, roi d'Aragon, et Charles d'Anjou, chacun à la tête de cent chevaliers. Les circonstances qui firent manquer ce combat sont racontées si différemment par les historiens des deux nations, que ce n'est que dans les écrits de ceux qui n'avaient aucun intérêt à taire la vérité que l'on doit chercher à la découvrir.

Suivant les Français, Pèdre aurait proposé lui-même le cartel, et il ne l'aurait fait que dans le seul objet de gagner du temps en Sicile, en attendant que les maladies vinssent détruire l'armée française. La lâcheté du roi d'Aragon, qui n'aurait pas paru au rendez-vous, tandis que le duc d'Anjou, roi de Sicile, serait resté en armes, au milieu du champ clos, depuis le soleil levant jusqu'au soleil couchant, le jour que devait avoir lieu le combat, l'aurait seul fait manquer. Suivant les Aragonais, Charles d'Anjou aurait porté le premier défi ; il aurait assigné lui-même la ville de Bordeaux comme le lieu du combat, et y serait venu avec le roi de France, qui se serait fait suivre de douze mille chevaux armés. Le roi d'Angleterre, informé de cette circonstance, et jugeant bien qu'il ne pouvait pas assurer le camp au roi d'Aragon, n'aurait pas voulu se transporter à Bordeaux, et son sénéchal aurait fait connaître cette résolution au roi don Pèdre. Celui-ci, malgré les dangers qu'il pouvait courir, se serait rendu dans cette ville, déguisé, aurait demandé acte de sa présence au sénéchal, et aurait laissé, en témoignage de sa venue, son casque, sa lance et son épée entre les mains de cet officier.

Il répugnera toujours à tout lecteur impartial de croire qu'un roi comme Pèdre, qui a fait de si grandes choses, qui n'évita jamais aucune occasion de combattre, qui défendit presque seul son royaume contre toute la croisade que le pape avait lancée contre lui, qui paya si souvent de sa personne, et mit tant de générosité dans sa conduite envers le roi de France et ses fils, au dénouement de leur funeste expédition en Catalogne; que ce prince, disons-nous, ait pu se rendre coupable de l'action dégradante qu'on lui prête: cette expression infâme, ce mot lâcheté semble reculer de lui-même devant son nom. Thomas Rymer, compilateur des actes publics de l'histoire d'Angleterre, en fixant l'opinion sur quelques-unes des circonstances de cette célèbre discussion, montre le jugement qu'on doit porter sur l'ensemble.

Les articles arrêtés par les commissaires désignés par les deux princes pour régler les conditions du combat furent en substance :

« Que le combat aurait lieu à Bordeaux dans le lieu que le roi d'Angleterre jugerait le plus convenable, lequel lieu serait environné de barrières.

» Que les deux rois se présenteraient devant le roi d'Angleterre pour donner ce combat le 1er juin 1283.

» Que si le roi d'Angleterre ne pouvait pas se rendre en personne à Bordeaux, les deux rois n'en seraient pas moins tenus de se présenter devant celui que le même roi aurait député pour recevoir acte de leur comparution.

» Que si le roi d'Angleterre ne se trouvait pas en personne au même lieu, ni n'envoyait quelqu'un pour tenir sa place, *les deux rois seraient encore tenus de se présenter devant celui qui commandait à Bordeaux pour lui.*

» Il était convenu que *le combat ne pourrait avoir lieu qu'en la présence du roi d'Angleterre, et non devant qui que ce fût des gens de ce monarque,* sauf aux deux rois de convenir entre eux, *par un consentement mutuel,* de combattre de cette manière, c'est-à-dire en l'absence d'Édouard.

» Que si le roi d'Angleterre ne se trouvait pas en personne au lieu et au temps marqués, les deux rois seraient tenus de *l'attendre trente jours.*

» Que celui des deux rois qui manquerait de se trouver au lieu et jour désignés serait réputé vaincu, parjure, faux, infidèle, traître ; qu'il ne pourrait jamais s'attribuer ni le nom de roi ni les honneurs dus à ce rang ; qu'il demeurerait pour toujours privé et dépouillé du nom de roi et de l'honneur royal, et serait incapable de tout emploi et dignité comme vaincu, parjure, faux, infidèle, infâme éternellement. »

Le roi d'Angleterre savait trop bien les dispositions que faisait le roi de France pour assurer le succès du combat en faveur de son oncle, pour oser promettre la sûreté du camp au roi d'Aragon ; c'est ce motif qui l'empêcha de se rendre à Bordeaux et d'autoriser la bataille, ainsi qu'il s'en explique avec le roi de Sicile, Charles d'Anjou, quand il lui écrit que *quand il pourrait gagner les deux royaumes d'Aragon et de Sicile, il ne voudrait pas assurer le camp aux deux rois ni permettre que ce duel se fît en aucun lieu de sa domination, ni en aucun autre où il serait en son pouvoir de l'empêcher* : les instances très-pressantes du pape, tout dévoué à Charles, pour qu'Édouard ne permît pas le combat, motivaient sans doute aussi la fin du passage que nous citions. Les historiens français, qui conviennent des démarches multipliées du pape auprès des rois d'Angleterre et de France pour qu'ils s'opposassent au combat du prince son favori, contre un adversaire qu'il avait commencé par excommunier pour le mettre hors du droit commun, ne font pas attention qu'ils font du duc d'Anjou un faux brave, qui, sûr du triomphe par le secours des lances françaises que le roi Philippe avait réunies autour de Bordeaux, n'aurait tenu dans toute cette affaire qu'une conduite de fanfaron, ce qui ne va nullement au caractère de Charles, féroce il est vrai, mais brave et loyal. Les torts, dans cette circonstance, appartiennent au roi de France, qui avait fait avancer ses troupes sous Bordeaux, pour assurer le succès à son oncle, malgré même la volonté de celui-ci.

Il est bien avéré que Philippe, à qui on a si singulièrement donné le surnom de Hardi, puisque, comme le remarque Mézerai, rien dans sa vie ne peut le justifier, avait entouré Bordeaux de ses troupes et tendu ainsi des embûches au roi d'Aragon. Les savans historiens de Languedoc affirment que ce prince avait convoqué toute la noblesse de son royaume pour l'accompagner à Bordeaux, et les archives de Montpellier leur ont fourni la preuve que le sénéchal de Carcassonne avait mandé en conséquence les principaux vassaux de sa sénéchaussée, et leur avait ordonné de se trouver à Bordeaux, en chevaux et en armes, avec les gens de leur suite, le 31 mai 1283 : or, le 31 mai était la veille du jour assigné pour le duel. Comment après avoir donné des témoignages si authentiques du peu de sûreté qu'il y avait pour le roi d'Aragon à se rendre librement au rendez-vous, ces historiens peuvent-ils, quelques lignes plus bas, accuser ce prince d'avoir craint de prétendues embûches? Etait-ce pour ne les rendre que simples spectateurs d'un combat dont il n'était pas juge, et qui ne se donnait pas sur ses propres terres, que le roi de France faisait prendre les armes à toute sa noblesse.

Charles se trouva à Bordeaux le 1er juin, et y resta, dit-on, toute la journée au milieu du champ clos. Mais pourquoi cela? Ce prince savait très-bien que le combat ne devait pas avoir lieu, puisque le roi d'Angleterre lui avait écrit d'une manière si précise qu'il ne voudrait pas permettre, au prix même des deux royaumes, que le duel se fît en aucun lieu de sa domination : les historiens français qui soutiennent ce fait font donc faire à Charles une rodomontade. Muntaner, écrivain contemporain, et qui raconte très en détail toute cette affaire, ne parle nullement de cette circonstance, et en cela il rend plus de justice à Charles. La seule chose qu'eût à faire le roi de Sicile, c'était, aux termes du paragraphe 4, de faire acte de comparution pardevant le sénéchal du roi d'Angleterre. D'après le paragraphe 6, il aurait dû attendre à Bordeaux pendant trente jours la venue du roi d'Angleterre; mais il savait très-pertinemment que ce prince n'y viendrait pas : raison de plus pour que Charles n'ait pas fait ce que lui prêtent les historiens français.

Charles fit l'acte de comparution auquel il était tenu, et s'arrêta à Bordeaux ; pendant ce temps les troupes françaises guettaient l'arrivée du roi d'Aragon pour s'emparer de sa personne : c'est du moins ce que celui-ci avait toute raison de craindre, et ce qui motiva le déguisement qu'il prit pour entrer à Bordeaux en toute sûreté et faire également acte de comparution. C'est là *uniquement* ce à quoi ils étaient tenus l'un et l'autre, car pour la bataille, nous le répétons, elle ne pouvait pas avoir lieu, le roi d'Angleterre étant absent et n'ayant désigné personne pour le remplacer : c'est encore ce que ce prince proclame hautement dans la lettre qu'il écrivit au prince de Salerne, fils de Charles, que *bien loin d'avoir accordé à son père ce qu'il lui a demandé touchant ce combat, il l'a refusé tout outre* : ce sont les expressions même d'Édouard, dans cette lettre qu'il avait écrite en français, et que Rymer rapporte.

Pour nous résumer, si le combat entre les deux rois n'a pas

eu lieu, ce n'est pas par la faute du roi d'Aragon, moins encore par sa lâcheté, mot qui, suivant l'expression de Montaigne, hurle de se trouver à côté de ce nom : c'est par la faute du seul roi de France, dont la conduite ne saurait se justifier, si on oubliait que le roi d'Aragon était sous le poids des foudres de l'église, que cet anathème le mettait hors du droit commun, et que, dans les idées du temps, tout étant permis contre un excommunié, une perfidie cessait de paraître contre lui une action détestable.

HENRY,
Conservateur de la bibliothèque de Perpignan.

L'ALHAMBRA.

> « L'Alhambra me paraît digne d'être
> » regardé même après les temples de la
> » Grèce. »
>
> CHATEAUBRIAND.

Quand je vis l'Alhambra pour la première fois, je n'avais pas quinze ans. Qu'il fut heureux pour moi ce jour ! Je l'avais tant rêvé ! Et le moment venu, il m'eût été impossible de comprendre, même alors, ce qui se passait dans mon âme : la joie qui faisait bondir mon cœur, les illusions qui traversaient mon pauvre petit cerveau, en franchissant d'un bond le seuil de cette porte, qui ouvre à l'imagination tout un monde de merveilles.

Je me trouvais dans le dernier asile de la gloire *moslémique*, le dernier *alcazar* (1) des descendans de ces guerriers si terribles, de ces conquérans si généreux que j'avais appris à respecter comme les restaurateurs de la civilisation européenne. Enivré de leurs souvenirs de grandeur, je croyais à tous les prodiges de leur puissance, à tous les exploits de leur héroïsme, à tout le dévouement de leur galanterie. Ce

(1) Demeure royale.

que je connaissais de la grandeur et de la poésie mauresques renchérissait sur ce que je n'en connaissais pas, d'autant plus que je n'avais pu admirer que des palais en ruines, des mosquées devenues cathédrales, quelque marbre contenant une inscription à moitié rongée, de vieux jardins abandonnés, et le palmier solitaire planté par Abdérame, le jour où il fut proclamé calife d'Occident. Ainsi pour moi, voir l'Alhambra, c'était pénétrer dans le séjour des odaliskes, être admis à ces fêtes splendides que les poètes arabes ont su si bien décrire, assister à ces concours où rivalisaient la poésie, la musique, la science, la gloire et la beauté. J'allais parcourir les bosquets odorans, dont les cimes verdoyaient jadis entre l'argent des créneaux et le saphir du ciel; il me semblait que moi aussi je pouvais me confondre avec ces jeunes guerriers qui faisaient le soir retentir de leurs chansons d'amour les voûtes ondoyantes des grottes, formées par le myrte ou le sycomore et les branches étoilées du jasmin.

Une brise suave, échappée des allées de citronniers au moment où la porte fut ouverte, vint rafraîchir mon front palpitant, et je me figurais entendre les grincemens des battans de vermeil qui roulaient sur des gonds harmonieux. Je voyais déjà la verdure sombre des bosquets de lilas; les clairières des bois d'orangers étincelaient aux mille reflets nacrés des fontaines. Dans mon rêve, je ne doutais point de la réalité du bruit qui annonçait, dans ces lieux enchantés, la présence des Alhamars, des Gazuls, des Zegris, des Abencerrages héros que je connaissais si bien; leur voix, le cliquetis de leurs armes ne pouvaient me tromper. Oh! oui, je les entendais, je les voyais, comme je les avais vus, comme je les avais entendus dans mes songes, après la lecture de leurs poètes. Je vous l'ai dit, je n'avais pas quinze ans.

Quinze ans se sont écoulés depuis ces instans de peine et de bonheur indéfinissables; j'en ai dévoré les deux tiers dans l'exil, repoussé par les uns, recueilli par les autres, étranger pour tous, solitaire, errant; mais j'ai toujours gardé ces souvenirs, comme si chaque jour de ma vie, qui a passé en emportant des souvenirs plus nouveaux, eût été le lendemain du jour où ces émotions d'enfant se gravèrent dans ma mémoire. Je me rappelle encore le vieux concierge qui me servait de guide; il vint ouvrir la porte, suivi de son chien qui n'aboyait pas aux étrangers. —Qu'avait-il à garder? Il les accompagnait partout avec son maître, et lorsque le vieux concierge allait s'asseoir pendant que les visiteurs examinaient le monument, le fidèle Osmin se couchait à ses pieds. car il appelait son chien Osmin, le sacrilége! Il lui avait donné le nom peut-être de son trisaïeul. Je ne pus m'empêcher de lui en faire l'observation. — « Ah! non, monsieur, me répondit l'honnête vieillard, non vraiment, ce n'est pas moi, mais Dolores, ma pauvre fille; en avez-vous entendu parler, monsieur? Tout Grenade connaît la folle de l'Alhambra. — C'est ma fille, ma pauvre Dolores. » Et une larme tomba sur les joues ridées du malheureux père.

Ce ne fut donc pas dans ma première visite, mais dans les visites que, pendant plusieurs mois, je faisais tous les dimanches et quelques jeudis au dernier *alcazar* des enfans de l'Afrique, que je me rendis compte de l'Alhambra, et que je pris quelques notes sur ce qui attira mon attention d'une manière plus vive. Je vais tâcher d'en rassembler quelques-unes, pour esquisser le dernier monument de la puissance des Maures d'Espagne.

L'Alhambra s'élève comme une forteresse irrégulière sur le sommet d'une montagne assez haute, la *Sierra*, et s'avance vers la plaine avec les collines autour desquelles Grenade a été bâtie. On voit ses tours carrées du côté de l'ouest, lorsqu'on commence à descendre la pente rapide des montagnes qui bordent la *Véga*; on les revoit encore du côté de l'est, quand on arrive au sommet du mont Padul, où Boabdil, en s'éloignant de Grenade, pleura comme une femme le royaume qu'il n'avait pas défendu comme un homme.

L'Alhambra fut le trône érigé par le second souverain de Grenade à la royauté que Mahomad - Alhamar lui avait léguée, avec les derniers lambeaux de l'empire mauresque. Mahomad, dit Al-Amir-el-Muzzlemin, ou chef des vrais croyans, jeta les fondemens du bel alcazar; le fils de Nazir l'acheva trente ans après, et y laissa son nom dans toutes les inscriptions dont il eut soin de l'enrichir.

Les dehors du palais n'ont rien qui annonce les beautés renfermées dans l'intérieur. On y monte par *la calle de los Gomeles*, ou rue des Gomels, habitée jadis par l'une des trente-deux familles nobles de Grenade; car chaque famille avait son quartier, comme chaque tribu a son *douar* dans le désert. La porte massive par où l'on passe a été construite par l'ordre de Charles V; elle est solide comme la porte d'une citadelle, et dans le goût qui caractérise l'architecture de la renaissance. Vous vous trouvez ensuite au milieu d'une ravissante confusion d'allées, de sentiers, de haies, de clairières, de bosquets et de ruines, offrant tantôt l'aspect d'un labyrinthe, tantôt celui d'un jardin abandonné. Mais ce qui ajoute encore à l'apparence sauvage de cette solitude, c'est le désordre étrange qui a succédé nécessairement à la culture soigneuse des Arabes et à l'abandon absolu des chrétiens: autour des jolies grottes et des quinconces élégans de myrthes et de rosiers, de grenadiers et de pêchers, on voit des sapins, des yeuses, des arbousiers, se multiplier et détruire leur arrangement primitif; le lierre grimpe sur les branches du tilleul; l'aunée balance ses sonnettes blanches et bleues entre les rameaux jaunâtres du sycomore; l'if croît à côté du lilas, et à travers les feuilles de l'aubépine et le treillis des ronces, on voit souvent un lis solitaire, caché, comme une pensée d'amour, entre les paroles mystérieuses d'une vierge. Les flancs des rochers sont couverts d'une mousse veloutée, dont la verdure relève la couleur de sang de cette terre qui fit naître tant de traditions chevaleresques, tant de légendes pieuses et terribles. Partout se montre une eau fraîche et limpide, qui se glisse timidement sous la fougère, ou qui se précipite en cascades harmonieuses parmi les branches d'arbres qui entravent le cours de ces ruisseaux silencieux. Au milieu des pierres informes qui s'amoncèlent partout, on en retrouve qui présentent encore une inscription effacée ou quelque lambeau d'un turban sculpté : ce sont des pierres sépulchrales; on les trouve au pied du saule, du sycomore ou du cyprès, où la plaintive tourterelle a bâti son nid.

Comme les peuples de l'Amérique, les nations de l'Orient ont une vénération profonde pour les restes de leurs ancêtres. Le sauvage de l'Alabama portait toujours avec lui les ossemens de ses pères, et lorsqu'il apprit à se bâtir une demeure, dont ses civilisateurs devaient le dépouiller plus tard, la première cabane qu'il construisit ce fut « la maison des morts », à côté de sa chaumière. Il n'y a peut-être dans tout l'Orient que le paria maudit qui meure sans savoir où seront déposées ses cendres. Les Arabes-Espagnols avaient conservé le même attachement pour leurs morts; mais au lieu d'exposer leurs tombeaux aux profanations d'une guerre perpétuelle, en les construisant aux bords des grands chemins, comme dans leur patrie primitive, ils les érigeaient dans l'enceinte de leurs villes, et souvent dans leurs jardins. Ces lieux si beaux, mais si mélancoliques, que vous traversez pour arriver à l'Alhambra, étaient le cimetière, ou les champs des trépassés des Maures de Grenade ; c'était là qu'on célébrait les rites de l'expiation, l'*Id-ad-hudhea*, ou le jour des victimes.

Après avoir monté par une avenue d'ormes très-raboteuse, on entre dans une plate-forme sur laquelle s'élève une fontaine ornée d'aigles. L'inscription latine : « *A l'empereur Charles V, roi des Espagnes,* » prouve qu'elle a été construite lorsque le premier roi étranger des Espagnols visita la ville conquise par ses aïeux.

On tourne alors à gauche, et l'on passe sous les murs dentelés de l'enceinte intérieure, flanqués de tours carrées et massives qui s'élèvent comme les fleurons d'une couronne. On descend dans un fossé sans eau, d'où l'on sort pour se trouver en face de l'entrée principale de l'*alcazar* : c'est une tour carrée qu'on appelle la porte du jugement, non parce qu'on y rendit des arrêts, mais parce que cette porte, étant la première de la demeure royale, personne ne devait passer de là, avant de méditer à la justice de sa visite. On passe par plusieurs arcades en forme de trèfle, soutenues par une petite imposte. Sur l'une de ces arcades, on voit une main et une clé, symbole de l'islam et amulette puissante des orientaux. Là, sur cet hiéroglyphe ennemi de la croix et au milieu d'une belle mosaïque bleu et or, on voit l'image de la vierge, que la piété catholique a placée sur cette porte pour la sanctifier, mais qui forme un contraste frappant avec l'inscription qu'on y lit :

« Celle-ci est la porte du jugement : que Dieu fasse avec elle la gloire du peuple musulman ! et qu'il veuille le perpétuer dans l'étendue des siècles ! Elle fut bâtie par notre seigneur l'empereur, fils du roi batailleur Aben-Walid, le juste, fils de Mahomad-el-Nazir ; Dieu protége les œuvres qu'il construit pour le bien des croyans et pour la défense de sa nation ; qu'elles soient agréables à Dieu ! Cette porte fut achevée sous la lune de Maulem Almnadan de l'année neuf quarante et sept cents. Allah veuille la rendre stable sur ses fondemens, et perpétuer son érection dans les souvenirs des hommes ! »

La porte du jugement fut donc construite par Jousouf-Abn-Hamet, dit *El-Haggehg*, et achevée au mois d'avril 1339 de l'ère chrétienne.

Sur les marches à côté, on lit : « A Dieu la louange ! Il n'y a pas d'autre Dieu que Dieu, et Mahomet est son prophète. Dieu, c'est la force ; point de force sans Dieu. »

En sortant de ces arcades retentissantes, où votre voix grandit, et le bruit de votre marche se multiplie dans tous les angles du passage étroit, vous vous trouvez dans une allée, fermée d'un côté par quelques maisonnettes d'une apparence chétive et malheureuse ; de l'autre, par les murs d'*El-Cazar* ou *alcazar*, qui ressemblent plutôt aux murs d'une geôle qu'à l'extérieur de la demeure voluptueuse des souverains de Grenade, dont on a raconté tant de merveilles. C'est le caractère de cette architecture arabe si ingénieuse, si délicate, si prodigieuse dans l'intérieur de ses œuvres, et toujours modeste, pauvre, avare même à l'extérieur. Au dedans, les beaux jardins, les mosaïques du plus précieux travail, les arabesques les plus recherchées ; la belle poésie entre les rinceaux et les feuillages les plus capricieux ; l'eau la plus limpide, les fleurs, les arbres, le marbre, la soie, les tapis, l'argent, l'or, toutes les richesses de la terre ! Au dehors des briques, du mortier, du plâtre. La différence n'est pas moins bizarre dans la forme : des colonnades élégantes, des voutes grâcieuses, des bains superbes, des rotondes, des galeries, tout ce que la volupté, le luxe et le caprice ont pu fournir aux arrangemens de l'aisance et du plaisir, se trouve renfermé dans l'enceinte d'un amas de pans de murailles toujours unis, tristes et monotones. Cela explique en grande partie les mœurs des Arabes en Europe. Peut-être un jour comprendra-t-on l'importance de l'étude de l'architecture, pour mieux connaître l'histoire des nations : c'est la géographie morale des peuples, comme les monumens sont leur chronologie en pierre.

Après la rue étroite qu'on vient de passer, il s'ouvre une esplanade qui domine les vues les plus délicieuses. C'est la *Plaza de los Algives*, ou place de Citernes, anciens réservoirs d'eau vive pour les troupes de la forteresse, en cas de siége ou d'émeute dans la ville, lorsqu'on ne pouvait pas descendre à la rivière qui coule au pied de la montagne. Du parapet on voit la vallée du Darro, la colline de l'Albaïzin et la fameuse Véga, si renommée par les exploits des Espagnols et les faits d'armes des chevaliers maures de Grenade.

L'imagination, toute puissante qu'elle est, pourrait à peine se faire une idée du tableau riant et pittoresque qui se déroule devant les yeux. Une montagne, assise comme une reine sur son trône, avec sa couronne de neige éternelle; des collines doucement arrondies comme des divans en velours; une rivière qui coule précipitamment dans le ravin profond qui s'ouvre sous vos pieds, et qui fait le tour de la montagne sur laquelle on a bâti l'Alhambra, pour aller verser ses eaux, mêlées de paillettes d'or, dans l'urne du poétique Xénil (1); des bords couverts de jardins qui remontent en amphithéâtre jusqu'au double sommet de la colline; un bassin semblable à un immense tapis richement nuancé, où l'on admire toutes les dégradations des teintes; le bois qui traverse la Véga tel qu'un ruban d'un vert plus foncé; la rivière qui scintille par intervalles comme les diamans du bandeau; les charmantes maisons cachées au loin dans les bocages, et dont on voit un angle blanc et racourci, ainsi qu'on découvre l'aile d'une colombe perchée sur les branches de l'ormeau; tout cela forme un ensemble délicieux qui neutralise l'effet mélanco-

---

(1) L'or du Darro n'est pas une fable. En 1526 la ville de Grenade fit hommage à Charles-Quint d'une couronne d'or tiré des sables de la rivière.

lique des murs brunâtres du château, et de cette petite porte toute trouée, toute fendue, qui garde ce qui reste de la demeure des derniers rois des Maures.

Si quelque jour, las des souvenirs de l'antiquité classique, vous pensez à cette pauvre Espagne tant calomniée, dont chaque voyageur a fait ou la patrie des fées et des dieux, ou le pays de la superstition et du brigandage, et sur laquelle personne ne vous a dit encore la vérité, vous n'oublierez pas l'Andalousie, n'est-ce pas? L'Andalousie dont raffollait Byron, qu'il aimait à se rappeler sous le beau ciel de la Grèce et au milieu des reliques sublimes du berceau de notre civilisation actuelle ; l'Andalousie dont se souvient avec émotion le grand pélerin de nos jours, lui qui a visité aussi le pays d'Homère, les lieux si chers au chrétien, et les forêts séculaires de l'autre côté de l'Atlantique, qui cependant croit que « l'Alhambra est digne d'être regardé même après les temples de la Grèce, » et qui n'a pas dédaigné d'en immortaliser le souvenir. Merci, grand homme, merci pour mon pays, merci Châteaubriand! Mais ne vous arrêtez pas à Cordoue, ma seconde patrie, l'équerre de Vitruve a passé sur les plus grands monumens arabes. Séville ne vous offrira que la mémoire de la grandeur des cours et des richesses du commerce. Un jour vous suffit pour voir Cadix, ce vaisseau des Théores, ce navire enchanté que le soleil couchant rend la plus belle des villes de l'Occident. Arrêtez-vous à Grenade, c'est là que vous connaîtrez tout ce que le génie arabe-espagnol aurait pu faire de cette nation que Nebrixa et Virgile ont failli changer en un collége de pédans, ou un cloître de capucins.

Lorsque vous monterez pour voir l'Alhambra et pour inscrire votre nom à côté du nom des voyageurs illustres qui vous ont devancé, laissez de côté cet édifice somptueux, dont la coupole ovale est aussi simple que parfaite ; vous reviendrez plus tard admirer cet escalier de jaspe bleu, cette galerie superbe, cette rotonde formée par trente-deux colonnes de marbre jaspé, et tous ces bas-reliefs, et tous ces médaillons, et toutes ces corniches. C'est une autre civilisation, c'est le tombeau de la civilisation arabe : lisez sur la frise :

IMPERATORI. CES. KA
ROL. V. HISP. REG.

Passez, passez; c'est une nation qui parle le latin du moyen-âge, et oublie la langue de son roi Alphonse et du poète Juan de Mena.

Entrez par la petite porte unie et sans ornement qui s'ouvre à gauche : c'est la porte du Messnar ou du conseil. La première pièce est un carré long, avec un bassin profond et étroit, dont les dalles sont brisées, et où l'on descend par deux escaliers en marbre; les Arabes appelaient cette cour *le Bain*, les Espagnols lui ont donné la dénomination de cour des myrtes, ou *patio de los arrayanes*, à cause des arbrisseaux de ce nom qui, avec des rosiers, forment un mur de feuilles tout autour de l'enceinte mystérieuse. De chaque côté il y a un parterre de fleurs et des allées d'orangers. Aux deux extrémités il y a une galerie soutenue par des colonnes sveltes. On fait le tour du *patio* par un péristyle pavé de marbre. Les arcades reposent sur des piliers très-légers, et les plafonds et les murs sont incrustés de stuc, ciselé avec une délicatesse et une précision admirables. Quatre siècles ont passé sur les arabesques et sur les ornemens des plafonds sans que l'or et les couleurs aient rien perdu de leur fraîcheur. La partie la plus basse des murs est ornée d'une espèce de socle en mosaïque, disposée en guirlandes qui se nouent et se détachent pour se renouer encore en festons élégans, et lier plusieurs lettres qui forment diverses inscriptions.

Car partout c'était à la poésie à orner les monumens, les palais, les mosquées des Arabes. Ce peuple, qu'on a toujours pris pour type de la sensualité, était cependant le peuple qui se livrait le plus volontiers à un spiritualisme universel, et Dieu, qui était l'âme de leur pensée, anime tous les fragmens, embellit tous les débris que les maîtres de nos aïeux ont légués aux enfans des vainqueurs. Les statues et les figures peintes des giaours, disent les Musulmans, parlent aux sens; il n'y a que la poésie qui parle à l'esprit.»

Ainsi, lorsqu'à l'heure de *l'Azala* (1), le roi de Grenade rassemblait ses nobles chevaliers dans la cour du Bain pour se rendre à la *Sambre* (2), il laissait parler les inscriptions qui les entouraient, et c'était pour tous un plaisir utile et une leçon délicieuse. Là, tantôt il est question de Dieu, de sa miséricorde, de sa justice, de sa puissance; tantôt de la clémence des rois, de la grandeur du peuple musulman, de l'espoir des enfans du prophète. Et tout cela dans un distique, dans une sentence. On lit dans un fleuron:

« Dieu est le bien suprême, le bonheur universel; il est un soleil de pitié pour les cœurs compatissans. »

Plus loin, on voit dans un autre :

« Dieu seul est vainqueur. »

Et à côté :

« Honneur à notre seigneur Abd-Allah. »

L'ouvrage du vestibule qui est à chacun des deux bouts de la galerie, est fait en rocaille avec un goût surprenant. Par l'extrémité qui est à droite on va dans une petite pièce octogone et voûtée, qu'on appelle la salle des secrets; mais vis-à-vis la porte du *Messar*, par où l'on est entré, il y a une autre porte qui conduit à la cour des Lions, ou *patio de los leones*, cour de cent pieds de longueur sur cinquante de largeur; entourée d'une colonnade qui a sept pieds de large sur

---

(1) Prière du soir.
(2) Fête du soir, où la musique, la danse et les jeux d'esprit étaient les amusemens principaux.

chaque côté, et dix au bout de la galerie. Aux deux extrémités s'avancent dans la cour deux pavillons de treize ou quatorze pieds carrés chacun. Vous n'avez rien vu de plus fantasque, rien de plus exquis. Ce sont deux coupoles en mosaïque d'or et d'azur, passant plutôt que s'appuyant sur des colonnes mieux finies que les aiguilles délicates qu'on admire sur la façade de l'église de Notre-Dame de Paris. Les carreaux qui forment le socle sont jaunes et bleus, et paraissent disposés en échiquier. Entre les deux bordures, on voit de petits écussons émaillés d'or et d'azur, et sur la bande cette devise :

« Il n'y a d'autre conquérant que Dieu. »

L'ordre dans lequel les colonnes sont placées, n'est pas moins bizarre que l'effet en est beau : on dirait les piliers d'un kiosque de houris. Le plafond de cette cour est supérieur en élégance et en travail à celui de la Cour des Myrtes. Au-dessus de chaque arcade, on a formé un carré d'arabesques entouré de vers et de sentences du Koran. Au-dessus des piliers, il y a un autre carré orné du travail le plus exquis en filigranes, et dont les traits légers se détachent avec hardiesse du centre des fleurons et semblent voltiger autour des chapitaux massifs, des piliers sveltes et gracieux : au-dessus des carrés, des fleurons, des inscriptions, s'étend une bordure, espèce de corniche en bois, surchargée d'ornemens habilement sculptés. Un toît assez léger de tuiles rouges s'avance en saillie et couvre le dôme vert qui ombrage la fontaine.

C'est la fontaine des Lions, si célèbre dans la poésie et les romans des Maures. Qui n'a pas entendu parler des soixante colonnes qui l'environnent, soixante colonnes de marbre blanc, pur comme le marbre de Carrare, brillant comme le marbre de Paros ? Qui ne connaît pas ses jets d'eau qui remontent en gerbes prismatiques et se précipitent en nappes transparentes où se réflètent toutes les nuances de l'arc-en-ciel ? Seulement, j'avoue que, malgré mon enthousiasme, les douze lions si vantés par les Arabes me parurent fort peu dignes de la belle coupe qu'ils soutiennent. Peut-être parce que c'était la première sculpture arabe d'imitation que je voyais, peut-être parce que la fontaine ne coulait pas alors.

Comme partout ailleurs, la poésie vient ici satisfaire notre curiosité, et vous inspire les sentimens les plus en harmonie avec le lieu.

Fidèle à mon système de traduire les pensées, quel que puisse être l'effet d'une idée étrange, parce qu'elle est neuve pour nous, je vous donnerais l'inscription que Florian a francisée, et que je traduisais à mesure que je l'écrivais dans mes tablettes.

« N'as-tu pas vu le Nil? Cette eau coule abondante comme les flots du Nil; elle coulera toujours.

» Ces torrens grondent; c'est le bruit de la mer qui brise ses vagues sur les rivages.

» Malheur au matelot qui aura l'imprudence d'affronter leur courroux; il y fera naufrage.

» Ce cristal ne ruissèle pas pour tous; il est aux lions; il coule limpide et frais pour les désaltérer.

» Dans les jours de bataille notre maître est un lion : il est notre roi dans le combat : et le Nil est sa gloire, et les montagnes redisent au monde ses louanges.

» Des lions gardent ce jardin, la retraite chérie de notre maître; ses ennemis n'y entreront pas.

» Dieu ne souffre pas que des animaux immondes approchent de l'enceinte sacrée!

» Il y a une fleur dans ces parterres que nulle autre fleur n'a jamais égalée : elle répand ses parfums et fait vivre notre seigneur.

» La princesse est la fleur de ce jardin et la reine de notre roi; elle est belle comme les perles que son sein rend plus belles encore; belle comme les roses avec lesquelles ses joues rivalisent d'éclat ; belle comme ces jets de flamme qui scintillent dans ses yeux.

» La brise aime la sultane ; écoutez : la brise soupire. La fontaine aime la princesse ; voyez : la fontaine pleure. Ce sont les soupirs et les larmes de notre roi qui meurt d'amour !! »

Près de cette cour, en passant le long de la colonnade à droite, on trouve une chambre circulaire. Là se rassemblait la jeunesse des familles nobles, jeunesse si aveugle dans l'obéissance aux commandemens de ses princes, et si prompte à se révolter contre eux, toujours au nom de l'honneur et de la loyauté. Les vieillards aussi venaient y prendre le café et les sorbets avec les jeunes seigneurs, écoutaient et ne parlaient que rarement, mais quand ils restaient seuls et maîtres de leurs actions, ils chantaient, ils dansaient ; la mandoline courait de main en main, et le *sahbá* (1) ajoutait à l'exaltation de leurs têtes volcaniques.

Je ne sais si l'imagination pourrait concevoir, ne l'ayant pas vu, l'effet vraiment délicieux que la lumière produit, en venant d'en haut et se répandant avec une distribution admirable qui donne au stuc l'aspect le plus beau. C'est dans cette chambre-là que furent lâchement égorgés les Abencerrages, là, où si souvent ils avaient assisté aux carrousels de la jeunesse et fait retentir l'élégante coupole de leurs chants et de leurs cris d'allégresse.

Il y a sur la cour des Lions deux autres pièces qu'on croit avoir été des chambres de justice. Si une telle supposition est vraie, il faut croire que les tableaux qu'on y voit ne sont pas l'ouvrage des Maures, mais des plastrons qu'on y a ajoutés après la conquête, pour embellir la demeure des rois chrétiens.

En face de la salle qui a pris son nom du massacre des Aben-

---

(1) Espèce de vin dont les Maures d'Espagne faisaient usage.

cerrages, on voit la porte de la *Tour-des-deux-Sœurs*, qu'on appelle ainsi à cause de deux dalles de marbre pareilles. Le voyageur est surpris de la confusion des ornemens entassés sur cette porte, mais ce qui émeut surtout l'imagination, c'est la vue qui s'offre à travers une longue file d'appartemens. Au loin se prolongent, en se rétrécissant, d'innombrables arcades qui se terminent en une grande fenêtre ouverte sur la campagne. La richesse des teintes, les accidens capricieux et toujours magiques d'une lumière si bien ménagée, la partie rembrunie du corridor, tout fait de cette perspective un tableau sans pareil. Je l'ai vu mille fois, et mille fois il m'a paru plus enchanteur ; mais il ne m'a offert qu'une seule fois le trait que je n'oublierai jamais, ce fut l'image d'une femme, dont la forme aérienne traversa rapidement la longue file d'arcades et disparut dans l'ombre.

Je fis un mouvement de surprise ; le vieux concierge s'en aperçut, et me dit d'un ton mélancolique :

— C'est la folle ! c'est ma fille !

J'aurais dû le deviner. Le chien courut après sa maîtresse avec des signes d'une joie qu'il n'aurait pas montrée pour une personne inconnue.

La salle de la sultane appartenait aux femmes comme la salle des Abencerrages aux hommes ; c'était là qu'elles se réunissaient et qu'elles essayaient leurs danses et leurs concerts avant d'y admettre la cour *à rendre vasselage à la beauté*. Au milieu de la chambre jaillit une fontaine, car il n'y avait pas d'objet plus agréable aux enfans des Arabes du désert, et même aujourd'hui partout où il reste quelque trace du passage de ce grand peuple, à Cordoue : à Séville, à Ecija, vous trouverez de vieilles fontaines dans toutes les maisons, et des acqueducs solides quoique enfouis sous la terre. On entourait la fontaine de fleurs, des plantes odorantes et des arbrisseaux transformaient en jardin le reste de l'appartement. Maintenant qu'il n'y a ni fleurs, ni arbrisseaux, ni plantes odorantes, on peut admirer les dalles magnifiques dont la chambre est pavée. Elles sont d'un marbre sans tache et sans paille, et leur grandeur est de quinze pieds de long sur sept et demi de large.

De cette salle on passe dans le jardin de Lindaraxa, la merveille de son temps; mais la gloire des jardins meurt avec leurs fleurs, comme la gloire des peuples périt avec les hommes. Que reste-t-il du califat d'Occident? Que reste-t-il de la puissance espagnole? Des souvenirs qui serrent le cœur, qui tuent, quand on voit les enfans d'El-Alman-Sour, sous un chapeau pointu et gouvernés comme des écoliers par un réglement pédantesque de collége, et plus encore quand on voit les descendans des Lara, des Manrique, des Aguilar, des La-Cerda, et de tant d'autres preux, sous le joug du vieux cavalier servant d'une comédienne française, d'un homme à qui une faction stupide a prêté du génie, de l'éloquence et le talent de l'économiste. Pauvre Espagne! Dieu, protége ma patrie!

Le jardin de Lindaraxa a subi les ravages du temps et l'insouciance de ses nouveaux maîtres! La poésie seule a conservé le souvenir de sa beauté primitive.

« Je suis un verger de délices, lui fait-elle dire ; je suis un trésor de plaisirs. Ici habitent les charmes du cœur, ici réside le bonheur de l'existence. L'âme fatiguée ne peut trouver un berceau plus frais pour se reposer.

» Mes mystères sont purs; on entre dans ma retraite avec joie, on en sort sans remords.

» Les jumeaux du ciel sont le signe de mon domaine, et la devise de ma demeure. Il doit régner dans l'âme de ceux qui viennent ici la même harmonie qui règne dans la symétrie de mes ornemens.

» La lune brille pour moi; les dames viennent jouir de sa clarté silencieuse dans mon enceinte ; elles m'aiment comme les tourterelles aiment le ruisseau qui baigne le peuplier où elles ont bâti leurs nids.

» Le soleil s'arrêterait pour me voir si des nuages importuns me cachaient un jour à ses yeux. Je ne suis pas la beauté, mais je suis le ciel où la beauté brille davantage.

» Jouis, jouis de mes plaisirs; je ne fatigue jamais; je varie les voluptés comme l'amour varie ses caresses.

» Mes piliers sont blancs avec des bases d'argent; mon maître n'a pas épargné l'or dans les chapiteaux; mais ils sont sveltes et déliés comme la vierge parée de joyaux.

» L'ombre du jour ici n'est que la clarté fraîche de la nuit; les marguerites dont mes colonnes sont enrichies scintillent le soir comme au moment de poindre l'aube du matin.

» La main qui m'a créé n'a pas de rivale; la magnificence de celui qui m'a décoré n'a pas de semblable. Mon maître surpasse en gloire tous les hommes, comme moi je surpasse en éclat tous les jardins.

» Ecoutez le chant du rossignol, le soir approche. Venez me voir quand le soleil couchant me jette son dernier regard. Les derniers rayons du soleil me couvrent de diamans. Je suis l'épouse qu'on pare pour entrer dans le lit de son maître.

» Viens, mon roi, viens, mon maître; la brise embaumée qui passe sur mes fleurs rafraîchira ton front brûlant, et vivifiera ta santé. C'est ma gloire et le secret de mes charmes. »

Mais comme si le jardin avait trop parlé de ses perfections, il y a une ode magnifique entre deux cercles presqu'en face, consacrée à chanter les louanges du maître.

» Je suis une enceinte parfaite, et je suis belle; mais je suis parfaite et belle par Mahomet qui me possède. Mahomet, mon seigneur, surpasse tous les hommes qui furent et tous ceux qui seront.

» Il y a cinq étoiles; trois de ces étoiles s'éclipsent en sa présence; la quatrième luit à ses côtés; la cinquième brille pour sa gloire.

» Il peut rendre l'air sonore et mélodieux; il peut le rendre joyeux.

» Les étoiles du ciel languissent d'amour pour Mahomet ; Mahomet est l'amour des fleurs. Si les astres brillent au firmament, c'est pour lui ; c'est pour lui que les plantes exhalent leurs parfums suaves.

» Il connaît la marche des cieux et les vertus des herbes. Son œil lit dans le livre de l'avenir; sa main guérit les mortels.

» S'il ne craignait pas de renverser le monde, il ferait descendre les étoiles à ses pieds ; mais il les laisse paisiblement éclairer la terre.

» Les montagnes obéissent à ses ordres. Il les regarde, et elles s'embellissent ; il leur parle, et les rochers ébranlés demeurent immobiles sur leurs fondemens éternels.

» Je nourrirai mes fleurs pour lui, j'embaumerai l'air pour mon maître; et la fraîcheur pénétrera jusqu'au centre de son palais, pour l'attirer à moi, quand il m'aura négligée. »

Ne dirait-on pas une esclave passionnée qui ne vit que pour son maître, qui n'aime que lui, qui mourrait sans son amour ? Est-ce une inspiration de femme? Est-ce un artifice d'homme pour apprendre à sa bien-aimée comment il voudrait qu'elle l'accueillît ?

Quoi que vous pensiez de la poésie arabe-espagnole, cette fleur divine que des pédans ont étiolée dans la serre chaude d'un *classicisme* mort; car ils n'avaient pas l'âme du poète, et ils voulaient l'être, en remplaçant la poésie par des traductions et l'élan poétique par de la prose rimée. Quoi que vous pensiez, dis-je, de la poésie arabe-espagnole, il vous serait impossible de ne pas regretter l'absence des beaux ornemens qui décoraient jadis l'alcove qui donne sur le jardin. Les vers qui décrivent le lit de la sultane en parlent comme d'un prodige, et puis le poète y a ajouté.

« Lit de plaisirs, berceau de voluptés, aucun lit n'est comme toi le nid du bonheur.

» Tu répands tes délices, et plus tu en prodigues, plus il t'en reste.

» La lune te voit et précipite sa marche. Heureux lit! qu'a-t-elle vu?

» Elle n'a jamais rencontré sur la terre autant de félicité que tu en caches. »

Dans le contour de la fenêtre qui est vis-à-vis de la place, jadis occupée par le lit, on voit ces autres vers :

« Je ne suis pas comme la vierge solitaire; je suis le rivage d'un océan de lumière. Il m'aime et ne me laisse jamais languir dans les ténèbres. Jamais l'obscurité ne voilera la splendeur de Nazir, de celui qui a multiplié les amis du prophète et accru l'empire du Koran. »

Sur la plus petite fenêtre de l'alcove, on lit :

« Regarde la beauté du miroir, maître de la lumière et des couleurs. Tous les objets paraissent ici dans l'éclat le plus brillant de leurs attraits. »

Ce fut lors de ma première visite à l'Alhambra, et dans ce même appartement, que je vis pour la première fois la pauvre folle. Dans ma préoccupation romanesque, je n'avais pas remarqué la jeune fille qui nous suivait depuis quelque temps. C'était Dolores : elle s'arrêtait, si nous nous arrêtions; quand nous marchions, elle marchait sur nos pas. Sa taille élancée, des formes sveltes, la pâleur de son visage, animé par les deux plus beaux yeux que j'aie jamais rencontrés, une démarche timide, la robe blanche qui flottait dans l'ombre du corridor, tout donna à son apparition un aspect solennel.

« C'est ma fille! me dit le concierge qui observa ma surprise, c'est la folle!

» Il est extraordinaire qu'elle nous suive, ajouta-t-il après un moment de silence, car elle fuit toujours les étrangers.

» — Approchez, *segnorita*, lui dis-je, ne craignez rien...

» — Oh! non, je ne crains rien; mais vous n'êtes pas celui que j'attends.

Je ne répondis que par quelques mots vagues, presque sans signification.

Pour me distraire un peu de la sensation pénible que m'avait fait éprouver la pauvre Dolores, je me mis à lire tout haut l'inscription que je venais de transcrire. Ce fut un coup électrique pour Dolores; elle court à moi, saisit mon bras, fixe sur moi ce regard effrayant de l'aliénation qu'on ne peut même contrefaire, et après un moment, elle s'écrie :

« Hélas! ce n'est pas lui! il porte un riche turban, orné de perles, son *albornos* est blanc comme la neige de la montagne, et j'ai brodé sa veste écarlate. Non, non, ce n'est pas lui! Mais vous le connaissez; oui, vous l'avez vu. Quand viendra-t-il? Où est-t-il? Oh vous ne croyez pas que je l'aime; car vous alors, vous ne me tueriez pas avec votre silence, cruel que vous êtes! »

J'aurais voulu l'interrompre que je n'aurais pu le faire; telle était la volubilité de cette malheureuse femme. Et puis, que lui aurais-je dit? Je souffrais, mais, je l'avoue, j'avais la cruauté de l'entendre avec charme; car elle était si belle dans son égarement, si poétique dans ses paroles! Et certes elle me parut encore plus intéressante, lorsqu'elle se tut, et que je vis une larme trembler sur sa paupière.

Nous étions muets, son père et moi. Enfin il eut le courage de lui adresser quelques mots pour flatter sa manie, et s'adressant à moi :

« Ce serait l'irriter, me dit-il, que vouloir la désabuser. Elle se croit Maure, la pauvre enfant, fille qu'elle est d'un *chrétien-vieux* et d'une noblesse, Dieu merci, qui n'a rien à envier à la noblesse du roi. Mais elle a rêvé qu'elle appartenait à la cour de la reine Zoraïde, qu'on aurait bien fait de brûler toute vive, et ma fille n'aurait pas perdu la raison!... Damné soit cet Abencerrage, Dieu me pardonne! Excusez, monsieur; mais vous concevez bien quelle est ma douleur. Si elle s'était mis dans la tête quelqu'autre chose et ne pas aller chercher un renégat pour dire qu'elle est sa maîtresse ; que c'est pour elle qu'il venait dans le jardin, et non pour la reine ; qu'on lui dit qu'il est mort pour la forcer à l'oublier, mais qu'il vit, et qu'il l'aime, et je ne sais quelles autres absurdités. »

Le bon concierge était tellement révolté, non pas de la folie, car il la regardait comme une visitation du ciel, mais de la passion de sa fille, qui aurait pu choisir un cardinal ou quelqu'autre objet moins indigne de l'amour d'une dame castillane, qu'il prononça ces dernières paroles assez clairement pour qu'elle les entendît.

« Hélas ! monsieur, je suis folle, et je dois l'être, car vous voyez que mon père est le premier à le dire. Je suis folle parce que j'aime les lieux où je suis née, et que je n'en veux pas sortir, puisqu'il n'y a rien de plus beau au-dehors, n'est-il pas vrai, monsieur ? Je suis folle, parce que j'ai des chagrins et que je pleure. Puis, c'est folie que de cultiver les fleurs qui m'aiment. Ah ! je vais les arroser ; venez, venez, monsieur, vous verrez comme elles me sourient. La première rose du printemps est pour ma mère ; je la lui porte tous les ans... Je ne sors jamais d'ici, excepté pour aller à son tombeau. Venez, venez, monsieur, je vais arroser mes fleurs. »

Elle disparut comme un rêve ; le vieux concierge fit un geste indéfinissable, et moi je continuai mes observations et mes notes ; quant à la folle, je savais que je ne l'oublierais jamais.

Nous passâmes par un bâtiment, ajouté par Charles-Quint et décoré de sa devise favorite, dans une petite tour qui s'avance hors de l'alignement du mur du côté du nord. Là était le belvédère de la reine, jolie petite pièce pavée de marbre, et dont les dalles sont percées de trous, ouvrant le passage aux parfums qui brûlaient dans l'appartement du dessous. On jouit, du balcon de cette pièce, de la plus belle vue. D'un côté s'élèvent les montagnes, et sur le sommet de celle qui est en face, on admire la belle maison de plaisance des rois de Grenade et le jardin de délices le Xénéralife qui lui a donné son nom; sur les deux autres montagnes on voit le quartier de l'*Albaïcin* et l'emplacement de l'*Alcazaba*. Au pied des collines, dans un ravin profond, coule le Darro, et la vallée, les prairies et les carmenes, comme on appelle les jardins, qui en couvrent les bords, forment un paysage vraiment pittoresque. Au loin, vers l'occident, la vue se perd dans la plaine de la Véga, et vers le nord-ouest, elle est arrêtée par la chaine de montagnes pelées qui porte le nom de *Sierra d'Elvira* et *Sierra de los Infantes*. Mes yeux rencontrèrent aussi l'endroit où était jadis *l'Hospice des aliénés*, bâti par Abn-Abdali en 1376. Pauvre Dolores! ce fut elle qui me rappela cet établissement de la pitié musulmane.

La catholique Isabelle trouva si beau le belvédère de la reine, qu'elle en fit son cabinet de toilette, pendant son séjour dans l'Alhambra. Elle fit ajouter quelques ornemens à ceux qui embellissaient déjà cette jolie pièce; mais je ne sais pourquoi, ils ont subi le même sort que les superbes ornemens du palais de Charles-Quint; le vandalisme du peuple, qui a cependant respecté tout ce que les Maures ont fait, a détruit l'ouvrage des chrétiens.

Nous descendîmes pour visiter une seconde fois la tour des Comare, et après avoir traversé le passage qui conduit à la salle des ambassadeurs, nous entrâmes dans la grande salle d'audience. C'est une pièce royale; elle a trente-huit pieds castillans de hauteur jusqu'à la corniche, et dix-neuf depuis le cintre jusqu'au point central de la coupole. Le mur a, sur trois côtés, quinze pieds d'épaisseur; sur l'autre, il en a neuf. Les fenêtres les plus basses ont quatorze pieds d'élévation, luxe extraordinaire de lumière chez les Arabes.

Toute la salle est revêtue de mosaïques de différentes couleurs et d'un travail exquis ; mais les teintes qui y prédominent sont l'or et l'azur. La hauteur de la tour est de cent quarante pieds.

Autour d'une armoire on lit cette inscription, qui prouve que c'était là que le roi avait sa bibliothèque :

« Les rois qui ont passé, et les rois qui passeront, reconnaissent la sublimité d'Abn-Nazar, et en tirent l'éclat de leur gloire. C'est une étoile qui obscurcirait la planète du ciel, si elle ne brillait pas sur la terre. Les douze signes du zodiaque disparaîtraient de là-haut s'il y montait. Abn-Nazar est la terreur des rois, mais il sait les attirer à lui ; car son regard est fier, cependant on y voit toujours sa grande âme et son bon cœur. Abn-Nazar fut le soutien, la gloire des rois malheureux. Abn-Nazar est le protecteur, non seulement des chérifs arabes et des rois andalous, mais de tous les monarques de la terre. Gloire des rois qui t'ont précédé, honneur des rois qui te succéderont ; les astres s'humilient devant toi, si on veut les comparer avec ta splendeur. Si tu n'étais pas noble par ta naissance, tu le serais par ta beauté. Tu gardes ici les livres qui ont illuminé la religion, et qui ne se perdront jamais. Ton zèle est le salut du peuple qui a été délivré de l'erreur par toi ; ceux qui sont encore dans ses chaînes les briseront par ton secours. Ici tu recèles des trésors de grandes vérités : on y peut apprendre toutes les vertus ; mais pour qu'on puisse en trouver le modèle, tu ne devrais jamais mourir. Les vertus ont toutes leur asile dans ton sein, mais la clémence et la magnanimité y règnent en souveraines. »

Les autres inscriptions, les vers et les sentences qu'on y trouve ont pour objet de flatter l'orgueil du monarque, et d'adoucir son cœur. J'ai observé après que les vertus les plus en faveur chez tous les peuples sont précisément celles qui sont en opposition directe avec leurs vices caractéristiques. Tous les pays gouvernés despotiquement vantent comme la première des vertus la magnanimité et la clémence, car c'est de la colère et de l'inhumanité que les esclaves ont le plus à craindre.

Il est inutile d'ajouter ici la description du rez-de-chaussée, des dortoirs, des salles d'été, des escaliers dérobés et des passages sans nombre de l'Alhambra; il faudrait d'ailleurs un livre pour l'histoire de ce monument.

Mais avant de quitter l'Alhambra, une émotion m'était encore réservée, émotion que Sterne serait allé chercher au bout du monde. Dolores, que j'avais vue passer quand j'examinais la galerie fermée par une grille en fer, galerie qu'on prétend avoir été la prison de la reine Zoraïde, la folle de l'Alhambra était assise au pied du rosier qui conserve encore le nom de la sultane; c'est là, dit-on, que Zoraïde attendait Aben-Hamet l'Abencerrage; c'est là aussi, me dit le concierge, que Dolores venait tous les soirs. Dolores avait alors à la main une tourterelle attachée avec un ruban vert.

JUAN FLORAN.

LES RELIQUES DE SANTIAGO.

(SAINT-JACQUES DE COMPOSTELLE).

Au mois de juillet 1823, la joie était grande dans la ville éminemment ecclésiastique de Saint-Jacques de Compostelle; les Français venaient d'y entrer.

J'étais à peine arrivé à Santiago que, sans me donner le temps de me reposer ou de prendre quelque nourriture, je me mis en marche pour aller visiter cette église célèbre, où jadis les pèlerins accouraient en foule de tous les points de l'Espagne.

Bientôt je me trouvai vis-à-vis de la basilique, édifice massif, mais puissant d'effet. Son architecture est grave et digne en tout du Dieu de repentir et d'indulgence qui réside sous ces arceaux gigantesques. Lorsque je pénétrai dans l'enceinte sacrée, le soleil frappait les derniers vitraux de ses rayons prêts à s'éteindre. Le sommet des voûtes était éclairé par une lumière de mille couleurs, comme les peintures transparentes qu'elle traversait, tandis que toute la partie inférieure des immenses colonnes restait, ainsi que les fidèles, plongée dans une demi-obscurité calme et silencieuse.

D'un premier coup-d'œil je comptai vingt-deux chapelles, non compris la chapelle dédiée à Santiago qui se trouve placée sous le dôme de l'église. Sur l'autel je voyais briller la statue du grand saint, image vénérée, faite en or massif, et je pensais que ce n'était point de l'or perdu que celui qui avait rendu le repos à tant d'âmes troublées, et mis la divine espérance dans des esprits désolés et sans force. Bientôt un spectacle unique au monde me tira de ma contemplation : des lumières jaillirent d'une chapelle avec une vivacité telle, qu'il me fut d'abord impossible de rien distinguer. Figurez-vous, si votre imagination en a la puissance, l'effet de mille cierges répandant leur lumière sur un autel d'argent massif, sur des tablettes incrustées du même métal, et chargées de reliques en vermeil, parsemés de pierres précieuses.

La lumière tantôt courait éblouissante sur la surface unie de l'or et de l'argent; tantôt elle étincelait en gerbes et semblait jaillir des pierres mêmes qu'elle frappait. Je voulus détourner la vue de cette masse de feu, et j'élevai mes yeux vers la voûte en suivant du regard deux colonnes incrustées d'or, s'élevant comme deux palmiers jumeaux. Mais mes paupières furent forcées de se baisser, car ces deux colonnes supportaient un ciel tout garni de lames d'or et d'argent. Je me rappelai le luxe du temple de Jérusalem; je me demandai si Salomon, dans sa magnificence orientale, avait jamais rien créé de plus magnifique. J'étais sur le point d'interroger un vieux paysan de Galice pour savoir quel saint, quels restes d'un martyr on entourait d'un tel culte, lorsqu'un *pobre* m'en évita la peine en me disant : Seigneur français, voulez-vous la sainte liste des reliques? Je l'acceptai en échange de quelques petites pièces de monnaie. La voici, telle qu'elle m'a été remise imprimée, telle que je la conserve dans mes papiers.

MEMOIRE DES SAINTES RELIQUES, qui sont en grande veneration dans cette Sainte Apostolique, et Metropolitaine Eglise de Saint JACQUES ZEBEDÉE, le grand patron Universel d'Espagne, et primier Fondateur de la Chretienté en elle.

Premiérment au-dessous du grand autel, se trouve le Corps tout entier de notre Grand Patron Saint Jacques Zebedéc (1), et de ses Disciples Saint Athanaze, et Saint Theodore.

Dans la Chapelle des Reliques de cette Sainte Eglise il-y-a les suivantes.

Dans une Croix dor il-y-a une grande partie de la Croix adorable de notre Seigneur Jesus-Christ.

Item, une Epine de la Couronne du Seigneur.

Item, de la Tunique et du Tombeau de notre Seigneur.

Dans un image de notre-Dame il-y-a une Goutte de son propre Lait.

Item, de ses mêmes Habits.

Relique de Saint Jean Baptiste, Saint Pierre; Saint Paul, et Saint André Apôtres.

La Tête de Saint Jacques Alfeo, le mineur, Apôtre avec plusieurs autres Reliques du meme Saint, et principalement une Dent, qui fut enlevèe, et qui se trouva par miracle dans la même Chapelle, tout proche de sa Tête.

Relique de Saint Barthelemi, et Saint Mathias Apôtres.

Dans un livre que tient à la main une image de notre Patron S. Jacques, il-y-a une partie de sés Habillements.

De la Robe de Saint Jean Evangeliste.

Relique de Saint Luc Evangeliste.

Relique de Saint Clement, Pape et Martir.

Un grand os de Saint Torquat Martir Disciple de notre Patron S. Jacques, et Evêque de Guadix.

Relique de Saint Cecilio, Disciple du mème Saint Apôtre, et de ses Compagnons Martirs Espagnols, qui furent Brûlés vif à Grenade pour la foy de Jesus-Christ.

Un grand Os de Saint Rosende, évêque de cette Sainte Eglise.

Le Corps de Sainte Susane Vierge, et Martire, Patrone de cette Ville, et S. Victorio Martir.

Celuy de Saint Fructueux, Archevêque de Braga en Portugal.

Celuy de Saint Silvestre, et Cucufato Martirs.

Celuy de Saint Quintin, et Saint Crescence Martirs.

Celuy de Saint Antoine Martir.

Celuy de Saint Candide, et Saint Vincent Martirs.

Relique de Saint Laurent, dans un

---

(1) Retrouvé en 808.

Ciboire avec plusieurs autres de Saints, et Saintes Martirs.

Plusieurs Os de Saint Janvier, et de ses compagnons Martirs.

Relique de Saint Maxime évêque, et Martir.

La Tète dun des deux cents martirs de Cardegne en Espagne.

La moitié dun bras de Saint Christophe Martir.

La Tête de Saint Victor Martir.

Plusieurs Os de S. Julien M, Epoux de Sainte Basilise.

Un Os de Saint Campio Martir.

Relique de Saint Felix Martir.

Relique de Saint Felicisimo Martir.

Une Relique de Saint Brice, Archevêque de Tours en France.

Relique de Saint Martin Evêque, et de Saint Fructueux.

Relique de Saint Antoine de Padoue, Confesseur.

Relique de Saint Vincent Ferrer, Confesseur.

De Saint Philippe de Neri, Confesseur.

Relique de Saint Christophe, et Saint Julien.

Relique de Saint Fructueux, et Saint Theodore.

De Saint Liberat, et Saint Laurent.

Relique de Sainte Inés, Vierg. et Martire.

Huit Tétes des onze mille Vierges, et Martires.

La Téte de Sainte Pauline, Vierge, et Martire.

Deux Gáuciers, un de Sainte Novelle, et de Sainte Gaudence Martirs.

Une Relique de Sainte Barbe Vierge, et Martire.

La motié d'un Bras de Sainte Marguerite.

Un grand Os de Sainte Severine Vierge, et Martire.

Relique de Sainte Juliene Martire.

De Sainte Leocadie, Vierge, et Martire.

De Sainte Martine.

De Sainte Lucrece, et de Sainte Lucie.

De Sainte Rufine, et de Sainte Justine.

De Sainte Vincente.

Des Cendres et du Sang de Sainte Ulalie de Merida.

Une Molier de S. Teres V.

Enfin plusieurs autres Reliques de Saints, et Saintes, dont on ignore les noms.

MEMOIRE DES SAINTES RELIQUES, QUE LE ROY *D. Alonzo III, surnommé le Grand* a donné a cette Sainte Eglise Cathedrale, lors de son sacre, accompagné de plusieurs Archevêques, Evêques, et Princes de son Royaume, ordonná quòn les placat, aux Autels ci-dessùs nommes, dans lannée de notre Seigneur 876.

A l'autel du Sauvèur, qui est la chapelle du roy de France.

De la Sainte Croix de notre Seigneur Jesus-Christ.

De son Saint Sepulcre.

De sa Sainte Tunique.

Du Lait de la trés Sainte Vierge sa mere.

Des cendres, et Sang de Sainte Ulallie de Merida.

De Saint Martin, et Saint Christophe.

De Sainte Leocadie.

De Sainte Martine. De Sainte Lucrece.

Dans l'autel de Saint Pierre, qui est dans une Chapelle à main droite de celle du roy du Fance, il-y-a.

Du Sépulcre de Notre Seigneur Jesus-Christ.

De Saint Pierre, Saint Paul, et de Saint André, Apôtres.

De Saint FructueuxEvêque.

De Sainte Lucie, et Sainte Rufine.

Dans l'autel de Saint Jean Evangeliste, qui est à main gauche de la sus dite Chapelle.

Des Habits de la trés Sainte Vierge.

Des Habits de Saint Jean Apôtre, et Evangeliste.

De Saint Jean Baptiste.

De Saint Barthelemi Apôtre.

De Saint Laurent celebre Diacre.

Le Sainte Leocadie.

De Sainte Juliene.

De Sainte Lucrece, Martire.

Dans la Chapelle de Notre-Dame de la Conception.

De Saint Alban.

De Saint Venerat.

De Saint Vincent.

De Saint Urbain.

De Saint Deodat, ou Dieu-donné.

De Saint Fortunat.

De Saint Felississimo.

De Saint Theodore.

De Saint Dilecte.

De Saint Prudent.

Dans la Chapelle de feu Monseigneur PierreCarrillo, Archevêque de cette Sainte Eglise, sont les corps, des Saints Martirs.

Saint Demetrio, et Saint Boniface.

Dans la Chapelle de Notre-Dame du Pilar il-y-a les reliques des Saints Martirs.

Saint Fructueux.

Sainte Theodore.

Sainte Justine.

Sainte Victoire.

Sainte Liberate, et Saint Laureat.

Toutes ces Saintes Reliques, qui se sont conservées pendant plusieurs siècles, aux Autels ci-dessûs cittés, on a jugé a propôs pour quelles fussent gardées avec plus de soin et de décence de les placer au Reliquaire ou Chapelle des Reliques, de cette Sainte Eglise, à l'exception de Celles, qui se trouvent dans Celle de notre-Dame de la Conception, et Celle de monseigneur l'Archevêque Carrillo, c'est pour quoy nous les avons Mises á part comme il est dit aux imprimès anterieurs, pour conserver la memoire du bienfaiteur et le temps de leurs donations.

Monseigneur l'Archevêque a accordè 80. jours d'indulgençe à tous ceux et celles, qui reciteront un Pater, et un Ave Maria devant cette Image.

A Saint Jacques : de l'Imprimerie de Jean Moldes, 1823.

A. DE P***.

LE COMTE ALARCOS ET L'INFANTE SOLISA (1).

ROMANCE.

L'infante est dans la solitude, comme elle avait coutume d'y demeurer; mais elle vit bien mécontente de la vie qu'elle mène, voyant que la fleur de ses jours se passe, que le roi ne la marie point et qu'il n'a nul souci d'y penser.

Elle songeait en elle-même à qui elle se découvrirait, elle résolut d'appeler le roi, comme elle le faisait si souvent pour lui dire son secret et ses intentions. Le roi vint quand il fut appelé; le roi ne se fit pas attendre;

Il vit sa fille à l'écart, toute seule sans compagnie, et dans sa beauté on voyait plus de tristesse que de coutume. Le roi

---

(1) Le texte de cette belle romance se trouve rarement dans les anciens romanceros. Il a été réimprimé par Grimm dans *la Sylva de Romances viejos*, donnée à Vienne en 1812.

devina promptement son ennui. Qu'est-cela, infante, qu'avez-vous, ô ma fille? Contez-moi vos ennuis; ne prenez point de tristesse; quand on saura la vérité, à tout on remédiera.

— Il faudrait, bon roi, songer à me pourvoir, et que vous vous rappeliez la recommandation de ma mère; c'était, ô bon roi, de me marier. Elle disait que mon âge le voulait ainsi. Maintenant je suis honteuse de vous le rappeler; mais, ô roi, n'y deviez-vous pas songer pour votre fille?

Ayant écouté sa demande, le bon roi lui répondit : Infante, c'est votre faute et non la mienne; vous seriez déjà mariée avec le prince de Hongrie, mais vous n'avez pas voulu écouter l'ambassade qu'il nous envoya. Car en notre cour, ma fille, il y avait peu d'espoir de vous établir, car en tout mon royaume votre égal ne se trouve point, sinon le comte Alarcos, et il a femme et enfants.

—Vous, le roi, invitez un jour le comte Alarcos, et après le repas dites lui de ma part, dites lui qu'il se rappelle la foi qu'il m'avait jurée, et que je ne lui demandais pas.

Il devait être mon mari, disait-il, et moi sa femme bien-aimée. Quelque temps je fus dans la joie, quelque temps je fus sans repentir; il se maria avec sa comtesse, et cependant il l'avait bien vu, c'était pour lui que je ne m'unissais pas au prince de Hongrie: c'est donc sa faute et non la mienne.

Le roi en l'entendant avait perdu le sentiment, mais revenant à lui, il répondit avec douleur, ce ne sont pas là les conseils que votre mère vous donnait. Vous avez mal vu, infante, où était mon honneur, et si ce que vous avez dit est vrai, le vôtre est déjà perdu.

Vous ne pouvez pas être mariée, car la comtesse est vivante, et le mariage s'est fait par raison et par justice; dans les discours du peuple, vous seriez tenue pour abominable. donnez-moi, ô ma fille, donnez-moi un conseil, ma raison n'y suffit pas, et elle est morte, votre mère, votre mère dont l'avis me secourait.

— Je vous en donnerai un, bon roi, un de mon faible jugement. Que le comte tue la comtesse, et que personne ne le sache, et que le bruit courre bientôt qu'elle est morte d'un certain mal, d'un mal qu'elle avait. Le mariage pourra se faire; rien ne sera connu, et de cette manière, bon roi, mon honneur sera conservé :

De là sortit, le roi ému, non du plaisir qu'il avait; il arrive au palais plein de soucis à cause de la nouvelle qu'il venait d'apprendre, et il vit le comte Alarcos qui parlait au milieu d'un grand nombre de courtisans.

« A quoi sert aux chevaliers d'aimer et de servir les dames? Ce sont des soins perdus quand la constance a manqué, et cependant on ne peut pas m'appliquer ce que je viens de dire. Dans le temps, j'en ai servi une que je chérissais, Dieu sait combien. Et voyez, si je l'aimais alors... je l'aime encore plus aujourd'hui. Ah! selon moi, on doit dire : qui aime beaucoup bien tard oublie. »

En achevant ces paroles, il s'avança vers le roi qui arrivait, et tout en lui parlant il s'éloignait de la foule; alors le bon roi dit au comte, en s'exprimant avec courtoisie : je vous convie, comte, à venir ce matin me tenir compagnie, vous déjeûnerez avec moi.

Et il eut en bon gré ce que son altesse lui disait, mais il lui répondit : je baise vos mains royales et vous remercie de la courtoisie que vous me faites en me voulant retenir ce matin, bien que je ne sois pas libre; la comtesse m'attend selon la lettre que j'ai reçue d'elle.

Un autre jour, de bon matin, le roi sortait de la messe; il se mit aussitôt à table, non à cause du grand appétit qu'il avait; c'était pour parler au comte de ce dont il lui voulait parler, et ils furent bien servis, comme il convenait à un roi.

Dès qu'ils eurent mangé et que tous les gens furent sortis, le roi resta à table avec le comte, et il commença à lui parler : il lui parla de l'ambassade dont il s'était chargé.

Je vous dirai une nouvelle, comte, une nouvelle qui ne m'a pas plu; elle me force à me plaindre, et à me plaindre de votre félonie. Vous avez promis à l'infante ce qu'elle ne vous demandait pas, vous lui avez promis d'être son mari.

Et à coup sûr l'union lui plaisait : si d'autres événemens ont été accomplis par vous, je n'entre point en cette altercation, mais j'ai à vous dire une chose, comte, qui vous pèsera plus que tout le reste, il vous faut tuer la comtesse; cela regarde mon honneur. Répandez le bruit qu'elle est morte d'un certain mal qu'elle avait, et le mariage aura lieu comme chose tout à fait imprévue, afin que ne soit pas déshonorée, la fille que je chéris tant.

Et ces raisons entendues, le bon comte répondait : je ne puis nier, ô roi, ce que l'infante vous a dit; et il y a très-grande vérité en ce qu'elle me demandait, mais par crainte de vous, mon roi; je ne me suis point marié avec qui je le devais être. Je ne pensais point que votre altesse pourrait jamais y consentir, car me marier avec l'infante.... Sire, je me serais bien marié!... mais donner la mort à la comtesse, seigneur roi, je ne le ferai point; on ne saurait faire mourir celle qui ne l'a point mérité.

— Bon comte, elle doit mourir, car il faut sauver mon honneur, il vous fallait examiner d'abord ce que vous deviez considérer, et si la comtesse ne meurt point, à vous il en coutera la vie. Pour le seul honneur des rois, beaucoup sans fautes ont péri; et que meure la comtesse, quelle merveille y a-t-il à cela?

— Je la tuerai, bon roi; mais cette faute ne sera point la mienne, vous en répondrez à Dieu à la fin de votre vie. Je promets donc à votre altesse ma foi de chevalerie qu'elle peut me regarder comme un traître, si je n'accomplis ce qui est convenu, de faire mourir la comtesse, bien qu'aucun mal elle n'ait commis. Bon roi, si vous m'en donnez licence, dès à présent je partirai. —Allez! et que Dieu vous conduise, bon comte, ordonnez tout pour votre départ.

En pleurant s'éloigna le comte, en pleurant et sans aucune joie. Il pleure pour la comtesse qui l'aimait plus que sa vie; il pleure aussi, le seigneur, pour les trois fils qu'il avait. L'un d'entre eux était à la mamelle, et la comtesse le nourrissait, car il ne voulait téter aucune de ses trois nourrices; il prenait seulement le sein de sa mère, c'était elle seule qu'il connaissait. Les autres étaient petits, ils comprenaient encore bien peu, et avant qu'il arrivât le comte se disait ces raisons.

— Qui pourra regarder, comtesse, votre figure pleine de douce joie, quand vous viendrez pour me recevoir au dernier jour de votre vie. Je suis le triste coupable, cette faute est toute à moi.

Et comme il disait ces paroles, la comtesse sortait déjà, car un page lui avait dit que le comte était arrivé. La comtesse vit la tristesse que conservait son époux; elle remarqua ses yeux pleureurs, car ses yeux étaient gonflés des larmes versées en chemin au souvenir du bien qu'il perdait. Et elle dit à son mari: vous arrivez à propos, bien de ma vie;

mais qu'avez-vous, Comte Alarcos, pourquoi avez-vous pleuré, vous qui êtes toute mon existence? Vous êtes venu si changé, que pour certain je ne vous connaissais plus; votre visage, ni votre apparence ne sont plus ce qu'ils étaient. Donnez-moi part à votre ennui comme vous le faites pour la joie. Oh! dites-moi sur le champ ce que vous avez, comte, ne brisez pas ainsi ma vie.

— Je vous le dirai bien, comtesse, quand l'heure en sera arrivée. —Si vous ne me le dites point, comte, pour certain je me fâcherai. — Ne me fatiguez point, segnora, car l'heure n'est pas encore venue. Dînons tout de suite, comtesse, de ce qui se trouvera en la maison.

Et le comte se dispose comme il avait coutume de le faire les autres fois; oui le comte s'assied à la table, mais pour dîner, il ne le peut pas. Ses enfans sont à ses côtés, car il les aime de tout son amour. Mais bientôt voilà qu'il se penche, il fait comme s'il voulait dormir. Toute la table était couverte des larmes qu'il avait répandues, et la comtesse le regardait sans savoir aucune de ses raisons; elle ne lui demandait rien, elle n'osait, ni ne pouvait le faire.

Enfin se levant tout-à-coup, le comte lui dit qu'il voulait dormir, et la comtesse a répondu qu'elle dormirait volontiers aussi; mais entre eux il ne devait point y avoir de sommeil s'ils disaient la vérité.

Le comte et la comtesse s'en vont coucher où ils avaient coutume de le faire. Et ils laissent les enfans dehors; le comte n'en voulait point. Ils emportèrent seulement le plus petit, la comtesse le nourrissait; puis le comte ferme la porte, ce que jamais il ne faisait, et il commença à parler avec douleur et angoisse.

— O comtesse infortunée, très grand a été ton malheur!

— Je ne suis point malheureuse, je me tiens pour très-fortunée, et rien que d'être votre femme, j'ai regardé cela comme un grand bonheur. — Si vous saviez tout, comtesse, vous verriez que c'est là votre mauvais sort ; sachez donc que dans les temps passés j'aimais celle que je servais, celle-là c'était l'infante, pour votre malheur et le mien ; je lui promis de me marier avec elle, car c'est ainsi qu'il lui plaisait ; oui elle me demande pour mari à cause de la foi qu'elle me conservait. En raison et en toute justice, cela elle pouvait le faire, le roi son père me l'a dit, et c'est d'elle qu'il le savait. Mais une autre chose encore est ordonnée par le roi, et celle-là touche mon âme : il veut que vous mouriez, comtesse, et que ce soit la fin de vos jours, car, dit-il, il ne peut avoir d'honneur, vous, comtesse, gardant la vie.

Et quand elle eut entendu cela, la comtesse tomba évanouie à terre ; mais lorsqu'elle fut revenue à elle, voici les paroles qu'elle disait : Est-ce là le salaire de mes services, comte, des services que je vous rendais ? Oh ! ne me tuez pas, comte, et je vous donnerai un bon conseil, envoyez-moi en mon pays, mon père m'y chérira, j'y élèverai vos enfans, mieux que celle qui doit venir, et je maintiendrai la chasteté, comme toujours je l'ai maintenue. — Il vous faut mourir, comtesse, avant que luise le jour !

— Oh ! il paraît bien, comte Alarcos, que je suis seule en cette vie, car mon père est très-vieux, et pour ma mère, elle est morte. De bonne heure ils ont tué mon frère, le bon comte don Garcia, et c'est le roi qui l'a fait périr par la crainte qu'il avait de lui. Ce n'est pas la mort qui me pèse.. car mourir... il le fallait, mais j'ai douleur pour mes fils qui perdent ma compagnie ; faites-les moi venir, comte, qu'ils assistent à mon départ.

— Vous ne sauriez plus jamais les voir, comtesse, en aucun des jours de votre vie; embrassez ce tout petit. C'est celui qui perd le plus! J'ai douleur pour vous, comtesse, autant de douleur qu'on puisse avoir ; mais en rien elle ne peut vous valoir, segnora ; il s'agit de plus que la vie. Recommandez-vous à Dieu, ce qui sera fait doit se faire.

— Laissez-moi dire, bon comte, une oraison que je savais. — Dites-la bien vite, comtesse, et avant qu'on voie poindre le jour. — Je l'aurai promptement dite, comte, je ne resterai pas même le temps d'un Ave.

— Elle se mit à genoux à terre, et elle dit cette oraison : Seigneur, je remets mon âme entre tes mains, ne juge pas mes péchés selon que je le mérite, mais selon ta pitié éternelle, et selon ta grâce infinie.

— J'ai fini, bon comte, l'oraison que je savais, je vous recommande ces enfans, qui étaient entre vous et moi, et dites à Dieu pour moi, tant que vous conserverez la vie, que vous lui êtes obligé....... car je meurs sans faute. Donnez-moi cet enfant, je l'allaiterai avant de partir. Ne le dérangez pas, comtesse, laissez-le comme il est, il dort; mais, moi, je vous demande pardon, car le jour arrive déjà. — Je vous pardonne à vous, comte, pour l'amour que je vous portais ; mais je ne pardonne point au roi ni à sa fille, l'infante. Je les cite au contraire devant la haute justice ; qu'ils y comparaissent donc dans trente jours.

Et pendant qu'elle disait ces paroles, le comte se préparait. Il lui passa autour de la gorge un mouchoir de nuit, puis il le serra de ses deux mains de toutes les forces qu'il y pouvait mettre, et ce ne fut que quand sa vie se fut éteinte qu'il consentit à la lâcher. Puis voyant qu'elle était trépassée, il la dépouilla de ses voiles et de ses vêtemens, puis il l'étendit en son lit, et il la recouvrit comme elle avait coutume de l'être. Tout déshabillé lui-même, il se plaça à ses côtés;

mais ce fut le temps peut-être de dire un Ave Maria ; il se leva et il appela à grands cris les domestiques qu'il avait.

— Secourez-moi, mes écuyers, c'est la comtesse qui se meurt.... Ceux qui viennent au secours trouvent la comtesse déjà morte. Ce fut ainsi qu'elle trépassa sans justice et sans raison ; mais aussi tous, ils moururent et cela dans les trente jours. Douze jours s'étaient passés que l'infante n'existait plus, au vingt-cinquième, ce fut le roi, au trentième, ce fut Alarcos. Ils allèrent tous rendre compte à la justice divine. Puisse-t-elle ici nous accorder sa grâce, et là-bas sa gloire accomplie.

FERDINAND DENIS.

LE TOMBEAU DU CID.

La guerre traîne par fois à sa suite une masse de calamités aussi difficiles à prévenir qu'il l'est bientôt de les arrêter.

La ville de Burgos en offrait un déplorable exemple, lorsque l'empereur Napoléon la traversa pour aller combattre et vaincre la quatrième coalition.

Prise de vive force, elle avait subi toutes les conséquences d'un combat long et acharné, d'un énorme rassemblement de troupes et d'une agglomération désolante de blessés, de malades et d'isolés. Hôpitaux et dépôts, tout était encombré! Plus de neuf mille malheureux soldats s'y trouvaient réduits à la plus cruelle pénurie! L'hiver avait encore ajouté aux maux et aux embarras de toute espèce! Enfin, et pour comble de désolation, une épidémie dévorante exerçait dans cette ville les plus cruels ravages!

Et telle était, et à un degré impossible à rendre, la situation dans laquelle le général Thiébault fut nommé gouverneur de la Vieille-Castille ; situation qu'il osa entreprendre de changer, et à laquelle, et au bout de six semaines, il se trouva avoir substitué l'ordre, la salubrité et l'abondance.

Mais on le conçoit, après avoir forcément usé et abusé de

la force, de la violence, de la terreur, il n'y avait plus rien à en faire. Le mal était trop grand pour se passer du concours de toutes les forces, de toutes les volontés! Il fallait avoir pour soi la population; mais pour l'avoir, il fallait mériter, conquérir l'attachement et la confiance.

Grâce aux mesures qu'il adopta, à la manière dont elles furent exécutées, il obtint l'un et l'autre; il fut même assez heureux pour exciter, et presque spontanément, une sorte d'enthousiasme. Dès-lors, il fut maître de tout, et put établir une administration dont on se souvient encore.

Au reste, en se dévouant aux intérêts de ces Castillans, autant que ses devoirs le rendaient possible, ou plutôt conformément à ces mêmes devoirs bien entendus, il n'était pas homme à oublier ce qui était de nature à flatter leur orgueil national, à négliger l'occasion de se fortifier de ce qui, sous ce rapport, tenait à leurs plus chers souvenirs, à leurs plus honorables sentimens.

A cet égard, une circonstance le servit à souhait.

A cinq lieues au sud-est de Burgos, au milieu d'une espèce de Thébaïde, se trouve un couvent nommé Saint-Pierre de Cadena. C'est là que Philippe V avait fait élever le tombeau du Cid et de Chimène, monument qu'avant l'arrivée du général Thiébault dans la Castille, des soldats d'un de nos régimens de dragons avaient démoli, excités par l'espoir d'y trouver de l'or et des bijoux.

A peine informé de ce fait, le considérant comme une tache qu'il devait laver, il résolut de faire réparer par des mains françaises cet acte de vandalisme commis par des mains françaises, et pour le faire avec plus de pompe, de publicité, pour en retirer plus de fruit, quand à l'effet moral dont il avait besoin, il arrêta de réédifier cette tombe dans Burgos même, où d'ailleurs les traditions placent le berceau du Cid.

Le général Thiébault se rendit, en conséquence, à Saint-Pierre, accompagné des autorités civiles de la province; il recueillit avec le plus grand soin les ossemens épars; il les fit mettre dans un linceul, et les rapporta à Burgos; puis il fit élever le tombeau du Cid, monument qui fit faire tant de vers espagnols et latins, en l'honneur du général, qui fit une si grande et si utile sensation; et qui, respecté par tous les partis et par tous les gouvernemens, forme un des trois souvenirs durables que ce général a laissés en Espagne (1).

Le placement des dernières dépouilles mortelles de ces deux personnages historiques dans les fondations du monument se fit avec solennité. Les troupes prirent les armes; les autorités ecclésiastiques, civiles et militaires, espagnoles et françaises, assistèrent à cette cérémonie; des discours furent prononcés; procès-verbal du tout fut dressé, et les cloches de la cathédrale et des autres églises de Burgos, mêlèrent leur son au bruit du canon et des musiques militaires.

Quant à la construction de ce tombeau, faite sur les dessins du colonel Vallier, alors aide-de-camp du général Thiébault, au-dessus d'un fort chassis sur pilotis et de plusieurs couches de madriers, commence un massif de pierres de taille, massif au ciment et dans le milieu duquel se trouve, indépendamment du cercueil, une caisse en chêne, garnie en poudre de charbon, et renfermant une caisse en plomb contenant, et le tout sur parchemin :

1° Le procès-verbal de cette translation, procès-verbal

(1) Le second est le rapport général et historique de l'université de Salamanque, travail qui fit nommer le général docteur de cette université, honneur que, comme étranger, il n'a partagé qu'avec M. le duc de Wellington; le troisième est une place publique, mettant le palais épiscopal de Salamanque en regard avec la cathédrale, place qui, par arrêté de la municipalité de cette ville, a été nommée : *placa Thiébault*.

dressé par le corrégidor, et signée par lui et les autres membres de la municipalité de Burgos ;

2° Un discours en espagnol, fait et prononcé par le préfet, don Blanco de Salcedo ;

3° Un discours en français, fait et prononcé par le général Thiébault ;

Outre cela, des pièces de monnaies d'or et d'argent espagnoles et françaises, ont été mises dans cette caisse.

Quatre inscriptions ont été placées sur les quatre faces de ce tombeau, savoir :

1° COTÉ NORD.

Par les soins
De son Excellence le général de division Thiébault,
Gouverneur de la Vieille-Castille,
furent recueillis et transportés ici,
avec les débris de leur tombe,
Les restes du Cid et de Chimène.

2° COTÉ SUD.

Même inscription traduite en espagnol.

3° COTÉ EST.

Quibuscumque temporibus,
populis, locis,
inclytum virorum
memoria colenda est.

4° COTÉ OUEST.

Josepho regnante.
1809.

Voici le discours du général Thiébault, le seul des deux discours renfermés dans le tombeau que nous ayons pu nous procurer :

Messieurs,

« Il n'est aucune prescription de temps, aucun choix de lieu, pour célébrer la mémoire des hommes, qui, ainsi que le Cid, appartiennent à l'histoire des nations, c'est-à-dire à l'immortalité.

» Le temps aura achevé de dévorer ces restes précieux que nous venons d'inhumer ; il aura effacé jusqu'aux traces de ce monument ; il en aura consumé les derniers vestiges, que le souvenir du Cid, toujours présent à ceux qui révèrent les héros, sera encore dans ces contrées, comme dans le reste du monde, l'objet de l'admiration publique, et l'un des exemples les plus chers aux braves.

» Malgré cela, messieurs, comment ne pas être plus fortement ému, lorsqu'au lieu même de sa naissance ; là, où ses qualités se développèrent ; sous les yeux des descendans de ses concitoyens, on rassemble et ce qui reste de ses dépouilles mortelles, et le tombeau qui en fut, qui en est encore dépositaire, et lorsqu'on marie ainsi au souvenir des faits qui ont illustré sa vie, tout ce qui de ce héros peut encore frapper nos regards.

» Quelque brillante que soit la série des faits que renferme l'histoire du Cid, je ne vous en rappellerai pas les détails, ce serait vous faire injure. Qui de vous ne les a pas lus avec avidité ? Qui de vous ne les conserve pas dans sa mémoire comme un dépôt sacré ? Qui de vous ignore, en effet, je ne dis pas le lieu de sa naissance, mais les anecdotes relatives à son éducation ; la manière dont il débuta dans la carrière des armes ; les principales actions de sa vie ; l'époque ainsi que les circonstances de sa mort ? Qui de vous n'entoure pas son nom du nom de tous les lieux marqués par ses victoires, et n'en forme pas, si je puis m'exprimer ainsi, une auréole de gloire?

» Mais si je m'abstiens de tous détails sur la vie de ce héros, je ne puis omettre de parler de celle qui, après l'honneur, fut ce qu'il eut de plus cher, et qui partagea [son ame et sa pensée.

» D'ailleurs, rappeler Chimène n'est pas sortir des faits brillans qui rappellent le Cid.

» Les héros s'ennoblissent encore par les passions qui par fois égarent les autres hommes. Tout reçoit de leur âme un caractère qui leur est propre. Aussi, commettrions-nous un sacrilége, si nous ne rappelions ici ces deux personnages illustres, dont les noms sont accouplés par l'histoire; qui se sont honorés l'un par l'autre; qui marchent ensemble à travers les siècles; qui n'ont eu qu'un tombeau, et que la mort même n'a pas séparés. Exemple touchant et de gloire et d'amour; souvenir cher et consolateur, qui nous montre la beauté couronnant la vaillance, et le héros vaincu par la beauté!... Consacrons donc, et dans les mêmes hommages, et Chimène et le Cid.

» Messieurs, des considérations qui tinrent au temps, déterminèrent Philippe V à faire construire à Saint-Pierre de Cardegna le tombeau du Cid et de Chimène; des motifs qui, je l'espère, seront de tous les temps, l'ont fait reconstruire ici.

» Tout semble, en effet, justifier cette translation, puisque par elle, ce tombeau, retiré d'un lieu inconnu aux voyageurs, et où même il a été détruit, se trouve rendu à sa ville natale, et placé sous la sauve-garde publique.

» On peut donc compter que cette translation sera approuvée par la postérité comme par les comtemporains; car, messieurs, on ne peut rien faire de relatif à un grand homme sans se traduire au tribunal de l'opinion, et sans devoir compte de ce que l'on a fait, à tous les peuples éclairés, et des temps présens et des temps à venir. »

Neuf ans après que le général Thiébault eut quitté Burgos ; alors que tous les actes commis par des Français durant la guerre de Napoléon étaient si sévèrement jugés, en Espagne le *Diario de Madrid* publia l'article suivant, qui fut traduit et répété par plusieurs des journaux de Paris....

« La marquise douairière de Villuena a obtenu du corps
» municipal de Burgos l'autorisation nécessaire pour faire
» construire, à ses frais, un jardin sur les bords de l'Arlanza
» au milieu des allées de peupliers qui embellissent cette pro-
» nade. Ce qu'il y a de remarquable en ceci, c'est que le mo-
» nument élevé à la mémoire du Cid par le lieutenant-général
» Thiébault a été conservé. C'est un hommage rendu à l'ad-
» ministration éclairée de cet officier-général, qui, pendant
» les horreurs d'une guerre cruelle, mérita l'estime des en-
» nemis qu'il avait à combattre, et laissa parmi eux un long
» souvenir de ses qualités civiles et militaires. »

A M******

L'OURS ET LA GUENON

FABLE TRADUITE D'IRIARTE.

1782.

Un ours, avec lequel un savoyard gagnait sa vie, essayait sur ses deux pieds la danse qu'il ne savait pas encore bien.

Pensant être un personnage, il dit à une guenon : « Qu'en dis-tu?.... La guenon était habile, elle répondit : « C'est très-mal !... »

» Je crois, répliqua l'ours, que tu m'es peu favorable. Comment, ma tournure n'a-t-elle pas bonne grâce ? Est-ce que je n'exécute pas la figure avec habileté ? »

Un porc qui se trouvait présent cria : « bravo ! à merveille ! un meilleur danseur ne s'est jamais vu et ne se verra jamais ! »

Voilà l'ours qui, en entendant ces louanges, fit son compte en lui-même, et avec une attitude modeste parla ainsi :

« Quand la guenon m'a désaprouvé, elle ne m'a inspiré

que du doute, mais puisque le porc me loue, il faut que je danse bien mal. »

Que tout auteur profite de cette leçon : si le sage n'approuve pas, c'est mal, si l'ignorant applaudit, c'est bien pis !

A. GENEVAY.

LE TRIBUT DE CENT VIERGES.

ROMANCE.

Le conseil des grands et des nobles était rassemblé, le noble roi don Ramire le présidait, et on y traitait de divers objet peu importans.

Quand, sans en demander la permission, entre dans la salle une fière demoiselle, au port majestueux et plein de grâce.

Elle est toute vêtue de blanc; ses blonds cheveux tombent épars sur ses épaules et sur son sein.

Tous les regards se portent sur elle; elle promène les siens sur l'assemblée, puis elle commence à parler, et tout le monde fait silence.

« Pardonne, ô Roi! dit-elle, si j'entre dans cette salle sans permission; si l'on t'y donne de mauvais conseils, je viens t'en donner un bon.

» Je ne sais si je dois t'appeler roi chrétien, et s'il ne faut pas te regarder comme un mahométan;

» Car il doit l'être, celui qui livre aux Maures les vierges par centaines. S'il n'est pas Maure, que pourrait-il être?

» Si, par cette conduite, tu veux dépeupler ton royaume,

ne vaudra-il pas mieux en finir d'une fois, et mettre tout à feu et à sang.

» Encore, si tu payais en tribut cent hommes au lieu de cent vierges, il n'y aurait qu'un moindre mal; ce serait cent ennemis de plus pour les Maures, et parmi eux.

» Mais cent vierges ! Elles cessent de l'être; et de ces cent vierges chrétiennes il naît de chacune cinq ou six enfans Maures.

» Tes hommes restent tranquilles et payent le tribut. Ils sont hommes seulement pour avoir des filles, ils sont femmes pour le reste.

» Si c'est la guerre qui t'épouvante, les filles dont tu causes le malheur viendront elles-mêmes te la faire.

» Elles vaincront sans doute, car, femmes, elles montreront le courage des hommes, alors qu'ici les hommes montrent la faiblesse des femmes. »

Elle dit : quelques-uns murmurèrent ; mais le roi attentif et persuadé, se décida à mourir ou à sauver son royaume.

Il réunit des troupes; le glorieux saint Jacques aida ses pieux efforts. Il livra bataille : il fut vainqueur.

Almanzor fut forcé de s'humilier ; et cette victoire rendit au roi chrétien sa renommée, et à la Castille sa liberté.

Traduit par **A. HUGO.**

GODOI.

De tous les favoris qui ont régné sur un peuple, Godoï est, sans contredit, un de ceux qui ont le moins mérité cette insigne faveur. Si je contemple la fortune extraordinaire des Orloff, je trouve dans ces hommes étranges quelque chose d'une sauvage grandeur, qui, à mes yeux, les explique et m'aide à pardonner à Catherine *le Grand.* Si mon regard se reporte sur d'autres bien-aimés de la fortune, placés sur la dernière marche du trône et s'y tenant debout, je vois presque toujours des intelligences ordinaires, grandies avec les circonstances, ou qui du moins ont eu un beau jour de courage, de sang-froid et quelquefois de génie. Godoï lui seul parvint sans talent, sans intrigue, régna sans vertu, et ne sut annoblir une chute, qui faillit pourtant entraîner une monarchie, ni par une noble lutte, ni par un généreux désespoir.

Toutefois, si cet homme attira sur son pays les plus grands malheurs, si despote, même au sein de la famille royale, il fut plus roi que Charles IV, par cet heureux contrecoup dans le cœur des Espagnols, sa tyrannie fit naître pour Ferdinand, prince des Asturies, cet amour vif et profond qui a sauvé la vieille monarchie d'Isabelle.

En 1760, un voyageur parcourant l'Espagne eut pu rencontrer dans les rues de Badajoz un petit enfant de six ans, plein de grâce, d'élégance, et de gentillesse, c'était don Manuel Godoï, fils de noble, mais pauvre race. Godoï passa dans la ville que nous venons de nommer la première partie de son enfance. Bientôt la misère le força à quitter le lieu de sa naissance, et, avec son frère Louis, il vint à Madrid chercher une fortune plus prospère. Il apportait dans la capitale de l'Espagne une grande envie de réussir. Au lieu d'un porte-manteau bien garni, le futur ministre portait sur son dos une guitare qui l'avait aidé plus d'une fois, pendant le trajet, à oublier que l'heure des repas venait de sonner au dernier village, que nos deux jeunes voyageurs avait traversé. Godoï et don Louis avaient tous les deux une voix belle et sonore, tous deux s'accompagnaient avec goût. Triste et pauvre ressource dans un pays où presque tout le monde sait faire vibrer les cordes d'un instrument, où toutes les voix disent avec grâce des chants pleins de sentiment ou d'originalité.

Comment nos deux jeunes aventuriers vécurent-ils à Madrid? Dans quelle rue du quartier Saint-Joseph habitèrent-ils? Nul ne le sait, et toutes nos recherches à cet égard ont été vaines. Un Espagnol, auquel nous avions écrit à ce sujet, vient de nous répondre « qu'il ne peut pas plus apprendre d'où est sorti de Godoï qu'un pauvre Égyptien n'aurait su dire d'où venaient les plaies de l'Égypte. »

Dans l'isolement où le réduisait sa misère, Godoï cultiva toujours la musique, et ce talent, qui déjà avait fait un ministre en Espagne, devait le conduire lui-même aux suprêmes honneurs de la toute-puissance.

Quoique doué d'une taille élégante, mais peut-être un peu trop large d'épaules, Manuel était loin de soupçonner que l'heure de sa fortune arrivait. En effet, introduits dans quelques sociétés où ils étaient bien reçus à cause de leurs belles voix, les deux frères trouvèrent des protecteurs assez influens pour les faire entrer dans la compagnie espagnole des gardes-du-corps.

C'était un premier pas fort honorable, sans aucun doute, mais qui changeait peu la déplorable misère de nos deux jeunes gens. Ils ne touchaient qu'environ cinquante sous de paie par jour, somme bien minime, surtout lorsqu'il faut se vêtir avec un certain luxe. Aussi les frères Godoï se chargeaient-ils, moyennant une certaine rétribution, des corvées de leurs camarades. Manuel, du reste, avait été assez heureux pour trouver un bonhomme de traiteur qui avait consenti à le nourrir à crédit; tandis que don Louis avec son bel uniforme était parvenu à captiver le cœur d'une femme de chambre de la reine. Enthousiasmée de la voix de son bien-aimé, elle en parla à sa maîtresse, qui voulut l'entendre. On dit que don Louis, après avoir satisfait aux désirs de l'épouse de Charles IV, cita son frère comme un musicien accompli. C'est ainsi que la plupart des Espagnols expliquent la présentation de Manuel à la reine ; d'autres disent tout simplement que l'ayant entendu chanter par hasard, elle voulut le voir.

Vous souvient-il de la peinture que Machiavel fait des grands de son temps : « Trouver une belle fraude, mettre dans ses paroles et dans ses actions de l'argutie et de la ruse, se couvrir de vêtemens d'or et de soie, manger et dormir magnifiquement, faire la débauche dans son palais, jouer avec fierté le rôle d'esclave, » voilà ce que l'auteur *du Prince* dit des puissans de l'Italie, voilà ce que chaque Espagnol eût pu dire de Louise d'Espagne lorsqu'elle se fut jetée dans les bras du garde-du-corps. Charles IV, imbécile monarque, qui passait toutes ses journées ou à la chasse ou à régler des pendules et des montres, adopta l'amant de sa femme, et le pauvre chanteur de Badajoz devint major des gardes et conseiller d'état.

Nulle instruction, nul service ne pouvaient excuser cette

haute faveur. L'ignorance du futur ministre était aussi complète que possible ; mais comme il se trouvait heureusement doué d'une mémoire merveilleuse, la reine, femme de beaucoup d'esprit, l'eut bientôt rendu capable de raisonner superficiellement au conseil d'état, où il fut un des principaux instigateurs de la guerre contre la république française.

Dans le conseil où cette grave résolution fut prise, le vieux comte d'Aranda soutint avec raison la cause de la paix et d'une sage et honorable neutralité ; sa voix ne fut pas écoutée, et le favori de la reine, ayant parlé au ministre sur un ton un peu léger, celui-ci lui répondit avec une noble franchise qui déplut beaucoup au roi. Au sortir de cette orageuse séance, le comte se retira dans ses propriétés en Aragon, et remit son portefeuille, qui passa au bout de quelque temps dans les mains de Godoï, devenu duc d'Alcudia.

Quelques succès, remportés de prime abord sur les troupes de la république, prêtèrent un lustre éphémère au règne du favori ; mais bientôt les revers se succédèrent avec une effrayante rapidité : Tolosa en Biscaye, Figuières, Roses en Catalogne, prises par les Français, La Union tué, l'armée espagnole démoralisée, forcèrent le duc d'Alcudia à traiter de la paix, qui fut signée à Bâle en 1795. Charles IV, considérant cette paix comme heureuse, et due au talent de *Manuelito*, ainsi qu'il nommait familièrement son bienaimé, le créa grand d'Espagne de première classe, chevalier de la toison d'or, et lui fit donation d'un domaine de la couronne dont le revenu s'élevait à 60,000 piastres.

La maison du prince devint le rendez-vous de la noblesse d'Espagne, s'inclinant presque tout entière devant l'astre levant. Le prince héréditaire de Parme, qui était à Madrid pour contracter un mariage avec l'infante Marie-Louise, eut le triste courage, pour se concilier la protection du favori, de tenir l'étrier de son cheval.

Ferdinand, prince héréditaire, fut traité par Manuel avec

une incroyable légèreté. En voyant cette conduite, qui ne se prend de pitié pour ces royautés qui se déshonorent à plaisir, et veulent ensuite que le peuple les respecte !

La fortune avait rendu Godoï insolent dans son air, fat dans sa mise, libertin et obscène. Il accordait une grâce ou une place à une famille en lui arrachant l'honneur de ses filles, et cela quand tout le monde disait hautement de lui : « C'est l'amant de la reine ! »

Mais l'amour de ces deux êtres était chose étrange et horrible. Chaque nuit l'infante de Parme, la Messaline d'Espagne, allait furtivement s'introduire dans la couche d'un nouvel amant qu'elle méconnaissait le lendemain, et chaque jour le favori choisissait une nouvelle victime parmi les femmes et les filles qui sollicitaient dans son anti-chambre. La reine le savait et ne se plaignait pas.

Un vieillard s'était présenté plusieurs fois au palais du prince de la Paix, dans la rue d'Alcala, sans pouvoir attirer les yeux du distributeur de grâces. Le solliciteur, las de tant de vaines démarches, se fit accompagner de sa fille Joséphine. En la voyant, Godoï, épris de la beauté de mademoiselle Tudo, la fit entrer dans son cabinet. Le soir M. Tudo se trouvait nommé gouverneur de la maison royale du Retiro.

Plus heureuse que sage, Joséphine parvint à se faire aimer du prince qui l'épousa secrètement, d'après toutes les formes prescrites en Espagne. Godoï n'abandonna ni ses habitudes de débauche, ni son intimité avec la reine, tremblante devant lui. Le clergé espagnol adula d'abord avec bassesse un homme qui aurait dû être le but des attaques de la religion exerçant le sacerdoce de la morale. Dans ses antichambres se rencontraient tous les grands dignitaires de l'église, et l'un d'eux, l'archevêque de Tolède, attendant, avec une patience évangélique, que le prince voulût bien le recevoir, ouvrit la porte du cabinet particulier de son excellence à des comédiennes de bas étage qu'il voulait voir. Cette bonne intelligence dura peu, et Godoï, ayant dans une circonstance solennelle répondu avec une amère dérision au légat du pape, vit les prêtres fomenter un (alboroto) mouvement populaire, dont Manuel se vengea en forçant le Saint-Office à ouvrir tous ses cachots et en faisant brûler toutes les procédures commencées. Mesures prises dans un jour de colère, qui ne furent inspirée ni par l'humanité, ni par la politique.

Ne pouvant vaincre certaines résistances du roi au sujet du Portugal, Godoï quitta le ministère qu'il fit confier à Savedra, puis à Urquijo, enfin à Cavallos, son parent. Mais l'influence de Manuelito, au lieu de diminuer, ne fit que s'accroître, et à l'instigation de la reine, Charles IV résolut d'allier le prince de la Paix à sa propre famille en lui faisant épouser la charmante fille de don Louis, oncle du roi.

Entre nobles, au-delà des Pyrénées, la première pièce d'un mariage est la généalogie des deux parties contractantes ; un généalogiste complaisant fit descendre le petit Hidaljo de l'Estramadure de feu l'empereur Montezuma.

L'alliance de Godoï avec Joséphine Tudo était connue de toute l'Espagne, aussi les cardinaux Despuig et Lorezana refusèrent-ils de bénir la nouvelle union, sacrilége devant Dieu comme devant les hommes. Les deux prélats reçurent pour récompense de leurs généreux courage des ordres d'exil. Le patriarche des Indes n'eut pas la fermeté des cardinaux, et il unit dans la chapelle du palais le prince Godoï, descendant de Montezuma, à la fille de don Louis. Dans cette auguste cérémonie, Charles IV joua le rôle le plus pitoyable, il servit de parain à l'amant de sa femme.

Parvenu à ce degré de fortune, l'insolence de Manuel n'eut plus de borne ; on le voyait arriver au théâtre de *los canos del peral* suivi des Medina Cœli, des Medina Sidonia, du duc d'Albe, qu'il ne semblait pas daigner regarder. Il entrait dans sa loge, et ne s'asseyait que lorsque la Tudo entrait dans la sienne; alors, sans ouvrir son manteau (1) (embozado), il s'inclinait faiblement pour saluer la foule de valets courtisans qui se prosternaient devant lui, et d'un signe de tête il ordonnait aux acteurs de continuer la pièce qui avait été interrompue par l'entrée du favori.

Napoléon, qui voulait punir le Portugal de sa constante amitié avec la Grande-Bretagne, envoya Lucien en Espagne avec l'ordre de gagner le maire du palais de l'Escurial. Fort de l'appui que lui offrait la France, Godoï se fit nommer généralissime et *consultador-général*.

Après le triomphe de Hohenlinden, le premier consul insista plus vivement auprès de la cour de Madrid pour l'engager à seconder ses projets sur le Portugal; Bonaparte fit entrevoir à l'ambitieux favori qu'il lui laisserait toute la gloire et peut-être tout le profit d'une conquête. Uni par les liens du sang à la maison régnante en Portugal, Charles IV répugnait à attaquer un état à la couronne duquel il prétendait toujours malgré la résolution qui avait posé le diadème sur le front du duc de Bragance. Sans s'inquiéter des incertitudes du monarque espagnol, le 26 décembre 1800, des troupes françaises se trouvèrent réunies au pied des Pyrénées, et le Portugal n'ayant pas voulu acquiescer aux volontés de Bonaparte, il fut arrêté entre Godoï et la France « que S. M. C. et la république française formeraient une armée combinée pour obliger le Portugal à se détacher de son alliance avec l'Angleterre, et à céder, jusqu'à la paix définitive, aux troupes françaises et espagnoles, le quart de son territoire.

Après la signature de ce pacte, le corps d'observation de la Gironde fut considérablement renforcé, et dut se tenir prêt à marcher. Pendant ce temps, Godoï réunissait quarante mille soldats, dont il offrait le commandement à

---

(1) La politesse la plus commune veut en Espagne qu'on laisse tomber le pan de son manteau dès que l'on salue quelqu'un.

Urrutia, qui ayant refusé, se trouva exilé en Biscaye, où il mourut. Alors le prince de la Paix se mit à la tête de ce corps d'armée.

Tourmenté d'amour-propre, et craignant de ne jouer qu'un rôle secondaire après l'arrivée des troupes françaises et de Gouvion-Saint-Cyr, Manuel résolut de vaincre sans l'aide de son puissant auxiliaire. Il est impossible de voir dans la conduite du généralissime autre chose que l'amour-propre d'un parvenu, qui ne savait garder nulle prudence, et ne connaissait pas l'homme auquel il avait à faire; car il y avait folie de sa part à agir sans les ordres de Bonaparte.

Le 27 février 1801, Godoï publia le manifeste de l'Espagne contre le Portugal. Cette pièce, dictée par Manuel au faible et malheureux Charles IV, effraya peu la cour de Portugal. Cependant les préparatifs de guerre forcèrent le cabinet de Lisbonne à prendre les précautions que nécessitait le péril. Elle répondit à Godoï par une proclamation énergique et éloquente. « Portugais, disait le prince de Brésil le 26 avril, » quiconque a fait ce qu'il a dû n'a rien à craindre... Une na- » tion qui sut résister aux Romains, faire la conquête de » l'Asie, découvrir la route des mers, briser une tyrannie » étrangère, maintenir son indépendance courageusement » reconquise; cette nation doit rajeunir tous les souvenirs de » son histoire. »

C'était là sans doute un noble langage, mais rien ne soutint ces magnifiques paroles, auxquels il ne manqua pour devenir héroïques que le génie d'un grand homme, qui eût su rendre la guerre nationale.

Godoï vint prendre le commandement des troupes espagnoles réunies à Badajoz, traînant après lui une partie de cette noblesse de l'Espagne, jadis si haute et si puissante. La frontière de Portugal fut franchie, et dès-lors chaque jour Manuel envoyait à la cour des bulletins où il singeait, avec un orgueil plein de ridicule, les récits que faisait Bonaparte le lendemain d'une victoire qui livrait à son empire ou l'Italie ou l'Allemagne. Ayant pénétré sans coup férir dans la petite ville d'Arronches, il se hâta d'écrire à Charles IV que la nation portugaise tremblait et fuyait devant ses armes. La fortune et l'incapacité de ses adversaires lui livrèrent, presque sans combat, Elvas, Campo-Mayor, Olivença, Jurumenha, et, le 5 juin, l'armée espagnole se trouva aux portes d'Abrantès.

Les soldats français avaient traversé la Bidassoa, et s'avançaient à marches forcées sur le Portugal. Le prince régent de Brésil se hâta de traiter avec l'Espagne, espérant éloigner ainsi l'orage qui s'approchait. Louis Pinto de Souza vint demander à Godoï une trêve que le héros éphémère lui accorda.

Voulant annoncer cette nouvelle à sa royale maîtresse, il lui envoya une branche d'oranger toute couverte de ses fruits, mûrs dans cette saison en Portugal. Joséphine Tudo reçut un pareil présent. Manuel, fatigué de la gloire, signa la paix avec le Portugal, qui concéda à l'Espagne Olivença et son territoire situé sur la rive gauche de la Guadrana. Ce traité fut conclu le 6 juin à Badajoz, où l'imprudent ministre, voulant obtenir tous les honneurs du triomphe, avait fait venir le roi et la reine.

Dans une lettre que l'imbécillité de Charles IV ainsi que l'insolente vanité du favori rendirent publique, Godoï écrivait au roi :

« C'est pour moi un plaisir extrême et une joie singulière que de présenter à votre majesté le laurier et l'olivier qui ont couronné les armes dont j'ai été le moteur. Mon cœur est pénétré d'un doux plaisir, *en considérant que, dans cette occasion, la fortune me présente aux yeux de votre majesté comme digne, par les moyens qui sont en mon pouvoir, des grâces singulières dont elle a honoré ma loyauté.* »

Que dire de Charles qui semble fier de ce que son *Manuelito* voulait bien lui écrire d'aussi belles paroles !

« L'Espagne indignée, dit Bignon, vit alors le favori à la tête des troupes, conduisant la reine en triomphe; et cette princesse, Bellonne quinquagénaire, portée par des soldats sur un palanquin que suivait le roi, son époux.

Dans cette ovation scandaleuse, Godoï triomphait bien moins du Portugal que de l'Espagne et de ses maîtres. »

Cette campagne valut à Godoï une augmentation de revenu de 100,000 piastres, une garde d'honneur attachée à sa personne; à l'entrée de la campagne, il avait été nommé grand' croix de l'ordre de Charles III et de celui de Malte.

Au milieu du cours de ses prospérités, Manuel reçut un affront qui dut être sensible à sa vanité : *son bon ami*, le premier consul, refusa net de ratifier le traité de Badajoz, et les troupes françaises, qui continuèrent leur mouvement en avant, se réunirent sous les murs d'Almeida. Le général Leclerc, ayant remplacé Gouvion-Saint-Cyr, allait même descendre dans la vallée du Tage, dont M. Bory Saint-Vincent a fait une peinture si fidèle, lorsque Manuel parvint à faire signer au Portugal le traité de Madrid (29 septembre 1801).

Nous avons dit que Godoï n'éprouvait pour la reine aucun sentiment de jalousie; mais s'il tenait peu au cœur de son imprudente bienfaitrice, il ne voulait pas qu'un autre que lui demeurât long-temps dans les bonnes grâces de l'épouse de Charles IV. A cette époque, il y avait dans les gardes-du-corps un jeune homme à joli visage, à la tournure élégante, à la parole dorée. Mallo, c'était le nom de ce jeune homme, avait été remarqué par la reine, elle commençait déjà même à s'attacher à lui; peut-être par le besoin d'opposer un rival au prince de la Paix, lorsque celui-ci s'en aperçut. Sans pudeur pour les cheveux blancs de son maître, oubliant le respect qu'il lui devait, l'audacieux favori osa, devant le roi qui ne se plaignit pas, déclarer à la reine, en termes peu voilés, qu'il n'était pas homme à souffrir une infidélité sérieuse. La reine baissa les yeux ; et Mallo fut exilé comme tant d'autres l'avaient été avant lui.

Puisse cet exemple de la maison d'Espagne servir dans l'avenir! Mais l'histoire est remplie de semblables faits, et personne n'y trouve des leçons. Le passé, pour les générations nouvelles, royales, patriciennes et plébéiennes, est presque toujours comme s'il n'avait jamais été : le monde ne vieillit ni en âge, ni en sagesse.

L'Espagne se trouvait ruinée. Les emprunts s'étaient succédés avec une telle rapidité, que l'abîme de la dette se trouvait sans fond; l'avarice, l'impéritie et le luxe de Godoi avait tout dévoré.

L'Espagne put cependant espérer de renaître après le traité d'Amiens ; mais quel est l'état qui est capable de vivre quand une cour livrée à un favori dévore ce qui devrait être employé à encourager le commerce, l'agriculture et l'industrie. Aussi, bien loin de s'être améliorée, la position des royaumes espagnols n'avait fait qu'empirer, lorsque, le 17 mai 1803, la Grande-Bretagne rompit la paix, en ordonnant un *embargo* général sur les bâtimens français et bataves.

A cette époque, l'Espagne ne possédait qu'une armée effective de 70,000 hommes; mais par une compensation désespérante pour le trésor de Castille, le nombre des officiers-généraux s'élevait à cinq cents trente-six! C'est-à-dire que l'argent qui avait dû servir à tenir sur pied une armée respectable était employé à récompenser les favoris du prince de la Paix.

En vertu du traité d'alliance offensive et défensive, conclu en 1796, l'Espagne devait fournir à la république un contingent qui fut converti, sur la demande du ministre des affaires étrangères Cevallos, en un subside dont il reste à déterminer la quotité.

Godoï chercha alors à leurer Bonaparte et son ambassadeur Beurnonville. Le favori agissait sous la triple influence des envoyés de l'Angleterre, de la Russie et de l'Autriche. MM. Freyre, Elz et Moravef; mais le premier consul savait trop le prix du temps pour souffrir les hésitations diplomatiques de Manuel. Il envoya à Madrid, à notre ambassadeur, une lettre qui devait être remise à Charles IV, si le traité des subsides ne se trouvait pas conclu dans le plus bref délai possible.

Bonaparte écrivait que le sang des Berwick et des Vandôme coulait toujours dans les veines françaises, et que les descendans de ceux qui avaient placé les Bourbons sur le trône de Madrid sauraient bien retourner en Espagne « pour en expulser un homme qui avait vendu la France à Badajoz, un favori parvenu par la plus criminelle de toutes les voies à un degré de faveur inouï dans les fastes de l'Europe moderne! »

Dès que Godoï eut connaissance de cette lettre, écrite par une main qui semblait alors être celle du Dieu de la victoire, il signa tout aveuglément, et, pour se sauver, ne craignant pas de ruiner l'Espagne, il accorda à la France un subside annuel de 76,000,000 de francs.

Madrid garda donc sa neutralité moyennant ces énormes sacrifices, et Godoï put jouir de sa fortune avec un faste dans lequel il était facile de reconnaître un grand fond d'avarice. La soumission du roi et de la reine était complète, et, même à la cour, c'était le prince de la Paix qui régnait. Nulle parole n'était bien dite si Manuelito ne l'avait approuvée. Il faisait les jours heureux ou néfastes, selon son bon plaisir.

Le peuple espagnol commençait à avoir pour Charles IV cette pitié noble et généreuse que l'on a pour la faiblesse.

S'il m'est permis de faire un rapprochement historique, je trouve que l'on aurait pu comparer le roi d'Espagne à Charles sixième de France, que le peuple aima bien. Car si ce dernier avait perdu la raison, l'autre ne faisait plus usage de la sienne. Alors, comme jadis en France, quand une grande calamité frappait une partie du royaume de Philippe II, les Espagnols disaient : « Ah! si le roi le savait! » Pour achever la comparaison, à côté du roi de France devenu *fol*, se trouvait Isabeau; à côté de Charles IV vivait Marie-Louise, aussi débauchée que la belle princesse de Bavière, que la maîtresse de d'Orléans et de Bois-Bourdon.

L'Espagne se trouvait comparativement plus malheureuse que Paris ne l'était alors; car dans la France, s'agitant sous les poignards de la guerre civile, on sent un corps robuste et capable de vivre encore; tandis que l'Espagne semblait saisie de ce sommeil fatal qui dure jusqu'au tombeau... Tout à coup un cri s'échappe de toutes les poitrines, la nation espagnole se lève comme le Lazare touché par une main divine. L'Angleterre, se jouant du droit des gens, venait de soulever une des passions les plus ardentes des peuples du Midi, la vengeance.

Trois frégates, chargées de 3,200,000 piastres, avaient été capturées par une flotte britannique. La conduite de l'amiral espagnol fut admirable : quoique commandant à des vaisseaux embarrassés par un précieux chargement, et non préparés pour le combat, il résista avec furie et ne céda que lorsqu'une frégate eût sauté. Le capitaine Moore eut le triste honneur de cette victoire.

Tous les ports de l'Espagne retentirent des plus affreuses vociférations contre les Anglais (los hereticos). Godoï, obéissant à la loi nationale, se hâta d'annoncer à Napoléon qu'il était prêt à joindre les forces navales de Charles IV aux flottes de France et de Hollande.

Le moderne Charlemagne put espérer alors de remporter sur l'Angleterre une victoire qui aurait frayé à ses aigles le chemin de Londres; mais cette espérance dura peu, et il achevait de terrasser l'Allemagne lorsqu'il apprit l'affreux événement de Trafalgar, où la marine espagnole lutta avec courage et ne tomba pas sans gloire.

Dans un moment de colère, Madrid, applaudissant aux projets de vengeance de Godoï, avait payé sans trop se plaindre les nouvelles contributions exigées pour la guerre; mais lorsqu'on apprit le désastre de Trafalgar, l'enthousiasme se calma, et la nation se prononça avec colère contre le favori abandonné de Dieu, c'est-à-dire de la fortune.

Toutefois, l'empereur dut penser que le malheur enchaînait complétement et sans retour l'Espagne à son char victorieux, et il demanda au prince de la Paix quel était le nombre des troupes de Charles IV. Excité par le sentiment national qui se manifestait autour de lui, Godoï répondit à la demande par une proclamation menaçante, dans laquelle il engageait les Espagnols à se tenir en garde contre un ennemi redoutable, que pourtant le ministre n'osa nommer. Dès qu'il sut cette folie, Napoléon demanda à Manuel de qui il voulait parler. Comme le souverain français faisait cette question le lendemain d'une victoire, Godoï troublé, se hâta de répondre qu'il avait parlé de l'empereur de Maroc. Napoléon, feignant le bonhomme, parut satisfait de cette réponse ; mais ayant annoncé que, comme il défendait les peuples du midi de l'Europe contre le nord, toutes les nations du sud devaient lui prêter un appui intéressé, il obtint de l'Espagne un contingent de seize mille soldats qu'il envoya au nord de l'Empire. Ce traité révolta la nation espagnole; elle demandait à ses souvenirs son antique gloire et depuis quand la France commandait si impérieusement à la vieille nation de Pélage.

La position de Manuel devenait embarrassante ; une circonstance l'aggrava encore. La princesse des Asturies, l'épouse du prince héréditaire, Marie-Antoinette de Naples, mourut sans enfans. Un affreux soupçon s'éleva contre le favori, accusé de vouloir régner en faisant déshériter Ferdinand ; au même moment, en mai 1806, Charles IV tomba malade. Le peuple effrayé dit hautement que le roi était victime de son favori, qui avait résolu aussi de faire mourir le prince royal. Celui-ci, épouvanté par la mort de son épouse, passa quelques jours ne mangeant, par crainte du poison, que des œufs durs dont il rompait lui-même la coque. Toutefois, émus par la terreur du prince, terreur que nous croyons imaginaire, et par la misère du pays, de loyaux Espagnols pressèrent Ferdinand d'agir. Les conjurés paraissaient même l'avoir décidé à prendre une grande résolution, lorsque Charles IV revint à la santé.

Godoï, qui savait le péril dont il avait été menacé, forma le projet de détourner l'orage pour l'avenir, en unissant le prince royal à sa belle-sœur Marie-Louise de Bourbon. Ferdinand, noblement conseillé, repoussa une pareille alliance, et acheva de conquérir l'estime de l'Espagne. Mais privé de l'amour de son père, exécré par sa mère, mortellement brouillé avec le favori, le roi dut chercher hors de l'Espagne un appui capable de le soutenir, et après avoir sondé les dispositions de l'ambassadeur français à Madrid, il écrivit à *l'homme du siècle*, comme il appelait Napoléon, pour lui demander la main d'une de ces nièces. Cette démarche, faite secrètement, déplut à l'empereur, qui ne répondit pas à Ferdinand.

Godoï, ayant tout appris, voulut mettre fin à la résistance du premier obstacle que son ambition rencontrait, et un instant, du moins telle est notre pensée, il crut qu'après une crise violente il pourrait s'asseoir sur le trône de ses maîtres.

Il se servit d'un moyen infernal pour perdre Ferdinand ; il adressa à Charles IV une lettre anonyme qui dénonçait au monarque une conspiration tramée par son fils pour lui arracher la couronne.

Je l'ai dit, Charles était un homme faible ; il courut révéler ses craintes, sa douleur à Manuelito ; celui-ci le consola, nia le fait, et, feignant de vouloir prouver l'innocence de l'accusé, il conseilla au monarque de se transporter sur-le-champ dans le cabinet du prince des Asturies pour se saisir de ses papiers, qui ne manqueraient pas de prouver son innocence. Comme toujours le roi obéit à Manuelito; tout ce que contenait le secrétaire de Ferdinand fut remis par Charles à son ministre de la justice, le marquis de Caballero, homme de bien et ennemi déclaré de Godoï, qui n'avait pu l'arracher au poste qu'il occupait avec honneur.

Le 29 octobre 1808, le roi réunit ses ministres et le président du conseil de Castille. Le prince comparut devant cette assemblée redoutable, où siégeait Godoï. Interrogé sur les lettres en chiffres saisies chez lui, Ferdinand n'osa dire la vérité; alors Charles, revêtissant la majesté paternelle, se leva, et d'un geste impérieux, ordonna au prince de le suivre. Escorté d'une nombreuse suite, le monarque conduisit son fils dans ses appartemens, où, après lui avoir demandé son épée, il le déclara prisonnier d'état.

Tous les serviteurs du prince furent arrêtés, et le lendemain, le roi dénonça au peuple le prince des Asturies comme traître et rebelle, annonça que justice serait faite, et que l'audacieux comparaîtrait devant les onze membres du conseil de Castille. Pauvre roi et malheureux père, qu'un ambitieux poussait à jouer le rôle de Philippe II ! Madrid aurait laissé exécuter la sanglante tragédie, si Manuel, satisfait d'avoir humilié le prince, et d'ailleurs peu cruel par nature, n'avait joué le rôle de médiateur et rapproché le père du fils, à condition que ce dernier, se déclarant coupable, demanderait pardon à son père et à sa mère. Le prince souscrivit à ces conditions et les exécuta; ses amis partirent pour l'exil, et son précepteur, le moine Esqoiquiz, fut enfermé dans un couvent.

Godoï, quoique victorieux, fut effrayé par l'inimitié du prince; il sollicita de la France l'exécution du traité du 27 octobre 1807, par lequel l'empereur lui concédait *en sou-*

veraineté les provinces portugaises des Algarves et de l'Alentejo. Napoléon répondit au prince en lui ordonnant de ne pas faire, dans le récit du procès de Ferdinand, mention de la conduite qu'avait tenue notre ambassadeur; Godoï, terrifié par cette lettre impérieuse qui lui annonçait qu'il était sur le point de perdre son dernier appui, à l'instant même où il avait soulevé tant de haine, obéit avec la servilité de la peur. Alors suivant le premier conseil de son âme effrayée, et craignant d'avoir agi, en s'opposant au mariage de Ferdinand, d'une manière contraire aux intérêts de la France, il engagea Charles IV à écrire à l'empereur, qui se trouvait à Milan, et à lui demander une de ses nièces pour son fils. Napoléon répondit qu'il consentait à cette union. Cette réponse cachait la véritable pensée du conquérant, qui avait résolu d'établir encore un de ses frères et de lui donner une part de l'Europe.

Godoï se réjouissait déjà d'avoir reconquis l'amitié de l'empereur lorsqu'il apprend que quatre des places principales de l'Espagne sont saisies par les armées françaises; il voit les négociateurs français se tenir dans une soudaine réserve, ne plus parler du traité de Fontainebleau, du futur royaume destiné au favori; tandis que d'autres diplomates, en apparence plus francs, lui conseillent d'engager le roi à abandonner l'Espagne et à se retirer en Amérique. Alors Godoï aperçoit enfin l'abîme; il se décide, comme les hommes faibles, non point à chercher une mort glorieuse, capable de faire oublier une vie mal employée, mais à fuir le péril et à chercher à entraîner le roi dans cette résolution extrême. Alors les émissaires de Manuel disent à plaisir au peuple que jamais Charles IV ne quittera l'Espagne et qu'il se retira à Séville. Inutile subterfuge, il est des jours de révélation et de lumière, où il n'est pas plus possible de tromper le peuple que de tromper Dieu!

Les Castillans savent enfin ce que c'est que Godoï le chanteur, que Godoï, l'amant de la reine, que Godoï le futur souverain des Algarves et de l'Alentejo! Un ambitieux sans vertu, un de ces lâches pilotes qui abandonne le gouvernail au milieu de la tempête!...

Fort de l'appui d'une population tout en émoi, et grondante comme l'Océan lorsque le vent du large le soulève et brise ses grandes vagues sur les côtes de la Biscaye, Ferdinand vient la tête haute dans le palais, et en sortant de la salle du conseil il dit aux gentilshommes de service : « Messieurs, nous sommes perdus! trompé par Godoï, mon père nous emmène en Amérique! »

Cette parole est répétée au peuple d'Aranjuez, qui entoure le palais; des cris menaçans s'élèvent; mais le roi parvint à apaiser la sédition par une proclamation remplie de paroles trompeuses. La faiblesse ment toujours.

L'arrivée de quelques troupes appelées par Godoï renouvellent l'inquiétude générale. Le 18 mars à minuit, deux coups de fusil, tirés par des mains inconnues donnent le signal à la foule inquiète, surveillant toutes les issues du palais. Les cris *muera el traidor* s'élèvent de toutes parts; la foule, avec une clameur effroyable, se précipite sur le palais du favori, égorge ses gardes et inonde ses appartemens splendides.

Il faut avoir vu le peuple furieux pour se faire une idée de la scène qui se passa alors. Chaque homme, semblable à un tigre, pousse des rugissemens et cherche avec une affreuse sagacité l'objet de sa fureur; ne le trouvant pas, la multitude précipite par les fenêtres meubles, glaces, tentures de soie et de velours; la plupart de ces objets se brisent en tombant dans les cours; et réunissant en bûcher tous ces opulens débris, le peuple y met le feu en poussant des acclamations de joie et de vengeance.

Le brâsier est prêt à s'éteindre; pour le rallumer on va chercher les magnifiques voitures du favori, on détache des murailles les boiseries merveilleuses qui les recouvrent, et à mesure que la flamme grandit de nouveau, les clameurs de la multitude recommencent. *Muera el traidor! muera!* est le cri du peuple; car le peuple sait qu'il n'y a pas de plus grand crime que de trahir son pays.

A chaque instant on craignait que les furieux ne se jetassent sur le palais du roi, où la reine en pleurs jurait que le lendemain, pour satisfaire l'Espagne, Godoï serait relevé de tous ses commandemens. Ce décret fut en effet publié à sept heures du matin.

La journée du 18, la nuit du 19 se passèrent sans tumulte; mais le lendemain, Godoï, mourant de faim dans l'asile où il s'était réfugié, voulut en sortir. Il fut aperçu par ceux qui, comme des chacals, surveillent les ruines du palais dévasté. Une scène horrible eut lieu : Godoï fut blessé et ne parvint à être sauvé que par son ennemi mortel, Ferdinand, que les insurgés accueillirent avec des cris de joie.

Charles IV abdiqua en faveur de son fils, et le prince de la Paix fut remis au marquis de Castellar, qui le conduisit prisonnier au château de Villa Viciosa, d'où Murat le fit sortir pour l'envoyer à Bayonne rejoindre Charles IV qui le reçut comme un enfant bien-aimé. La reine, mère cruelle et femme toujours folle, malgré l'âge et le malheur, se plaisait à faire revêtir à son amant des costumes militaires, que l'embonpoint du prince semblait lui interdire. Aux yeux de la cour, il avait toujours paru sans vertu; elle le rendit encore ridicule. Après avoir eu plusieurs entretrevues avec Napoléon, après avoir excité Charles IV à déshériter son fils, il partit avec le vieux roi pour la captivité de Compiègne.

Ici s'arrête notre tâche; devenu homme privé, Godoï, qui vit encore, n'appartient plus à l'inflexible histoire!

A. GENEVAY.

A VÉNUS.

Ode traduite de Francisco Manoël (1).

Tendre Vénus, si j'ai voué à ton culte une âme étreinte en des chaînes que rien ne peut briser, si j'ai répandu sur tes autels des larmes d'amour, des larmes du cœur ;

Adorateur fervent, si j'ai fait retentir les voûtes de ton temple d'hymnes supplians qui s'envolaient vers toi sur des nuages de parfums exquis ;

Si jadis, divinité bienveillante, tu descendis sur la terre pour enivrer tes serviteurs zélés de ton sourire magique, de tes baisers divins, de tes baisers à l'ineffable saveur ;

Souviens-toi du blond fils de Cynire, lorsque pour le suivre tu parcourais les bois, et que tu frémissais en le voyant brandir l'épieu.

Parle, ô Simoïs! parlez, sensibles ormeaux qui enlaciez vos branches recourbées pour protéger les embrassemens voluptueux du trop heureux Anchise!

(1) Né à Lisbonne le 23 décembre 1754, mort à Versailles en 1821.

Pâris en extase te vit nue sur le Mont Ida ; Anacréon posséda cette colombe harmonieuse, messagère fidèle, que tu lui donnas pour prix d'un hymne !

Et moi, ton vieil adorateur, moi qui me prosternai devant ta froide image, moi qui lui demandai ton doux parler, ta démarche légère, tes yeux de feu ;

Moi qui ouvris mon sein aux traits de ton fils, moi qui voudrais épuiser son carquois ; moi qui ai consacré à toi et à tes nymphes toutes les cordes de ma lyre d'or ;

Pourquoi ne te demanderais-je pas que tu te montres à moi telle que tu brilles à Paphos, quand, parée de ta ceinture puissante, tu vois autour de toi sourire les grâces nues ?

Mais suis-je digne de cette faveur ?... Je doublerai les offrandes, je t'adresserai des prières nouvelles et ferventes, j'inscrirai mes sermens sur les murailles immortelles de ton temple ;

Je m'agenouillerai humblement devant toi ; je te fléchirai, ô déesse ; ce fut en te priant ainsi que le statuaire rebelle à ton culte

Mérita que ta divinité oubliât ses dédains sacriléges, et donnât la vie à sa froide statue !.. Déjà le marbre s'anime, et les veines bleues se révèlent sous la peau ;

Déjà les lèvres deviennent vermeilles, les yeux étincellent ; déjà le bras courbé s'étend ; la langue s'agite ; la voix éclate ! la vie est partout !

Insensé que je suis !... Ce trait enflammé dont tu m'as blessé le cœur, tu le trempes, cruel amour, dans les larmes des amans en délire !

O déesse, je me contente de te supplier.... et vous, Muses, venez me secourir, et qu'avec vous accourt près de moi le divin Apollon avec sa voix mélodieuse,

Cette voix qui résonna si douce sur les rives de l'Amphryse, qui appaisa la vengeance de Jupiter, et obtint le terme d'un long exil.

C'est cette voix que j'appelle, et s'il en est une plus douce encore ; c'est cette voix-là que j'appellerai ! C'est avec cette voix que je supplierai, que je toucherai Vénus, que je la rendrai propice à mes vœux !

Vénus! Vénus! ô déesse de l'amour, source éternelle de la tendre pitié, reine des bois fleuris, reine des forêts sombres,

Descends à mes yeux des nuages de l'Olympe, que ta divine présence me rende heureux ; viens élever au rang des dieux ton ardent et fidèle adorateur !

Ne crains pas le sourire moqueur des dieux jaloux; ou si tu le crains, emprunte les traits d'Anarda, d'Anarda que l'univers a prise souvent pour toi.

Elle a comme toi cette chevelure aux moëlleuse tresses d'or que tant de fois Adonis, au milieu des verts ombrages, dégagea de l'herbe humide et des débris des fleurs.

Ses yeux, comme les tiens, dardent le feu de la volupté, portent le trouble dans l'âme ; de sa bouche tombent des chaînes semblables aux chaînes dont tu nous lies.

Fais que je puisse en une douce illusion savourer le sourire de ses lèvres, et poser mon front brûlant sur les roses pudiques de son visage.

Fais que mes bras amoureux enlacent son cou d'ivoire, et ces deux globes mobiles que personne n'a touchés.

Mais quel étrange bruit dans le temple!... Quel charme dans tous mes sens!... Les autels se couvrent d'un nuage de parfums ; la flamme sacrée devient plus éclatante !

Les airs se remplissent de présages heureux ! les cieux se débarrassent des sombres nuées ; le soleil embrâse l'horison resplendissant de ses rayons de pourpre et d'or.

Les prés se décorent d'un émail sans pareil, un nouveau tapis d'émeraudes se répand sur les campagnes, et les arbres se parent de nouvelles fleurs et de nouvelles feuilles !

Qu'entends-je ! La porte à deux battans du haut **Olympe** roule sur ses gonds étincelans ! Je vois les colonnes de diamans et les trônes d'escarboucles.

Les dieux assis, le visage radieux, écoutent avec délice la céleste harmonie, et jettent leurs regards sur le monde gisant sous leurs pieds.

Les demi-dieux se lèvent ; ils cheminent en longues files vers les portiques ; puis toute la troupe céleste court, vole, et se précipite en foule.

Les parvis, les péristiles se peuplent de divinités ; mille essaims d'amours ailés agitent leurs arcs fleuris, fendent l'air, et ouvrent le joyeux cortége.

Au milieu d'eux s'élancent en dansant, en formant des chœurs rapides, les Jeux et les Plaisirs ! J'aperçois les colombes, le char d'or ! j'aperçois la belle Erycine.

De sa conque élevée elle blesse du regard de ses yeux bleus les dieux et les hommes ! Quelles douces blessures !!... Son fils, à la démarche légère,

En élevant son sceptre ordonne aux amours de vider leurs carquois, de secouer leurs torches flamboyantes jusqu'à ce que les airs soient en feu.

Comme elle tombe sur nous cette pluie ardente ! Les étincelles luisent sur nous, elles nous brûlent, elles pénètrent notre cœur, et jettent le désordre dans notre sang.

Quelle puissance vivifiante et créatrice se répand et descend jusqu'aux entrailles émues de la terre, notre mère ! Comme elle donne la vie et la beauté à une race innombrable !

Des ateliers sans relâche de la nature s'échappent harmonieusement les soupirs des âmes naissantes qui s'envolent habiter de nouveaux corps! La vie féconde tous les germes!

Balancés sur les rameaux ondoyans, les tendres oiseaux, enlaçant leurs becs, pressentent déjà dans leur ramage tremblant le bonheur qui approche.

De leurs queues écailleuses, vertes et dorées, battant les ondes agitées, les tritons suivent en bonds cadencés les belles Néréides.

Les Sylvains velus, aux pieds de chèvre, dressent leurs oreilles armées de cornes, et le regard en feu, ils se précipitent çà et là au milieu des bois.

Fuyez leurs désirs impétueux, nymphes qui baignez vos membres d'albâtre dans une onde pure, ou qui trahissez vos charmes en dansant.

Quel instant délicieux? les amours enjoués descendent parmi nous, les voilà qui foulent le gazon de leurs danses; les voilà qui me lancent un regard malin.

Les voilà qui me couvrent tout entier de ces milles flèches aiguës, qu'ils ont trempées dans le miel de l'Hymette et dans la fontaine d'Acidalie; ô quelle douce sensation! je l'ignorais encore!

La voilà qui descend aussi vers moi, la conque de Cypris! Voilà qu'elle effleure la terre! Amour, avec quelle douceur tu me regardes! Comme la colombe aux blanches rênes caresse mes joues de la pointe de son aile!

Amour! amour! Que vois-je! Qui amènes-tu? Vénus a-t-elle pris les traits ravissans d'Anarda? Non, c'est Anarda! Anarda elle-même; voilà ses yeux, voilà son sourire plein de charme!

Je ne suis plus à moi! ô dieux, venez à mon secours! Mon sein ne peut contenir tant de bonheur! Mon âme se perd dans l'extase! les paroles inondent mes lèvres frémissantes!

Oh! Je ne sais plus par où commencer!... la reconnaissance!... l'amour!... une si grande merveille!... Vénus, juge de mon saint respect par mon trouble et non par mes paroles.

Que toujours Jupiter écoute favorablement tes vœux! Que jamais Adonis ou Mars n'aient pour toi de froideurs! Que jamais le soleil pour se venger ne révèle tes amours secrets!

Et toi, Amour, qu'une Psyché nouvelle, non curieuse, t'abreuve éternellement du bonheur de ses baisers!..... et vous, Cupidons, aidez-moi à remercier votre maître de ses faveurs sans mesure.

ÉDOUARD D'ANGLEMONT.

ALONZO BERRUGUETE,

Architecte, sculpteur et peintre de Charles-Quint.

On rencontre dans l'histoire de l'art, comme dans toutes les séries historiques, des jalons échelonnés de distance en distance, de grandes figures qui surgissent à la surface d'une époque, et qui représentent un mouvement, une transformation. Les révolutions nécessaires au développement incessant de la vie s'incarnent dans des individualités. On ferait l'histoire de l'humanité avec quelques noms propres.

L'art italien se déroule entre Cimabué et Lucas Jordan (Giordano), ces deux termes extrêmes de la peinture, et vers le milieu de cette période qui embrasse juste quatre siècles, de 1300 à 1700, voilà qu'il apparut une trinité régénératrice à laquelle le seizième siècle dut son illustration : Raphaël, Michel-Ange, Titien : l'inspiration, la forme, la couleur; l'école romaine, l'école florentine, l'école vénitienne. Ces trois élémens ont vivifié tout l'art moderne de l'Europe : ils se sont épandus et disséminés ; ils se sont reproduits dans quelques autres personnifications pour les autres peuples, si bien qu'on pourrait retrouver dans toutes les écoles

les types correspondans. Ainsi l'école espagnole, au seizième siècle, fut puissamment modifiée par l'influence progressive de trois hommes qui s'étaient formés en Italie : Vicente Joanes, issu de Raphaël; Alonzo Berruguete, élève de Michel-Agnolo Buanarota; et Fernandez Navarette, le muet, élève du Titien.

Toutefois, malgré ces analogies que nous signalons entre l'art Italien et l'art Espagnol, il ne faut pas oublier l'immense distance qui, au seizième siècle, sépare la civilisation de ces deux pays, et qui doit imprimer à leurs artistes une physionomie distincte et originale, car les artistes sont toujours le miroir des sociétés. Caractérisons donc philosophiquement l'état social des deux royaumes, après quoi, chaque nuance particulière étant bien comprise, nous aborderons l'étude des maîtres, et nous les évoquerons avec leur désinvolture propre, et leur cachet individuel. De cette façon, le présent article, où nous nous proposons spécialement de faire connaître Alonzo Berruguete, peut servir d'introduction à nos travaux ultérieurs sur l'art Espagnol.

L'Italie, centre de la catholicité, tête et cœur de l'Europe, au moyen âge; l'Italie qui avait toujours été en avant du mouvement religieux, et qui lui avait donné l'impulsion, se trouva donc, par cela même, avoir accompli la première son évolution catholique; de telle sorte, qu'au seizième siècle, elle commençait à être moins orthodoxe que les autres membres de l'église dont elle avait été l'initiatrice; à bien dire, la réforme était dans son sein : Luther n'a fait que la proclamer.

Pour se convaincre de l'homogénéité de toutes les manifestations sociales, il suffit d'assister à ce qui va se passer au milieu de la société européenne, aussitôt que la protestation religieuse a donné le signal. : voilà que la science, la politique, et la philosophie devinrent excentriques, et révolutionnèrent la synthèse du moyen âge. Un semblable mouvement s'opéra dans les beaux arts : avec Pérugin finit l'art gothique spiritualiste, qui est le véritable art catholique. A Raphaël commence un nouvel art plus complexe, cherchant une nouvelle forme pour exprimer une pensée qui allait se modifiant sans cesse, tournant ses préocupations vers une civilisation que le christianisme avait effacée ; exaltant l'aspect corporel et terrestre, *protestant* en faveur de l'antiquité contre les quinze derniers siècles. Or, par une de ces coïncidences providentielles que les hommes arriérés appellent le *hazard*, il arriva aussi qu'on retrouva en abondance les restes du paganisme grec et romain : aussitôt la mythologie payenne envahit la symbologie catholique ; la langue de l'art se transforma. La renaissance, quittant le mythe spiritualiste du moyen âge, pour le mythe plastique de l'antiquité, fut donc une réaction matérielle, déjà sensible chez Raphaël et de plus en plus saillante dans son développement logique chez les Carrache, Pietre de Cortone, et Lucas Jordan en Italie ; chez Rubens, Jacques Jordaëns et l'école flamande ; chez Mignard et ses descendans légitimes, les Vanloo et Boucher.

Ce retour à la forme païenne, langue perdue que l'art a ressuscitée comme expression d'une société analogue, mais non semblable, ce retour n'est pas un phénomène facilement explicable à tous les points de vue. Pour en avoir l'intelligence, il faut croire à l'unification de *l'esprit* et de la *matière* dans l'avenir ; c'est vers cette harmonie que tend, il nous semble, l'art moderne, ainsi que la civilisation moderne. Avec cette philosophie, la mission de la *renaissance* s'éclaire : la renaissance est venue réhabiliter l'élément physique subalternisé par le dogme chrétien.

Cependant l'Espagne n'avait pas parcouru les mêmes phases que l'Italie : en Espagne, le catholicisme circonvenu et refoulé sans cesse par l'invasion mauresque, ne commença véritablement à s'épanouir avec liberté que sous Ferdinand et Isabelle, et l'unité politique ne se trouva fondée que sous Charles-Quint. Voilà ce qui explique comment l'Espagne n'est pas encore aujourd'hui complétement modernisée, et comment elle présente dans sa physionomie sociale beaucoup de rapports avec le moyen âge catholique.

Il faut donc s'attendre à rencontrer chez les artistes espagnols une religiosité sérieuse et intime, quand déjà l'inspiration religieuse avait presqu'abandonné l'Italie. L'époque espagnole qui correspond pour le caractère à la *renaissance* de Léon X, me semble le dix-septième siècle, le règne de Philippe IV : jusque là l'épopée chrétienne fut la source à laquelle les artistes puisèrent leurs sujets, et le seizième siècle va nous offrir une période singulièrement originale, où la pensée demeure spiritualiste pendant qu'elle dépouille la forme gothique. Aussi, la peinture espagnole du seizième siècle est-elle unique pour l'alliance d'une sentimentalité profondément religieuse avec un style nouveau plus savant et plus perfectionné. Luiz de Morales, Vicente Joanes et Luiz de Vargas sont aussi chrétiens que les peintres italiens ou allemands du moyen âge, et leur exécution manifeste une habileté merveilleuse qui a fait comparer Vargas et Joanes à Raphaël.

Cette transformation de la manière gothique, qui commence vers la fin du quinzième siècle, doit être attribuée particulièrement à l'expansion de l'Espagne au dehors : la réunion des couronnes de Castille et d'Aragon avait étendu son commerce dans la Méditerranée ; la découverte du Nouveau-Monde avait stimulé son activité et multiplié ses relations ; ses guerres et son frottement avec l'Italie l'avaient initiée à la langue et aux arts de ce pays. Dès 1500, l'architecture gothique se trouva modifiée par une manière mixte, que les Espagnols ont appelée récemment *plateresca* (1), et qui sert de transition à l'architecture greco-romaine : cette architecture de fantaisie était surchargée d'une infinité d'ornemens, de figures humaines ou de créations fantastiques. Les bas-reliefs et les statues étaient perdues au milieu d'innombrables colonnes, balustrades, frontispices, tombeaux et autels; et quoique cette profusion s'opposât au développement d'une sculpture grandiose, l'entente de l'anatomie et de la perspective s'introduisait dans la statuaire ; les sculpteurs, comme les peintres, s'étaient tournés vers la nature, et cherchaient à assouplir la raideur gothique.

Ainsi allait l'art espagnol, tourmenté d'une inquiétude instinctive, quand l'Italie enfanta Michel-Ange, le Vinci, Raphaël, le Titien, et tous ces maîtres qui furent nommés les *restaurateurs* des beaux-arts. Aussitôt une foule de jeunes Espagnols coururent étudier dans ces brillantes écoles : Alonzo Berruguete, Diego de Silué, Vergara *le vieux*, Machuca, Gaspar Becerra, Vicente Joanes, Navarrete *le muet*, Luiz de Vargas, Pédro de Villegas, Francisco Ribalta, Cristabal, etc., etc.

Alonzo Berruguete était né à Paredes de Nava vers 1480 ; son père, Pedro Berruguete, lui donna les premières leçons. Palomino et les autres critiques ne font aucune mention de ce Pedro, et Ponz semble douter de son existence ; mais à la fin du dix-huitième siècle, on a trouvé des documens relatifs à Pedro Berruguete et à ses œuvres ; il fut peintre du roi Felipe I, reçut des lettres de noblesse pour lui et ses descendans, et mourut à Madrid. Les peintures du grand autel de la cathédrale d'Avila sont de sa main, ainsi que plusieurs sujets de la cathédrale de Tolède.

Pedro Berruguete étant mort, Alonzo passa en Italie, et,

---

(1) *Plateresca*, de *platero*, orfèvre; architecture de fantaisie, orfévrée ou ciselée.

suivant Vasari, il était à Florence en 1503; il entra chez Michel-Ange, et copia le fameux carton que celui-ci avait dessiné en concurrence de Léonard, pour peindre la guerre de Pise dans la grande salle du conseil, œuvre admirable, qui fut malheureusement détruite (1) après avoir formé tant de grands artistes. Il vint à Rome (1504) en compagnie de son maître, que le pape Jules II avait mandé près de lui. Là, il aida Michel-Ange à ses travaux du Vatican, et fit des progrès extraordinaires, si bien que Bramante le chargea de copier en cire le Laocoon dont on voulait avoir une répétition en bronze; Jacobo Sansovino, Zacarias Zacchi de Volterre, et le vieux de Bologne présentèrent aussi leurs modèles et celui du Sansovino, ayant été choisi par Raphaël, fut moulé de préférence à celui de Berruguete. Revenu à Florence, Alonzo continua un tableau du maître-autel des religieuses de San Geronimo, que la mort de Filipo Lippi avait laissé inachevé. Il attacha son nom à beaucoup d'autres œuvres considérables, et retourna en Espagne vers 1520. Il avait vécu entre tous les hommes les plus éminens de l'Italie, et s'était lié d'amitié avec les premiers artistes, particulièrement avec André del Sarte et Baccio Bandinelli. Il se trouvait ainsi pour l'Espagne l'expression la plus avancée de l'art, et comme un résumé complet de la civilisation.

Dans le même temps, Pedro Torrigiano, cet homme puissant et actif, arrivait en Espagne après avoir couru l'Italie, en qualité de soldat, et l'Angleterre en qualité de sculp-

---

(1) Vasari, dont la partialité pour l'homme de génie qui fut son ami, a souvent commis de grandes injustices, accuse Baccio Bandinelli d'avoir déchiré par jalousie les cartons de Michel-Ange, après les avoir copiés plusieurs fois. Vasari n'a pas ménagé les rivaux de son maître, surtout ce Bandinelli et Torrigiano, auquel Michel-Ange ne pardonna jamais le coup de poing qui lui brisa les cartillages du nez. Il faut lire les autres écrivains du seizième siècle, afin de bien comprendre tous les géans de cette prodigieuse époque.

teur ; mais son apparition fut courte à Grenade et à Séville, et le grand artiste périt misérablement en 1522 dans les prisons de l'inquisition, accusé d'hérésie pour avoir brisé une vierge dont le duc d'Arcos lui avait donné un prix au-dessous de ses engagemens. Quelques auteurs espagnols contestent cette histoire, rapportée par Vasari, ainsi que l'énumération des ouvrages de Torrigiano. On ne conserve en Espagne qu'un magnifique *saint Jérôme pénitent avec le lion* (1), et l'on ne trouve aucune mention des autres statues du Christ et de la Vierge dont parle Vasari.

Berruguete, riche de science et de pratique, représentant à lui seul le goût *renaissant* de l'Italie dans les trois facultés (architecture, sculpture, peinture), exerça une immense influence sur tous les artistes de l'Espagne ; *il introduisit le premier la bonne manière de peindre à l'huile* (2), quoique ce procédé s'employât avant lui ; les sculpteurs se mirent à l'imiter, et corrigèrent leur manière d'après ses conseils ; *il leur enseigna la vraie symétrie du corps humain* (3). Tout en subissant les nécessités de son époque, il modifia sensiblement l'architecture de fantaisie (*plateresca*), naturalisa l'architecture gréco-romaine, qui permit à la sculpture de développer ses lignes et ses conceptions.

Après avoir exécuté dans l'église de Santa-Engracia de Sarragosse, l'autel et le tombeau du vice-chancelier d'Aragon, don Antonio Agustin Berruguete vint en Castille ; Charles-

---

(1) Don Francisco Goya y Lucientès, qui passait souvent des heures entières à contempler cette statue, a prétendu que c'était le meilleur morceau de sculpture moderne qu'il y eût non seulement en Espagne, mais en France et même en Italie.

(2) Palomino.

(3) Idem. Quelques artistes suivaient les proportions indiquées par Albert Durer, d'autres le système de Pomponio Gaurico, qui exigeait neuf têtes de hauteur ; d'autres, celui du maître Felipe de Borgona, qui ajouta un tiers de plus.

Quint l'y reçut avec de grands honneurs, le nomma son peintre et sculpteur de la chambre (*pintor y escultor de camara*), et lui commanda divers travaux pour le palais de Madrid et pour celui qu'on élevait à Grenade.

Vers cette époque, Alonzo fixa son domicile à Valladolid, où il avait épousé dona Juana Pereda de Rioseco. Alors il produisit toutes les créations merveilleuses qui ornent les églises de Valladolid et des autres villes de la Vieille-Castille.

En 1529, il passa un acte à Madrid avec don Alonzo de Fonseca, archevêque de Tolède, pour construire l'autel de la chapelle du grand collége que ce prélat fondait à Salamanque. Il fut stipulé dans ce contrat, entre autres conditions, qu'il finirait *lui-même* les statues et les peintures, ou au moins *les têtes et les extrémités* (extremidades, les mains et les pieds). On croit aussi que l'évêque de Cuença, don Diego Ramirez de Villaescusa, l'employa également à la galerie de l'autre grand collége de la même ville dont les embellissemens coûtèrent 150,000 ducats.

Ce fut surtout à Tolède que se déploya le génie de Berruguete. En 1535, le chapitre de la cathédrale, voulant faire terminer les stalles du chœur, quatre maîtres présentèrent leurs dessins: Diégo de Siloe, résidant à Grenade; Juan Picardo de Penafiel, Felipe de Vigarni ou de Borgona, qui vivait à Burgos, et notre Alonzo. On choisit le plan de ces deux derniers, et ils s'engagèrent à terminer avant le 1er janvier 1539 les soixante-dix stalles, trente-cinq chacun; en outre, le siége épiscopal fut confié à Vigarni, mais comme cet artiste vint à mourir, Berruguete s'en chargea en 1543, et le finit en 1548, sauf la médaille du dossier, qui est de Grégorio Vigarni, frère de Felipe. Ces sculptures, en marbre de Espeja et en albâtre de Cogolludo, furent taxées par les maîtres Géronimo de Murcie, et Pedro Machuca, directeur de l'Alhambra de Grenade.

Ponz, dans son intéressant voyage, donne les plus minutieux détails sur ces bas-reliefs et sur les autres travaux de Berruguete à Tolède; mais Ponz, malgré ses connaissances artistiques, se trompe quelquefois quand il détermine les auteurs; nous indiquerons, à la fin de cet article, toutes les œuvres authentiques de Berruguete, en nous appuyant des archives mêmes où sont consignés les contrats entre l'artiste et les églises.

Tant de créations admirables par l'élévation du style, le grandiose des formes, la correction du dessin, la science anatomique et la transparence des draperies, avaient posé Berruguete à la tête de l'art espagnol; de plus, la richesse, qui n'accompagne pas toujours le génie, avait suivi la réputation. En 1559, l'artiste acheta du roi Felipe II la seigneurie et les droits de la ville de la Ventosa, près de Valladolid.

Berruguete eut un fils, Alonzo Berruguete y Pereda, qui travailla souvent avec lui dans sa manière, en sorte qu'on attribue fréquemment les sculptures de celui-ci au grand Alonzo Berruguete le vieux (*el viejo*), comme on l'appelait alors. Tous deux firent, en 1561, le tombeau et le buste en marbre blanc du cardinal Tavera dans l'église de l'hôpital. Le vieux Berruguete mourut peu après, âgé de quatre-vingt-un ans (1).

Le mouvement imprimé à l'architecture et à la sculpture par Alonzo Berruguete fut continué par Gaspar Beceura, qui se forma aussi en Italie, peut-être chez Michel-Ange lui-même, quoique Vasari (2) ne le compte pas entre les élèves du puissant réformateur. Puis, vers la fin du siècle, sous Felipe II, Pompeyo Leoni, Lucas Cambiaso, Tibaldi Peregrini, et plusieurs autres Italiens, attirés en Espagne pour la

(1) Vida del cardinal Tavera por don Pedro Salazar de Mendoza.

(2) Palomino prétend que Becerra étudia chez Raphaël, mais il paraît certain que Becerra est né en 1520, l'année où mourut Raphaël.

décoration de l'Escorial, achevèrent d'implanter le style greco-romain; puis, Pablo de Cespedes lui prêta l'assistance de ses savans écrits; puis Martinez Montanes, l'ami de Francesco Pacheco, et enfin Alonzo Cano, l'élève de Montanes, le perpétuèrent au dix-septième siècle. Telle est à peu près la marche de l'architecture et de la sculpture en Espagne, progression parallèle à la progression que ces arts ont suivie en Italie, en France et dans les autres états européens. Sans doute ce phénomène harmonique cache un enseignement et recèle une indication d'avenir. Nous chercherons le sens de cette prophétie, en continuant nos études sur les grands artistes de la Péninsule.

Voici l'indication rapide des œuvres de Berruguete :

A Sarragosse. — *Santa Engracia :* le tombeau déjà cité.

A Madrid. — *San Martin :* deux tombeaux dans la chapelle de Valbanera, avec cette inscription : « Ces sculptures » ont été commandées par les magnifiques seigneurs Alonzo » Guttierez, trésorier-général de l'empereur-roi don Carlos, » et dona Maria de Pisa, sa femme; 10 septembre 1543. »

A Santoyo. — *Paroisse :* la statue de saint Jean-Baptiste, placée sur le maître autel.

A Paredes de Nava. — *Santa Eulalia :* le grand autel, composé de deux corps principaux ; le premier a deux colonnes, le second en a quatre. Au fond est un christ entre les deux larrons. Au milieu du premier corps on voit trois statues qui représentent le martyre de la sainte titulaire. Ce morceau précieux avait été enlevé pour mettre à sa place un tabernacle ridicule; mais par bonheur il fut conservé sur un tombeau, dans le bras de l'église du côté de l'évangile. Cet autel est encore orné de deux autres belles statues hors de leurs niches. Les peintures des entre-colonnes du second corps sont dues au pinceau de Berruguete, ainsi qu'une naissance de Jésus, dans un oratoire de la même église.

Au village de Fallades. — *Paroisse :* le grand autel en noyer sans dorures, enrichi d'excellens bas-reliefs; sur la porte du tabernacle est sculptée la résurrection du Seigneur.

Medina del Campo. — *Colegiata* (église collégiale) : l'autel principal, composé de cinq corps, avec des statues de saints et des bas-reliefs de la vie de Jésus-Christ, attribué à Berruguete, paraît être travaillé par ses élèves.

La Mejorada. — *Couvent de Saint-Jérôme :* le grand autel, statues, bas-reliefs et peintures.

Alcala de Henares. —*Palais archiépiscopal:* les délicieux ornemens en marbre, chapiteaux, groupes, trophées, têtes, statuettes, fantaisies de l'escalier et de la seconde cour.

Cuença. — *Cathédrale :* sur la porte de la salle du chapitre, les figures de saint Pierre et saint Paul, en bas-relief de demi-grandeur, et plus haut une médaille représentant la transfiguration du Christ, avec des ornemens de têtes et autres belles choses.

La Ventosa. — *Paroisse :* l'autel de saint Miguel, composé de trois corps; il y a trois peintures dans chaque corps : celles du premier représentent l'ange chassant du paradis nos premiers parens; la chute des mauvais anges, et un autre sujet, où quelques hommes lancent des flèches comme dans un combat. Celles du second sont un saint Grégoire disant la messe; saint Cosme et saint Damian; et saint Miguel. Celles du troisième corps représentent la procession générale à Rome, avec l'apparition de l'archange sur le mont Gorguiano; la vierge, sainte Anne et l'enfant-Dieu; toutes ces peintures sont bien conservées.

Salamanca. — *Collége de Cuença :* les galeries de la cour pleines de mille ornemens, comme médailles, figurines, bustes, insectes, et autres fantaisies, exécutées d'après les dessins d'Alonzo.

Idem. — *Collége de l'archevêque :* l'autel déjà cité avec les statues de la vierge, de Santiago (J. Jacques), et d'autres saints, un crucifix, et diverses peintures.

Palencia. — *Cathédrale :* on attribue à Berruguete un tableau placé derrière le maître-autel et représentant l'apparition de Jésus-Christ à sa mère après la résurrection.

Idem. — *Santo Domingo :* le magnifique tombeau de don Juan de Roxas, marquis de Poza, et de dona Maria de Sarmi, sa femme, dans le sanctuaire du côté de l'évangile. Il est composé de trois corps : les colonnes du premier, soutenues par des anges, sont d'ordre ionique; entre elles on voit les quatre évangélistes et les vertus chrétiennes en bas-relief. Les colonnes du second corps sont aussi ioniques; les niches du milieu renferment l'annonciation de la Vierge et le Christ à la colonne, les statues de saint Antoine et de sainte Catherine. Le troisième corps est orné de colonnes d'ordre composite, séparées par un bas-relief qui représente santo Domingo, et au fond le Père Eternel. Berruguete a déployé tous les caprices de sa brillante imagination dans les décorations semées sur les frises et les piédestaux. Au premier plan, on admire les statues agenouillées de don Juan et de sa femme. Cette œuvre remarquable fut terminée en 1557.

Grenade. — *La Alahambra :* les bas-reliefs, bustes et autres ornemens du palais de Charles-Quint, sauf les bas-reliefs des piédestaux, qui ne peuvent être de Berruguete, attendu leur médiocrité.

Idem. — *Saint-Jérome :* un groupe de figures représentant la résurrection du Christ, sur un vase qui est dans la sacristie.

Idem. — *Hospitalières du corps du Christ :* un christ à la colonne de grandeur naturelle. On lui attribue aussi les maître-autels des minimes, des carmes chaussés et des religieuses de Sainte-Isabel, mais ils sont peut-être des nombreux disciples qu'il a laissés à Grenade.

Valladolid. — *Collége de Saint-Grégoire :* le tombeau de l'évêque de Palence dans le milieu de la chapelle. C'est une urne en marbre blanc sur un socle de jaspe; au-dessus est la figure du prélat, autour quatre médailles des vertus cardinales et quatre statues de la vierge; saint Dominique, saint Grégoire et saint Pierre Martyr; quatre sphinx soutiennent l'urne aux quatre coins; et la petite balustrade qui l'entoure est décorée de gracieuses créations que l'auteur avait coutume d'ajouter à ces ouvrages.

Idem. — *Monastère royal de Saint-Benoît :* le maître-autel avec trente statues de demi-grandeur, placées dans leurs niches; celles du milieu, qui représentent l'assomption de la Vierge et saint Benoît, sont de grandeur naturelle; il y a aussi des bas-reliefs et quelques peintures entre les colonnes. Ce travail, commencé en 1526 et terminé en 1532, fut payé 4,400 ducats sur la taxe de Felipe Vigarni, nommé comme appréciateur par le corrégidor de Valladolid, les experts du monastère et ceux de l'artiste n'ayant pu s'accorder pour le prix.

L'autel collatéral du côté de l'épître n'est pas de sa main, quoiqu'il se rapproche de son style.

Idem. — *Santo-Geronimo :* un autre autel dans la sacristie.

Tolède. — *Alcazar :* on attribue à Berruguete les têtes et autres ornemens qui décorent les frontispices des croisées de la façade principale; on lui attribue aussi le buste en marbre de Juanelo Turiano, conservé dans ce palais.

Idem. — *Porte d'Alcantara :* la statue de saint Ildefonse.

Idem. — *Porte San Martin :* celle de saint Julian.

Idem. — *Porte del Cambron :* celle de sainte Léocadie.

Idem. — *Porte de Visagra :* celle de saint Eugenio.

Idem. — *Hôpital de Afuera :* la fameuse urne de marbre placée au milieu de l'église; c'est le tombeau du cardinal don Juan de Tavera dont nous avons déjà parlé; au-dessus de l'urne est le buste de ce prélat; du côté du grand autel on voit une médaille qui représente saint Ildefonse recevant la chasuble des mains de la Vierge, et deux enfans soutenant les armes du cardinal; du côté opposé est la charité; à droite saint Jean-Baptiste, le patron de l'Espagne, à cheval, et la translation de son corps sur un char traîné par des bœufs; à gauche saint Jacques-le-Majeur, le baptême et la décollation du saint précurseur de Jésus; dans les angles, sont les vertus théologales, avec des anges, des têtes de morts et autres symboles.

Idem. — *Cathédrale :* les salles du chœur, au côté de l'épître avec des statues de saints, des bas-reliefs racontant l'ancien et le nouveau testament, et autres ornemens d'un goût délicat. Les statues d'albâtre sur la corniche qui représentent les patriarches et les prophètes de la génération temporelle de Jésus-Christ; sur la table de l'évêque, la transfiguration de notre seigneur en figure de grandeur naturelle.

La sculpture des stalles basses, représentant la conquête de Grenade, fut exécutée en 1495 par Rodrigo: comme aussi beaucoup d'ouvrages attribués à Berruguete, sont des maîtres Domingo de Cespedes, Francisco de Villalpando, Gregorio Pardo, Juan Maneano, Toribio Rodriguez, Juan Bantista, Andres Heruandez et autres artistes contemporains.

T. THORE.

CERVANTES A MADRID.

1604.

Il était deux heures de la nuit; tout Madrid sommeillait au milieu de ses parfums de fleurs et de son ciel étoilé. Un air frais circulait par instant dans les grands faubourgs. Vous savez tout ce que c'est qu'une nuit à Madrid, à Madrid, cette terre de l'amour et de la haine, cette patrie de la chevalerie antique? Quelles merveilleuses histoires ne vous a-t-on pas racontées de ce beau pays, où les femmes ne vivent que pour aimer, les hommes pour s'énivrer d'amour aux pieds de celles qui les ont charmés.—Et puis, on a dû vous parler encore des belles promenades, toutes couvertes de grenades, des églises, où des beautés viennent s'agenouiller, si suaves et si frêles, qu'elles ne semblent tenir à la vie que par un souffle, et que de loin on les prendrait pour des madones. Oh! les belles madones, en effet, que ces femmes dont le front est penché avec grâce sur des livres de messe, dont les lèvres roses tremblent et s'agitent afin de donner passage à des paroles embaumées et religieuses ! Dites, dites;

vous, dont le sang jeune bouillonne; dont le cœur bondit à la vue de deux grands yeux qui s'arrêtent sur vous; dites, si ces femmes colorées par le soleil de l'Espagne, avec leurs longues chevelures noires et leurs regards passionnés, leurs seins qui se soulèvent gonflés qu'ils sont de soupirs, ne valent pas mieux mille fois que ces froides statues de pierre ou de marbre qui décorent les temples de tous pays et de toutes les religions? La religion de l'homme, c'est la femme; car elle seule est la source d'où viennent nos misères ou nos extases, nos enivremens ou nos désespoirs.

Mais écoutez, écoutez: là bas, au détour de cette rue, on entend comme un cliquetis d'armes! Oui, c'est bien le choc de deux épées qui se croisent. Cependant la rue tout à l'heure était silencieuse. Aucune chanson ne retentissait, aucune sérénade ne montait jusqu'aux croisées entr'ouvertes. Passez votre chemin; et si par hasard la curiosité vous pousse ici quand le jour sera venu, vous apercevrez sans doute un homme étendu sur le pavé et frappé au cœur d'un coup mortel.

— Misérables, quatre contre un! Mais vous n'êtes donc point des gentilshommes comme votre pourpoint de velours semblait l'indiquer? Il reste toujours dans l'âme d'un Hidalgo quelque chose de noble, qui survit à ses haines et prouve la qualité de son sang. Ah! vous êtes des bandits qu'on a payés pour me tuer, ou des meurtriers infâmes qui tuez pour vivre.

— Taisez-vous, parlez plus bas. Les armes s'entre choquent de nouveau, des étincelles jaillissent! Voyez, voyez: ils sont quatre contre un vieillard; eh! le vieillard adossé contre la muraille garde maintenant le silence et oppose à chaque coup une épée flamboyante et un bras qui se multiplie.

Ah! c'est bien, c'est bien, vieillard dont la tête s'incline vers la tombe, vieillard aux cheveux blanchis, à la face ridée et sèche, de défendre ce que tu as de jours encore à passer sur terre, de les arracher un par un d'entre les mains de quatre assassins ! Si demain, vieillard, tu n'es pas mort, tu ne regretteras point le sang que tu laisses ici à cette heure, et tu te diras avec orgueil : je ne suis pas indigne de ce que je fus autrefois. Mais, va, quel qu'il soit, le courage cède devant le nombre, et c'est vainement que tu fais des prodiges ; quelques minutes encore, et ton bras sera sans force, ton épée sans main belliqueuse qui la tienne quelques minutes encore, et tes yeux qui envoient l'éclair seront éteints, et Madrid comptera un cadavre de plus dans ses rues désertes !

Vieillard, si j'avais comme toi de l'acier dans la main, je te sauverais ou l'on me tuerait. Hélas ! je ne suis rien, moi, que la faible voix de celui qui raconte ce que l'histoire lui a raconté. Je ne suis que le souffle du poète qui se pose sur les pierres funéraires des siècles passés, et qui agite doucement les linceuls de ceux qui ne sont plus.

—Pourriez-vous me faire l'honneur de me dire quel motif vous oblige à vous jeter quatre sur un, prononça à voix haute un nouveau personnage, qui accompagna ces paroles d'un coup du plat de sa dague sur l'épaule d'un des combattans ?

— Compagnon, vous avez la parole hardie et la main rude, répondit l'autre sans paraître étonné ; —puis il ajouta : camarade, passez votre chemin.

— Ah ! s'écria le vieillard.

— En garde tous, interrompit le jeune homme se ruant avec violence sur les meurtriers.

Et il frappa si bien de droite et de gauche que deux d'entre eux tombèrent sur le pavé, et le sang ruisselait de toutes parts.

Quelques minutes après, il n'y avait plus dans la rue que deux cadavres, et le combat était fini.

— Vous m'avez sauvé la vie, murmurait un vieillard en prenant la main d'un jeune homme, et je vous le dis en vérité, tout ce qu'il y a de sang dans mes veines et de jours dans mon existence vous appartient à compter de ce moment.

— Seigneur, vous ne me devez aucune reconnaissance, répondit le jeune homme; ce que j'ai fait, un autre l'aurait fait; c'est un de ces services que l'humanité ordonne, qui sont agréables aux yeux de Dieu, mais que les hommes ne doivent point exalter.

— Un dernier mot, jeune homme, une dernière parole à celui qui va vous quitter, et qui éprouvera plus d'une fois le besoin de vous revoir? Etes-vous Espagnols? êtes-vous de Madrid, ou resterez-vous long-temps encore à Madrid?

— Je suis né à Ascala de Henarès, dans la Nouvelle-Castille, et j'habite Madrid depuis un mois.

— Ascala de Henarès, interrompit lentement le vieillard, mais c'est ma patrie aussi, à moi. Et votre nom? oh! vous pouvez me le confier; prêt comme je le suis à paraître devant le Seigneur, je ne trahirai pas vos secrets, si votre nom devait en couvrir un; mais c'est le moins que je le sache afin de le prononcer chaque soir dans mes prières.

— Je me nomme Juan Martinès.

— Juan Martinès! et votre père s'appelait comme vous, reprit le vieillard en se dressant tout-à-coup? Et son regard pâle tout-à-l'heure encore s'anima; mais ce ne fut qu'un éclair; le feu de ses yeux s'éteignit bientôt, et sa voix, qui était devenu sévère et sonore, reprit son timbre accoutumé.

— J'ai connu votre père, dit-il au jeune homme.

— Il est mort, interrompit ce dernier avec une indéfinissable expression de regrets et de haine.

— Je le sais, murmura son vieux compagnon; mais parlons d'autre chose, seigneur, Juan Martinès. Les morts sont plus heureux que nous, et, au lieu de les pleurer, il serait plus raisonnable d'envier la couche de pierre où ils reposent pour l'Eternité. Soutenez-moi un peu encore, ma maison est près d'ici, et il me tarde d'y arriver ; un ange m'y attend, oh ! vous l'aimerez comme moi, lorsque vous l'aurez vue, car je veux que vous la voyez et qu'elle vous remercie d'avoir sauvé la vie à son bon oncle. La pauvre enfant, elle sera toute tremblante d'apercevoir du sang sur mon juste-au-corps ; mais je la calmerai et je lui apprendrai votre nom, afin qu'elle prie aussi Dieu pour vous.

Ils firent encore quelques pas, puis ils prirent une rue à gauche, traversèrent un carrefour et atteignirent une maison de pauvre apparence. Le vieillard ouvrit la porte, tendit encore une fois sa main à son libérateur, et lui dit en le quittant :

—Je suis Michel Cervantes, dont vous avez peut-être entendu parler. Vous voyez ma maison, vous serez le bien accueilli lorsque vous y viendrez frapper.

—Je ne connais pas votre nom, mais je me le rappellerai, répondit le jeune homme avec ironie. Et il s'en alla.

Oui, je le connais, ce nom, murmura-t-il lorsqu'il fut seul ; oui, je le connais, non pas comme ton orgueil, vieillard, souhaiterait que je le connusse. Eh ! que m'importe à moi, les couronnes et la gloire qui s'attachent à ton front. N'as-tu pas attaché au front de ma famille une tache que rien ne lavera, pas même ton sang. Tu croyais sans doute que j'allais m'incliner devant toi, parce que tu m'avais dit : je suis Michel Cervantes. Oui, je m'inclinerai devant toi, vieillard, mais ce ne sera que le jour que je pourrai te contempler renversé et mort à mes pieds. Ah ! béni soit le ciel qui a voulu que je te sauvasse la vie, car ta mort ne sera point un assassinat ; je ne ferai que te reprendre ce que j'ai défendu contre d'autres. Mon pauvre père, continua-t-il, j'ai donc trouvé enfin celui qui a tranché tes belles et nobles années! Avant de mourir, tu me fis approcher de ton lit et tu me dis, en élevant péniblement tes mains sur mon front afin de me bénir : mon Juan, tu es petit aujourd'hui, mais un temps viendra où ces frêles bras pourront soutenir un épée; alors, mon Juan, tu prendras cette dague, qui n'a pas bien défendu ton père, et ton bras fera ce que cette dague n'a pu faire! tu tueras celui qui as déshonoré ma sœur! Tu entends bien mes paroles, mon cher Juan; maintenant je quitte cette terre où j'aurais dû demeurer bien long-temps encore, je te quitte mon enfant, et le voyage pour lequel je me mets en route n'est pas de ceux dont on revient!... je ne te verrai plus, adieu.

Le jeune homme essuya lentement une larme, car toute son âme s'était reportée vers le temps de sa jeunesse, et le souvenir de son père lui apparaissait entouré de désespoir et de deuil.

Je te tuerai, vieillard, pensa-t-il; je te tuerai comme tu as tué mon père.

Il rentra dans sa chambre, entr'ouvrit les fenêtres, et demeura absorbé dans ses méditations. Puis, tout-à-coup, de sombre qu'était son visage, il devint calme et doux; ses regards sinistres perdirent peu à peu de leur colère.

— Catherine, dit-il à voix basse, ma Catherine, je vous ai oubliée ce soir, je n'ai pas songé à vous comme je le fais de coutume. Pauvre ange, ne m'en voulez pas, je vous aime toujours, quoique je ne vous l'aie dit qu'une seule fois, un dimanche, à la messe; mais aujourd'hui j'ai retrouvé le meurtrier de mon père, et j'aime mon père autant que vous et depuis plus long-temps que vous, Catherine!

Michel Cervantes, reprit-il, demain je serai chez toi!

Il referma ses fenêtres, s'agenouilla devant un christ, prononça à voix basse quelques paroles, parmi lesquelles revenait souvent le mot de Catherine, puis il se jeta sur son lit et s'endormit.

A midi, il frappait à la porte de Michel Cervantes. Ce ne fut pas le vieillard, mais une jeune fille qui vint lui ouvrir; la jeune fille recula interdite, et le jeune homme perdit la parole.

Catherine enfin hasarda un coup-d'œil sur l'étranger, et voyant qu'il continuait à garder le silence, elle lui dit avec douceur : Juan, que venez-vous faire ici?

— Dieu sait si j'ai du bonheur à vous voir, murmura Juan, mais Dieu sait en même temps que je n'étais point venu pour vous; hier, pendant la nuit, j'ai rencontré un homme du nom de Michel Cervantes, et il ne m'a quitté qu'après m'avoir fait promettre de le revoir, et je viens pour accomplir ma promesse.

— Comment, vous seriez celui qui a sauvé la vie à mon oncle, interrompit avec joie la jeune fille! Oh! entrez, entrez; mon oncle m'a tout conté, et je vous ai béni sans vous connaître.

Juan entra.

— Vous paraissez chagrin, continua Catherine en cherchant à lire dans les yeux de son ami, et cependant vous m'avez dit que passer une heure seulement auprès de moi, et puis mourir ensuite, serait pour vous une faveur céleste que vous accueilleriez avec transport. Eh bien! monsieur, cette faveur, vous l'obtenez aujourd'hui du ciel, et cependant vous ne mourrez point.

— C'est ce que vous ignorez, reprit Juan.

— Que dites-vous là?...

— Je dis, Catherine, que j'étais venu ici afin de tuer l'homme que j'ai sauvé hier, et ce que j'étais venu faire, je le ferai.

— Tuer mon oncle, s'écria Catherine épouvantée!...

— Oui, tuer votre oncle qui a tué mon père.

— Oh! fit la jeune fille, en se cachant le visage dans ses

mains; et de grosses larmes inondaient ses joues pâlies, et Juan lui-même sentit son cœur se briser et sa haine s'affaiblir.

— Je vous avais pensé bon et généreux, dit Catherine après un silence, je me suis trompée; monsieur, et je ne vous aime plus, sortez de cette maison que vous voulez ensanglanter; sortez, Juan, je vous l'ordonne.

Et son visage n'était plus inondé de larmes; mais empreint de fermeté et d'énergie. Juan était bouleversé.

—Ah! je n'aimerai plus, dit-elle; non, car tous les hommes sont faux et leur cœur rempli de mensonges, d'ailleurs on ne peut aimer qu'une fois en sa vie, et je n'aurai plus d'amour.

— Mais il a tué mon père, Catherine....

— Vous ne m'aimez pas, Juan! si vous m'aimiez, vous oublieriez votre ressentiment ou vous lui imposeriez silence. Celui qui a tué votre père était un jeune homme; celui que vous voulez tuer est un vieillard, et il n'y a point de courage à tuer un vieillard. L'âge le tuera bientôt, l'âge et les remords, monsieur. Je le sais bien, moi, qui le vois pleurer chaque jour. Allez à l'église voisine, vous le trouverez agenouillé sur les marches de l'autel, elles seules pourraient dire toutes les larmes que mon oncle a répandues. Et si vous le tuez, que deviendrai-je, moi, qui n'ai que lui, je mourrai comme lui, et au lieu d'une victime vous en aurez deux; mais tu m'aimes, Juan, n'est-il pas vrai, et si j'implore ta pitié, tu me l'accorderas... pardon, pardon pour lui et pour moi..

On frappa rudement à la porte en ce moment, deux hommes entrèrent portant un brancard, et sur ce brancard était un homme mourant.

Mon oncle, s'écria, Catherine!

Michel Cervantes essaya de soulever la tête, puis il tendit la main à Juan qu'il avait reconnu, lui dit: Jeune homme, vous m'avez tué sans le vouloir, comme autrefois j'ai tué sans le vouloir quelqu'un de votre famille: mes prières et mes sanglots avaient endormi mes remords, vous les avez réveillés, et je succombe sous leurs poids.

Sa tête retomba, ses yeux se fermèrent, Michel Cervantes n'était plus.

—Prions pour lui, murmura Juan en s'agenouillant devant le lit du mort.

—Prions pour lui, dit Catherine en s'inclinant.

ALPHONSE BROT.

DOLORES.

ÉPISODE DE LA CAMPAGNE DE 1823.

C'était le samedi 24 mai 1823. Déjà bien avant que le soleil fût parvenu au point culminant de sa course, la tête des colonnes de la garde royale française commençait à pénétrer sur le Prado, dont les allées latérales étaient embellies par le concours joyeux des habitans, et surtout des habitans de Madrid. Le printemps et la coquetterie semblaient y avoir opéré la fusion des opinions les plus contraires; les dames royalistes ou constitutionnelles s'empressaient de venir y livrer à l'admiration des vainqueurs leurs pieds mignons, que relevait toute l'élégance d'une chaussure castillane; la mantille noire ou blanche accompagnait, sans les voiler, les contours gracieux de leur visage, et prêtait encore le charme d'une coiffure, inusitée pour nos yeux, à leur physionomie déjà si vive et si piquante. Les Français laissaient de toutes parts errer leurs regards enchantés que se disputaient les plus doux et les plus voluptueux sourires ; on n'entendait point ces cris tumultueux qui sont chez nous le gage de l'allégresse populaire ; mais sous les yeux de ces amans, de ces époux, dont on nous apprend dès l'enfance à craindre la jalousie inquiète et vindicative, de belles mains offraient en passant, et comme à la dérobée, à nos guerriers des roses qui semblaient promettre à leurs désirs de plus secrètes et de plus délicieuses faveurs.

Plusieurs jeunes personnes se promenaient en se donnant le bras l'une à l'autre, et se faisaient remarquer autant par la vivacité de leur joie que par la grâce de leur maintien. Quoique leur toilette et leurs manières annonçassent également qu'elles appartenaient aux classes élevées de la société, nulle mère, nulle gouvernante, nulle surveillante incommode enfin, ne gênait par ses soins et par sa présence l'abandon de leur essor capricieux ; cette liberté, qui nous scandaliserait en France, n'a rien qui choque les mœurs et les préjugés des Espagnols. Une d'entre elles semblait seule protester par un silence froid et mélancolique contre l'allégresse de ses compagnes. Elle s'était placée à l'extrémité d'un petit groupe, du côté opposé à la colonne française, vers laquelle, sans aucune affectation apparente, elle avait soin de ne jamais tourner ses regards. Cet air de réserve, que j'oserais appeler anti-national, contribuait à attirer d'abord sur elle ceux de tous les officiers de l'armée victorieuse ; mais que ces regards y étaient ensuite aisément fixés par son admirable beauté, par une beauté dont le caractère tout méridional contrastait d'une manière si frappante avec les sentimens qu'elle paraissait prendre à tâche d'exprimer. Le feu était couvert, mais non pas éteint, et tous les observateurs se seraient sans peine aperçus qu'il ne devait au contraire en exercer intérieurement que plus de ravages.

Un officier français, le jeune Frédéric (qu'il me soit permis de ne pas le désigner autrement) avait cependant attiré sur lui l'attention de cette belle dédaigneuse par celle qu'il avait apportée à la contempler, et il était venu à bout de l'obliger à trahir dans l'expression de sa physionomie une sorte de plaisir mêlé de colère. Forcé d'accompagner sa colonne à la caserne San Mateo, située dans une rue adjacente à l'extrémité de la rue de Fuencarral, il s'en était promptement échappé, ainsi qu'un grand nombre de ses camarades; mais tandis que ceux-ci s'occupaient gravement à la recherche des cafés et des restaurans les plus convenables, ou bien allaient visiter les logemens qui leur avaient été assignés par l'ayuntamiento, plein d'une seule idée, il était revolé au Prado, que d'abord à son grand chagrin, il avait trouvé presque tout désert. Mais pourtant ayant voulu, en désespoir de cause, essayer de le parcourir encore une fois, son désappointement se changea bientôt en une joie des plus vives qu'il eût jamais éprouvées, car l'absence de la foule lui permit d'apercevoir promptement sa belle inconnue, arrêtée presqu'au même endroit où il l'avait laissée en quittant la promenade, rêveuse et immobile au milieu de ses compagnes, dont on distinguait aisément les efforts pour l'en arracher. Il s'approcha d'elle, avec trop de vitesse et trop d'ardeur peut-être; car dès qu'elle l'eût reconnu, il se peignit dans ses traits une subite agitation, qui, sur cette figure intrépide ressemblait presqu'à de l'effroi : ce ne fut qu'un nuage rapide et fugitif, qui aurait pu sans doute échapper à tout autre œil qu'à celui de l'amour (et qu'on ne m'accuse pas de profaner ce nom sacré en l'appliquant à une ivresse subite et instantanée, il est vrai, mais qu'on aurait tort de regarder pour cela comme éphémère). L'ardeur de ces climats, qu'échauffe sans cesse un soleil dévorant, se communique même aux enfans de nos froides contrées, et il est d'ailleurs entre ces derniers des âmes privilégiées, qui, pareilles au miroir d'Archimède, ont le pouvoir de concentrer rapidement dans leur sein des rayons étrangers et des flammes presque inconnues parmi nous. Comme excitée par un aiguillon caché, la belle castillane entraîna promptement ses compagnes par la grande et large rue d'Alcala, et tout en se retournant de temps en temps pour gourmander la paresse de quelques-unes d'entre elles qui étaient restées un peu en arrière, et ne paraissaient s'arracher qu'avec peine de ces riantes allées du Prado, si remarquables par la beauté de ces arbres au milieu de l'Espagne déboisée; ses regards cherchaient le jeune étranger et s'assuraient qu'il était toujours là. Elle était loin de lui donner l'encouragement du plus léger sourire, mais enfin elle le voyait, elle le savait là, elle le savait là pour elle, et elle ne cherchait pas à le dissimuler. Sans qu'elle daignât en faire la réflexion, il s'établissait entre eux une intelligence qui approchait bien de celle de l'amour. Songeait-elle qu'elle le payait assez de ses peines en ayant l'air de compter sur lui et d'être persuadée qu'en s'attachant à ses pas malgré son indifférence apparente, il ne faisait en quelque sorte que s'acquitter de ce qu'il lui devait? Pour une très-jeune personne, c'est dire qu'elle accorde une faveur que de se croire en droit d'attendre du retour; c'est la coquetterie du sentiment, bien plus vraie, mais aussi bien plus attrayante que celle de la vanité, dont elle partage auprès des rigoristes la mauvaise réputation.

Quand on atteignit la Puerta del Sol, qui est dans Madrid comme un centre où l'on vient presque forcément aboutir de tous les points de la circonférence, cette petite phalange de beautés se dispersa, et celle qui était l'unique objet des recherches de Frédéric prit, accompagnée de deux de ses amies, le chemin de la plaza Mayor, qu'elle traversa pour suivre la *calle* du même non jusqu'à une petite rue latérale, voisine du palais du roi, et située par conséquent à l'une des extrémités le moins fréquentées de la capitale des Espagnes. Ce fut là qu'elle dut enfin s'arrêter à la porte d'une maison simple et modeste, qui se referma immédiatement sur elle. Ses compagnes, qui étaient sœurs (et qu'il était facile de reconnaître à la similitude de leurs traits ainsi qu'à leur costume exactement pareil), continuèrent quelque temps encore leur chemin, et Frédéric, qui, en moins d'un instant avait imprimé dans sa mémoire toutes les circonstances extérieures de l'habitation de sa belle, de manière à ne pas risquer de la méconnaître, continua de son côté à les suivre pour dérouter leurs conjectures malicieuses qui ne se seraient sans doute pas fait scrupule de s'exercer aux dépens de l'amie qu'elles venaient de quitter. Il était même bien aise aussi de se ménager leur bienveillance en leur persuadant que ses attentions ne regardaient qu'elles, et de connaître leur demeure dans la cas où elles auraient pu devenir des auxiliaires utiles à la réussite de ses projets. Enfin, au terme de leur course, il fut payé de sa peine par un double sourire, gracieux et simultané, qui lui apprit que chacune d'elle en particulier s'imaginait avoir fait sa conquête, et que ni l'une ni l'autre n'était disposée à se fâcher de sa persévérance dans cette occasion.

Après être resté sous leurs fenêtres le temps qu'il devait strictement leur accorder en pareil cas, après les avoir entrevues toutes deux derrières leurs jalousies et avoir échangé avec elles quelques signes imperceptibles d'intelligence, il repartit, ou plutôt il revola où l'appelaient son cœur et ses désirs. Là, il eut tout le loisir d'exercer sa patience : il eut beau passer et repasser sous des fenêtres derrière lesquelles personne ne parut. Il ne savait trop s'il avait dépassé le terme dans l'espace duquel une femme peut en se montrant d'un air très-indifférent à l'homme qui a osé la suivre, lui donner à entendre ou à espérer du moins que ses pas n'ont point été entièrement perdus. Prenant enfin le seul parti qui pût lui rester à prendre, il entra dans une des rares et pauvres boutiques du voisinage, où, s'étant ménagé les bonnes grâces du marchand par quelques emplettes dont il n'avait nul besoin, et encore moins envie à l'égard de la qualité de ce qu'il achetait, il fit tomber peu à peu la conversation sur une personne qu'il ne lui fut pas difficile de désigner clairement, tant les moindres circonstances qui pouvaient servir à la caractériser s'étaient profondément empreintes dans sa mémoire.

Il apprit qu'elle s'appelait dona Maria de Dolores, (et nous envelopperons son nom de famille du même voile que celui de Frédéric) : il suffira de savoir que ce nom ne manquait pas en Espagne d'une certaine illustration récente, il est vrai, mais par cela même plus honorable et plus nationale que beaucoup d'autres d'une date plus reculée, puisqu'elle remontait aux temps calamiteux de la guerre de l'indépendance. Son père y avait péri en combattant pour sa patrie, envahie et ravagée, pour son souverain captif et exilé. Sa mère, après le triomphe que le ciel avait enfin accordé à la cause de la justice, s'était ensevelie, jeune encore, dans un couvent de Burgos, car c'était presque sous les murs de cette ville que reposaient les restes de son époux. La jeune Dolores (telle est en Espagne l'abréviation constamment usitée du nom qu'elle portait), la jeune Dolores, qui avait reçu ce nom en 1805 sur les fonds baptismaux par une sorte d'inspiration prophétique, que les événemens n'ont que trop justifiée, menait à Madrid, à l'âge de dix-huit ans, une vie assez indépendante, et pourtant assez retirée, dans la maison et sous les auspices d'une tante, sœur de son père, que des infirmités prématurées empêchaient d'entourer toutes les démarches de sa nièce de la vigilance que sans cela son expérience et sa tendresse lui eussent également conseillé d'y apporter.

Frédéric en était encore à chercher les moyens de s'introduire dans la maison, quand, en allant dîner avec ses camarades à un rendez-vous général qu'ils s'étaient assigné, il apprit dans la conversation que plusieurs d'entre eux, mécontens de leurs logemens, étaient allés s'en plaindre à l'ayuntamiento, où on leur avait répondu qu'ils n'avaient qu'à en chercher eux-mêmes de plus convenables, et qu'on s'empresserait de leur donner sur-le-champ des billets pour les occuper. Profitant de cette heureuse découverte, il alla dès le lendemain matin en demander un qui pût lui ouvrir la porte de la tante, dona Concepcion, et muni de cette pièce importante, il ne tarda pas à se présenter chez elle.

Ce fut la nièce qui le reçut : elle rougit et pâlit à la fois, pour ainsi dire, en le voyant entrer, tant sa physionomie toute méridionale était expressive et mobile. Tout s'y peignait rapidement, enfin, les différentes émotions dont elle était animée. Mais qu'on n'oublie pas que c'était la pudeur et l'effroi d'une Espagnole, ce qui veut dire que l'énergie de son caractère reprit plus rapidement encore le dessus. Frédéric la salua d'un air galant et respectueux, et lui présenta le papier sur lequel elle daigna jeter à peine un regard. Une espèce de duègne, ou de gouvernante, dont elle était accompagnée, ayant appris quel en était le contenu, jeta des cris affreux, et protesta que c'était une indignité d'envoyer un officier pour hôte à de malheureuses femmes comme elles : « Laissez, dit Dolores en lui imposant silence d'un ton ferme » et tranquille, monsieur ne s'attend pas à trouver tous les » agrémens et toutes les commodités de la France chez des » victimes des Français. » Et sur-le-champ elle se retira dans l'appartement de sa tante, où elle se tint renfermée jusqu'à ce que Frédéric, contraint par ses affaires et son service, eût cédé enfin à la nécessité de sortir.

En rentrant, il n'aperçut pas la señorita, et il ne put guères se dissimuler que c'était lui, lui seul, qui, bien contre son gré, la tenait chez elle dans une sorte de captivité. Il profita cependant de son absence pour s'insinuer dans les bonnes grâces de la gouvernante, Pilar, vieille Aragonaise, qui portait le nom de Notre-Dame *del Pilar* ou du Pilier, patrone de la ville de Sarragosse.

« Vous ne paraissez pas méchant, lui dit cette bonne
» femme à voix basse et après avoir hésité long-temps, com-
» me s'il se fut agi d'un grand secret, et pourtant j'ai l'idée
» que vous êtes destiné à semer la discorde partout où vous
» allez. Il est venu, ici pendant que vous étiez sorti, deux
» amies de ma jeune maîtresse auxquelles j'ai bien innocem-
» ment raconté votre arrivée dans cette maison. Ce qui m'a
» fort surprise, c'est que tout en me demandant comment
» vous étiez, avec la curiosité naturelle à leur âge, comme
» je tardais apparemment trop à les satisfaire à cet égard,
» elles se sont tout-à-coup mises à vous dépeindre elles-
» mêmes beaucoup mieux qu'il n'eût été en mon pouvoir de
» le faire, et de façon à ne me laisser aucun doute que vous
» n'en fussiez bien connu. Comme je ne faisais par mes ré-
» ponses que confirmer leurs discours, elles ont assez long-
» temps ri entre elles, mais du bout des lèvres, et quand la
» señorita Dolores a paru, elles lui ont adressé ironique-
» ment beaucoup de complimens sur ce qu'elles appelaient
» sa conquête. Elle, de son côté, sans paraître prendre
» garde à leur malin babil, les a sur-le-champ congédiées,
» sous prétexte que sa tante se trouvait plus mal, tandis que,
» moi, je savais parfaitement qu'elle allait mieux, et quand
» elles ont été sorties, elle m'a défendu de les revoir à
» l'avenir tant que vous logeriez ici, ainsi que toutes les au-
» tres visites qui pourraient se présenter, car, a-t-elle ajouté,
» mais sans oser me regarder en face, il était déjà bien assez
» fâcheux pour la pauvre doña Conception d'avoir impatro-
» nisé dans sa maison, sans être encore assourdie par les
» caquets de toutes ces jeunes folles. Je n'ai rien répondu,
» car je connais le caractère de la señorita, et je sais qu'elle
» n'aime pas qu'on lui résiste, mais je n'ai pas pu m'empê-

» cher de vous en avertir, parce que vous m'avez l'air d'un
» brave jeune homme, et je pense que vous ne voudrez pas
» vous obstiner à rester ici pour brouiller ma pauvre maîtresse
» avec les amies qui la consolent dans sa solitude, tandis
» qu'il vous est si facile de trouver cinquante logemens
» meilleurs que celui-ci. — Et où trouverais-je une autre
» Dolores ? » s'écria l'impétueux Frédéric avec un air de ra-
vissement, qui dut prouver à la vieille Arragonaise qu'elle
avait complétement manqué son but. « Il n'est plus temps,
» continua-t-il, de vous le dissimuler, ma chère Pilar; je
» l'aime, j'en suis fou, et quand j'ai du moins le bonheur
» d'être si près d'elle, vos osez me conseiller de m'en éloi-
» gner. Recevez toujours, et en lui disant ces mots, il lui
» glissait dans la main une pièce d'or, recevez ce faible gage de
» ma reconnaissance, et continuez à me tenir au courant de
» tout ce que vous entendrez dire et que vous jugerez pouvoir
» m'intéresser. » Pilar avait accepté le métal funeste, il lui
eût été inutile de chercher à rester neutre désormais dans les
projets de Frédéric, et peut-être bien même n'en avait-elle
pas grande envie. Elle essaya pendant quelques temps encore
de le servir dans ses amours, mais sans la moindre apparence
de succès. Elle eut beau dire des neuvaines à la Sainte-Vierge,
sous tous ses noms connus et invoqués en Espagne, et faire
brûler en son honneur dans les églises de tous les couvens
de religieuses de Madrid des cierges payés avec l'argent que
lui prodiguait Frédéric; la seule vierge qui put exaucer les
vœux de Frédéric et les siens restait sourde à des prières
muettes que pourtant elle n'entendait que trop sans qu'il fût
besoin de les prononcer.

Irrité par la résistance inattendue qu'il rencontrait, mais
en même temps encouragé par ce qu'il avait appris de la
bonne Pilar, persécuté de plus par les plaisanteries de ses
camarades qui ne pouvaient manquer de s'apercevoir du
changement de son humeur, et par conséquent d'en soup-

çonner la cause (car les jeunes gens, plutôt que de se tromper sur ce chapitre, verraient l'amour, ou les amours, partout même où ils ne sont pas), persécuté surtout par les récits continuels de leurs nombreuses bonnes fortunes, qui ne permettaient guère à la foi la plus robuste de croire à la vertu des dames de ces pays, Frédéric prit enfin un parti violent; ceux et celles qui seraient tentés de l'en blâmer, feraient bien peut-être d'aller s'assurer par eux-mêmes de l'empire qu'exercent sur les sens et sur les cœurs un soleil et des yeux espagnols.

Certain que la vieille gouvernante, devenue à moitié sa complice, n'oserait pas traverser ouvertement l'exécution de ses projets, il résolut de pénétrer une nuit dans l'appartement de Dolores. Cette entreprise audacieuse n'avait été précédée d'aucune déclaration formelle qui pût donner l'éveil à la pudeur menacée, ou plutôt à cette fierté castillane qu'il désespérait à bon droit d'apprivoiser par des prières et des soupirs. Muni d'un flambeau, car il ne voulait pas même se donner l'obscurité pour auxiliaire, il arrive au lit virginal où la beauté dormait, mais peut-être ne reposait pas. Il l'éveille avec précaution, il s'élance rapidement à ses côtés, et tirant de son sein un poignard qu'il s'était facilement procuré le matin dans un pays où cette arme n'est nullement défendue, il la force à s'en saisir, puis, dirigeant lui-même la pointe sur son propre cœur : « Maintenant, lui dit-il, je » puis vous attaquer sans rougir, car il ne tient qu'à vous de » vous défendre. »

Le poignard resta sur ce cœur intrépide; mais en même temps il s'y arrêta; il s'y arrêta jusqu'au moment où Dolores vaincue, ne put s'empêcher de l'en écarter; car, dans une circonstance pareille, dès l'instant qu'il était trop tard pour la vertu, ne devait-il pas être trop tard aussi pour la vengeance?

Calme et brûlante, la belle Castillane semblait résignée à

son bonheur, mais elle ne pouvait pas l'être encore à l'absence de celui qui le lui avait donné. Lorsque Frédéric tenta enfin de s'arracher de ses bras : « As-tu donc pensé, lui dit-elle, » qu'il te serait permis de t'éloigner de ta victime pour en » faire, par ton abandon, la victime de la honte et des re- » mords? Tu as voulu t'enivrer des délices que peut cacher » l'amour d'une Espagnole ; il te reste à connaître maintenant » à quel prix il faut les acheter. »

Il fallut en effet qu'il les achetât par le sacrifice absolu de sa liberté ; il se vit contraint de renoncer entièrement à la société de ses camarades et au peu de plaisirs que Madrid peut offrir à un Français. Quand son service l'appelait quelque part, ses pas étaient suivis par des pas qui semblaient se multiplier sur leurs traces. Alors même que son devoir l'enchaînait à l'enceinte étroite d'un corps-de-garde, d'heure en heure, le jour, la nuit, un signal convenu, et qui ne pouvait frapper que lui seul, venait l'avertir que l'œil observateur d'une sentinelle, plus infatigable que celles qu'il tenait sous les armes, veillait à sa fidélité, veillait peut-être même à ce que sur l'aile d'un songe nul autre souvenir n'osât se glisser dans son cœur.

O qui dira ce bonheur agité, plus doux mille fois que l'apathique indifférence ne saurait le comprendre? Qui dira surtout celui dont tous deux se sentaient environnés comme d'un nuage transparent, quand venait enfin le moment tant souhaité qui devait les réunir? Une voix douce et entrecoupée demandait à Frédéric des détails sur tout ce qui lui était arrivé pendant le temps de leur séparation. Empressé d'obéir, il s'appesantissait longuement sur mille circonstances oiseuses, et quand il était enfin nécessaire d'en venir à la seule qui l'eût intéressé, il se taisait, mais son silence était expliqué par un sourire, et sur-le-champ des lèvres de feu venaient jusques sur ses lèvres entr'ouvertes le récompenser de sa délicate et mystérieuse discrétion.

Les jours filés d'or et de soie sont véritablement bien courts, et ils le paraissent bien plus encore, même à ceux qui n'ont pas appris de l'expérience que c'est surtout à ce temps, à ce temps fortuné qui cache sa faulx sous des fleurs, que le poète latin aurait dû appliquer l'épithète d'*irréparable*.

Le corps dans lequel servait Frédéric reçut l'ordre du départ : il devait aller sous les murs de Cadix redemander un roi à ses geôliers, bientôt peut-être à ses bourreaux. Le jeune Français ne savait pas comment annoncer cette douloureuse nouvelle à sa maîtresse; quand il la lui eût enfin apprise avec tous les ménagemens que l'amour pouvait lui suggérer, elle ne laissa échapper que ce seul cri : « Tu n'as pas hésité, j'es-
» père ! » Et comme elle vit que les yeux de son amant semblaient lui en demander l'explication, elle ajouta, mais avec cette emphase majestueuse, si naturelle à l'idiôme castillan, et qui semble lui prêter autant de dignité qu'elle en reçoit elle-même de son harmonie sonore : « Français, je suis com-
» patriote du Cid et de Chimène, et je saurais comme elle
» mépriser un amant qui, au risque de me perdre pour ja-
» mais, balancerait pendant l'ombre d'une seconde à sacrifier
» l'amour à l'honneur. »

Quand vint le moment des adieux, Frédéric crut devoir entremêler ses baisers brûlans des conseils qu'il jugeait capables de charmer un peu l'ennui de la triste solitude dans laquelle elle allait retomber : « Nous n'avons pas, interrom-
» pit-elle avec feu, la même manière d'aimer; je m'en aper-
» çois aujourd'hui. Je veux que tu souffres de mon absence,
» comme je veux souffrir de la tienne; je veux que mon image
» attristée vienne t'apparaître au sein des plaisirs et des illu-
» sions qui pourraient un instant t'enivrer. Adieu; regrette-
» moi et pars. » Frédéric partit; je laisse à penser si la première moitié de ce dernier ordre fut oubliée.

Il franchit le Tage et le Guadalquivir, les villes fameuses

de Tolède et de Séville, celle dont le nom plus fameux encore peut-être est inscrit en traits de sang dans les fastes de l'amour, cette Xerez de la Frontera, qui livra l'Espagne aux infidèles. Sous les murs altiers de Cadix, il se jeta dans les flots qui baignaient et défendaient le Trocadéro, il les traversa sans pouvoir éteindre, sans pouvoir adoucir du moins les feux dont il était dévoré. Il avait écrit, mais on l'avait prévenu d'avance qu'il ne recevrait pas de réponse. Pensant que c'était encore une épreuve à laquelle on avait voulu le soumettre, il se résigna, et quand les fers du roi catholique furent tombés au bruit de ce canon français qui en avait donné à tant de monarques, il repartit, le cœur ivre d'orgueil et de joie, car il revenait chercher dans Madrid le myrte qui devait embellir en secret les lauriers tressés pour son triomphe.

Il arrive d'un pas rapide à cette maison qu'il connaissait si bien, mais quel présage! Lui, ces lieux chéris ne semblent plus le reconnaître. La porte qui s'ouvrait toujours devant lui, comme par un pouvoir magique, avant que sa main n'en eût touché le marteau, reste long-temps immobile sous ses coups redoublés. Et quand déjà le désespoir les ralentissait, quand déjà son pied avait fait presqu'un pas pour s'éloigner, une créature humaine parut; dirai-je une femme? Non, car là surtout il n'y en avait plus qu'une pour lui. Ce n'était pas elle, c'était Pilar; vieillie encore de dix ans, elle n'avait plus l'air que d'une ombre; elle le reconnut, lui tourna le dos, cacha son visage dans ses mains, et s'enfuit en pleurant aussi vite que la vieillesse le lui permit. Frédéric, le cœur déchiré de mille ineffables angoisses, se hâta de la suivre jusques dans l'appartement de dona Concepcion qu'il trouva gémissant seule sur son lit de douleurs. « O señora!
» s'écria-t-il dans un transport d'anxiété qui ressemblait à
» la rage, où est Dolores? où est-elle? qu'en avez-vous fait?
» c'est mon épouse, c'est ma vie; Dieu et la nature vous dé-
» fendent de me la cacher plus long-temps. —Hélas! lui ré-

» pondit en sanglottant la pauvre infirme, je l'ignore comme
» vous, car votre langage me paraît offrir l'accent de la vé-
» rité, et dans ma douleur je vous accusais de me l'avoir
» ravie, de même que vous m'en accusez aujourd'ui à votre
» tour. » Frédéric se tut; pas une larme ne put couler de ses
yeux; une idée lui vint, et il la saisit avidement comme la
dernière planche de salut dans le naufrage qui venait d'engloutir sa plus chère, son unique espérance.

La mémoire du cœur (et par cette expression, je n'entends
pas seulement la reconnaissance), ou, si on le préfère, pour
ne pas laisser d'équivoque, la mémoire de l'amour est si fidèle et si sûre, qu'il n'avait eu garde d'oublier le nom du
couvent qui renfermait à Burgos la mère de sa bien-aimée,
nom qu'il n'avait peut-être entendu prononcer qu'une fois.
Ce fut là que se portèrent sur-le-champ tous ses vœux et toutes
ses pensées. Il essaya bien de se présenter chez les différentes
amies de Dolores, pour en obtenir, s'il se pouvait, quelque
nouvelle, mais il n'y trouva que la bienveillance de la coquetterie, qui lui offrait peu de ressources en pareil cas. Quand elles
auraient su la retraite de la belle fugitive, on devine alors
que s'en informer auprès d'elles n'était pas peut-être le
meilleur moyen de l'apprendre. Pour leur honneur, pour ne
pas croire qu'elles eussent déjà totalement banni de leur
cœur le souvenir d'une amitié dont les nœuds avaient été si
récemment rompus, il vaut mieux croire que l'amitié n'avait
pas jugé à propos de les mettre dans sa confidence, qui eût
été aussi celle de l'amour.

L'ordre du départ, l'ordre qui devait le ramener en France,
arriva enfin; il revit ces plateaux et ces crêtes de Somo-
sierra, rendues célèbres par la valeur des lanciers polonais,
qui, en aidant un conquérant farouche à opprimer des peuples généreux, faisaient à l'école du despotisme l'apprentis-
sage de la délivrance de leur malheureuse patrie.

Il revit cette Lerma, dont le nom s'est associé à celui du

ministre de la tyrannie sans vigueur, et de la superstition sans pitié ; mais gardons-nous de nous appesantir sur ce coin de mon tableau, gardons-nous d'insulter aux cendres d'un monarque dont le sang a donné Louis XIV à la France ; craignons de soulever contre nous l'indignation de toutes ces gloires qui ceignent le front du grand roi d'un diadême bien plus éclatant, et plus impérissable surtout, que sa couronne, cette couronne des lys pour laquelle son orgueil royal osait vouloir une durée, une splendeur éternelles, comme il croyait pouvoir commander pour son propre nom une radieuse immortalité.

Frédéric aperçut enfin les hauts clochers de la superbe cathédrale de Burgos.

Il vola au couvent qu'habitait dona Francisca, la mère de Dolores. Sa venue subite y répandit, non pas l'alarme, mais cet émoi que doit toujours exciter dans l'asile du repos le plus inviolable qui puisse exister sur la terre, un événement aussi extraordinaire et aussi peu attendu. L'abbesse, près de laquelle il fut introduit au parloir, tout en paraissant en quelque sorte préparée à sa visite, lui dit que dona Francisca ne consentirait jamais à soutenir la vue d'un compatriote de ces guerriers, qui, par les ordres de Napoléon, avaient tranché les jours de son époux, et qu'il faudrait un abus d'autorité pour l'y contraindre ; qu'il ne lui restait rien de plus à répondre au jeune Français. Dans ce moment même on vint lui apprendre à l'oreille une nouvelle qui la surprit et la courrouça vivement, à en juger par les différentes expressions que trahit en moins d'une minute cette figure auparavant calme et immobile ; elle se hâta de congédier le malheureux Frédéric, après l'avoir toutefois prié de lui donner d'une manière bien exacte son nom, celui du corps auquel il appartenait, et celui de l'hôte chez qui on l'avait logé, sous prétexte de lui faire passer les messages que peut-être dona Francisca jugerait convenable de lui adresser.

Le cœur déchiré, |Frédéric sortit du vaste tombeau, de ce tombeau anticipé où il avait espéré retrouver la vie.

Il alla dans cette magnifique cathédrale, dans les nombreuses églises de l'ancienne capitale où régnaient les rois de Castille; *peut-être*..... ce mot retentissait toujours dans son âme. Il s'y prosterna, non pas aux pieds de l'Éternel, il n'eût pas osé l'implorer pour un amour que son excès même avait rendu trop coupable. Mais il ne peut se défendre d'espérer la protection de cette mère de douleurs qui la devait à sa bien-aimée; de cette femme, être intermédiaire entre Dieu et l'homme, bien plus pure que les anges du ciel, parce qu'elle a été bien plus éprouvée, et à qui son immense charité, cet amour plus que maternel dont la mère du créateur doit embrasser toutes les créatures, apprend à sympathiser avec toutes les souffrances que nous éprouvons dans cette vie mortelle, même à celles qu'elle ne connaît pas, dont elle ne devait pas soupçonner l'existence, et auxquelles l'inaltérable pureté de son âme céleste n'a jamais permis d'en approcher.

La nuit était venue; en errant au hasard dans les rue silencieuses de Burgos, ses pas le conduisirent vers une sorte de place ou de promenade appelée, je crois, l'*Espolon*. Qu'on me pardonne une erreur possible sur une circonstance peu importante à mes yeux; ce qui dans ce lieu attirait particulièrement les regards de Frédéric, c'était un tombeau, mais ce tombeau devait être cher et sacré à la France comme à l'Espagne; il rappelait à chacune des deux nations une gloire différente, dont les rayons immortels jaillissaient également de son sein. Ce n'était qu'un monument bien simple; son nom en faisait un superbe mausolée : il s'appelait le tombeau du Cid.

Les rayons de la lune, à demi-voilée par un faible nuage, frappaient sur l'humble sépulcre où reposait la cendre d'un héros. En se dirigeant vers l'enceinte qui le renfermait,

Frédéric ne pouvait en détacher ses regards ; il le contemplait avidement dans une ivresse mélancolique, bien connue de tous ceux qui ont senti, qui ont aimé, c'est-à-dire, qui ont souffert. Dans presque tous les idiômes connus, surtout dans ceux de ces peuples anciens dont l'imagination riante s'était créé un Élysée à l'image de la terre, de peur de porter leurs désirs trop haut en les élevant jusqu'au ciel, qui ne sait pas que le mot *passion* est synonyme de *souffrance* ?

Il avait pris une figure de femme immobile auprès du tombeau pour une statue de marbre noir, probablement pour celle de Chimène. Ce qui était de couleur différente lui avait paru conforme au goût barbare du temps où le monument avait dû être érigé. Bientôt il se rappela que la première fois qu'il avait passé à Burgos, lors de son entrée en Espagne, et qu'il avait vu ce tombeau, cette même figure n'avait point frappé ses regards, et quoiqu'à cette époque il ne fût pas encore amoureux, le vers bien connu qu'un écrivain français doit s'énorgueillir de citer :

Tout Paris pour Chimène a les yeux de Rodrigue,

est toujours aussi vrai que dans le temps où il fut inspiré au sévère Boileau par une admiration justement reconnaissante pour le père et le créateur de la scène française.

Mais bientôt il crut apercevoir un faible mouvement dans la statue, comme il faisait le tour de la balustrade pour l'observer sous différens aspects. Les moyens classiques ne sauraient jamais manquer dans la vieille Espagne pour franchir toutes les clôtures : il serait donc bien inutile de demander quel expédient employa notre jeune homme dans l'enceinte du modeste et poétique mausolée.

Dès qu'il eut enfin touché un sol que foulent si peu de pas humains, il courut vers la figure de marbre noir, et il reconnut..... Ai-je besoin de la nommer? Est-il un lecteur qui ne l'ait déjà deviné?

Elle était à demi-couchée et presque évanouie sur la base du monument; ses yeux humides se dirigeaient vers le ciel, vers ces astres dont la sérénité radieuse était l'objet de son envie. Un bruit de pas précipités la trouble, l'effraie; elle tourne la tête et reconnaît à son tour.... Seul avec elle, au sein de la nuit et du silence, il était là, dirai-je à ses pieds? dirai-je dans ses bras?

« O vierge, mère de douleurs, ma sainte et céleste patro-
» ne! O Cid, sauveur de la Castille et de la foi des vieux
» chrétiens! ma mère, qui dans le fond de votre pieuse re-
» traite, vous désolez sans doute maintenant de ma fuite
» et de mon absence! protégez-moi, au nom du ciel! pro-
» tégez-moi contre moi-même; car je n'ai pas l'affreux cou-
» rage de vous implorer contre lui. »

Tels étaient les cris qui s'échappaient de sa poitrine violemment soulevée; et dans le moment où sa bouche s'ouvrait pour prononcer des paroles que reniait son pauvre cœur, ses lèvres allaient encore une fois achever sur des lèvres étrangères les vœux mêmes, les vœux supplians que prononçait Dolores pour obtenir d'un auxiliaire céleste la force de s'arracher à l'ascendant de celui qu'elle aimait.

Tout-à-coup, se sentant violemment pressée sur un cœur qui ne battait plus que pour elle, elle se dégage par un douloureux effort des bras nerveux qui la tenaient enlacée, et saisissant le sabre de Frédéric, elle l'arrache de son fourreau. En même temps elle lui présente le poignard qu'elle tenait de lui, qu'elle en avait reçu dans un jour bien doux et bien fatal. Comme il hésitait à cette vue : « Prends-le, dit-
» elle, je le veux; tu sauras bientôt pourquoi, et tu verras
» que j'ai droit de te le prescrire. » Dès qu'il eut obéi : « Ap-
» prends, malheureux, continua-t-elle avec une tranquillité

» effrayante, à quel prix je peux être encore une fois à toi.
» Je veux bien me donner à toi, je consens à souffrir pour toi
» pendant une éternité, à souffrir tout, excepté ton absence.
» Nous ne pouvons plus aller au ciel ensemble; ma mère
» nous en a fermé la route en refusant son consentement à
» mon union avec un Français, qu'elle ne croirait jamais
» voir que tout couvert du sang de mon père; il nous reste
» l'enfer, mais auras-tu le courage de le choisir ? Toi qui es à
» peine chrétien, comme toute ta nation hérétique, si tu
» m'en donnes l'exemple, moi, Espagnole et catholique, je
» te réponds que je ne reculerai pas. Qu'un double suicide
» nous affranchisse, je ne dirai pas des peines de la vie, mais
» de ses incertitudes, et Satan serrera lui-même les nœuds
» d'un hymen que le ciel ne saurait voir sans horreur. »

Après un moment de silence, elle reprit encore du même ton : « Eh bien ! Frédéric, qu'en dis-tu ?

Le malheureux Frédéric tremblait pour la première fois, tremblait de tous ses membres, une sueur froide découlait péniblement de son front. Il se leva, il s'éloigna d'un pas, d'un seul pas; il sembla réfléchir un instant, à peine une minute. Dolores se leva aussi. Sur-le-champ il voulut s'élancer au-devant d'elle, mais elle le repoussa par un geste dédaigneux, avec toute la hauteur d'une reine. « Tu n'es plus dangereux
» pour moi, lui dit-elle; adieu, adieu pour toujours ! Désor-
» mais je te crains si peu, que je vais te rendre ton sabre. Je
» te connais maintenant; je sais que ce n'est pas l'intrépidité
» qui te manque; mais avec tout ton courage, nous verrons
» si, quand je serai désarmée, tu oseras encore soutenir mes
» regards et ma présence. » Elle lui jeta en effet son sabre, et s'éloigna d'un pas grave et majestueux; elle atteignit la balustrade; Frédéric la franchit immédiatement après elle. Quand ils furent sortis de ce lieu, où s'était décidé le sort de tout leur avenir, et presque de leur avenir éternel,

il la suivit encore à quelques pas de distance, il la vit arriver et frapper à la porte de son couvent. On vint ouvrir en grande hâte, malgré l'heure indue; il entendit les exclamations confuses des religieuses, mais il entendit surtout une voix bien connue qui dominait toutes les autres, et qui disait avec un accent sépulcral, sans chercher à excuser son absence ou à expliquer son retour : « Ma mère, je ne sortirai plus d'ici. » Le saint asile se referma sur elle, et tout rentra dans le calme accoutumé.

LE COMTE GASPARD DE PONS.

INSURRECTION DE CADIX.

1808.

La révolution d'Aranjuez, principe des troubles qui ont agité l'Andalousie et les provinces limitrophes, avait déjà exercé son influence sur l'esprit de la multitude de cette partie méridionale de la Péninsule, lorsque l'on annonça à Cadix, comme très-prochaine, l'arrivée d'une armée française de vingt-trois mille hommes, aux ordres du général Dupont. Déjà la rébellion commençait à s'y présenter d'une manière inquiétante ; chaque jour ajoutait aux angoisses que les Français y éprouvaient, et la nécessité de voir arrriver une force répressive se faisait de plus en plus sentir. Cependant, à l'agitation que produisit la nouvelle de l'insurrection du 2 mai, succéda une tranquillité apparente et non interrompue pendant quelques semaines. L'assurance d'une amélioration de sort, celle d'une régénération reconnue nécessaire, avaient répondu à tout ce que nos détracteurs ne se lassaient point de répandre d'injurieux et d'insultant contre les intentions de l'Empereur. Nombre de sages Espagnols, amis de l'ordre et de leur pays, envisageaient déjà l'heureux effet qui en résulterait. On se plaisait à entrevoir avec eux, dans l'organisation à laquelle on touchait, des réformes modérées et indispensables, le relèvement de l'esprit public, une sage administration succéder à celle du prince de la Paix, qui avait été renversée le 19 mars, et en définitive, un ordre de choses auquel était en droit d'aspirer une nation brave, pleine de loyauté, et susceptible de reprendre en Europe le rang d'où l'insoucieuse indolence de ses souverains l'avait fait descendre depuis le règne de Charles II.

Mais si cette partie de la nation espagnole était pénétrée de ces principes, celle qui lui était opposée, et dont la majorité commençait à être effrayante, ne cessait de présenter les vues de l'empereur sous le jour le plus défavorable, répandant successivement que son projet était d'envahir la Péninsule, de la diviser et de réunir les provinces contigües à la France à son territoire ; ils ajoutaient que son intention était de détruire la religion et toutes les institutions qui en dépendent, et qu'il se proposait enfin de saper jusqu'à ses fondemens la constitution du royaume.

Telles étaient les prévisions que ces hommes s'efforçaient d'accréditer, lorsque la nouvelle du départ de don Antonio, frère du roi Charles IV, parvint en Andalousie. Les frondeurs de la France, dont le nombre augmentait journellement, accrurent leur parti de ceux qui jusqu'alors avaient tenté de soulever, mais sans succès, toutes les classes de citoyens. Beaucoup de moines et nombre d'officiers, tous dirigés par le comte de Téba, devenu depuis marquis del Montijo, obtinrent graduellement plus de succès dans leurs tentatives, et enhardis par la présence de l'escadre anglaise, qui venait de reparaître devant Cadix, renforcée d'un convoi de vingt-cinq voiles, portant environ cinq mille hommes de troupes de débarquement, ils redoublèrent d'audace et commencèrent à faire connaître ouvertement l'intention de convertir en insurrection générale le mouvement qu'ils avaient préparé isolément. Il était évident que ces troupes, qu'on avait embarquées à la hâte à Gibraltar, sans considérer l'étonnante diminution que la garnison de cette place allait éprouver, il était évident, dis-je, que ce corps d'armée n'avait pu être envoyé devant Cadix, que sur l'avis parvenu au gouvernement de Gibraltar des dispositions où l'on était contre les Français. D'ailleurs, le comte de Téba, et autres chefs subalternes, ne se cachaient plus avec leurs amis de leurs projets, et du moment où l'escadre et son convoi eurent mouillé dans l'O. N. O. de Rota, ils entretinrent en plein jour, mais notamment le marquis del Montijo, des intelligences avec l'amiral Purvis, commandant les forces anglaises.

En vain l'on cherche à se rendre compte de l'inconcevable sécurité du marquis de Solano, capitaine-général gouverneur, qui en fut avisé, non seulement par l'auteur de ce récit, mais aussi par plusieurs lettres anonymes, dans lesquelles on le menaçait de la vindicte publique, et où l'on ne lui laissait pas ignorer que, dans le cas où il ne favoriserait pas de tous ses moyens l'insurrection qu'on préparait, sa tête en répondrait.

Il fallait, ce me semble, dans une circonstance de cette nature, et comme le lui avaient conseillé plusieurs personnes d'une expérience consommée, sévir d'abord contre le comte de Téba, s'assurer, ainsi que son influence lui en laissait la possibilité, des employés civils et militaires qu'il s'était associés, et enfin démontrer, par un exemple sévère, que ce qu'il avait annoncé avec d'autant d'inconséquence que d'ostentation, avant son départ de Badajoz, était, si non exécutable, au moins susceptible de se réaliser à l'aide de dispositions vigoureuses. Mais telle était l'étoile de cet homme devant ces modernes Cassandre, de ne croire le mal progressif qu'on lui faisait connaître que lorsqu'il était incurable. Peu effrayé des avis qu'il avait reçus sur les menées du comte de Téba, il ne voulut point le faire arrêter. Aussi indulgent, ou pour mieux dire, aussi aveugle sur les fréquentes communications du gouverneur de Saint-Lucar avec l'escadre ennemie, il crut devoir, en répétant cette phrase banale que *c'était des chiens qui aboyaient,* les considérer aussi indifféremment que les propos incendiaires que tenaient journellement à Cadix les colonels Solère et Saint-Lorenzo, le premier commandant le régiment des quatre ordres, et le second celui des milices de Xérès.

On en était à cet état de crise, d'insouciance et de fermentation, lorsque le 27 mai, à quatre heures de l'après-midi, arriva une estafette de Séville, porteur de plis à l'adresse du marquis de Solano; un second courrier suivit une heure après, porteur encore de plis pour le même gouverneur, et vers les six heures l'on eut non-seulement connaissance du contenu de ces dépêches par les chefs de révolte qui avaient levé le masque, mais même de ce qu'ils se proposaient d'entreprendre, dans le cas où ce gouverneur ne les seconderait point dans l'exécution des instructions ou ordres qu'ils avaient reçus du comte de Téba, alors occupé à Séville à organiser cette junte qui y a gouverné depuis.

Dès ce moment, l'on vit ces mêmes chefs, suivis d'une foule d'hommes sans aveu, se porter en criant, et avec le désordre qui accompagne toujours ces sortes d'émeutes, au palais du gouverneur, lui enjoindre de la manière la plus impérieuse et la plus insolente de prendre la direction de l'insurrection, à la tête de laquelle ils se glorifiaient, disaient-ils, de se trouver, le menaçant en cas de négative de toute la fureur de la populace qui les suivait. Le ton comminatoire de ces boute-feu, ajouté aux vociférations de leur bruyante suite, répandue depuis les ouvertures de la place Saint-Charles jusqu'au fond des propres appartemens du capitaine-général, ne lui laissaient d'autre alternative que celle de leur fournir immédiatement les moyens d'attaque qu'ils réclamaient à grands cris contre l'escadre française, ou d'obtenir par un acte de fermeté leur rentrée dans l'ordre; mais ce qui était praticable, comme je l'ai exposé, quelques jours avant, ne pouvait plus être mis à exécution au moment d'une effervescence qui avait déjà fait tant de progrès. D'ailleurs, M. de Solano, quoique militaire d'un très-grand sang-froid, mais frappé autant que pouvait l'être un homme dont l'autorité venait d'être méconnue, et habitué d'ailleurs à commander en maître absolu, dans une ville où le moindre désordre avait été toujours réprimé, M. de Solano, dis-je, commençait à ne savoir que faire, et, jusqu'au moment de son assassinat, sa conduite ne fut marquée que par des irrésolutions et des mesures qui indiquaient ouvertement l'ascendant que la populace avait pris sur lui. Pour se délivrer des hurlemens de ce rassemblement, il prit le parti moyen, le plus dangereux de tous, de composer avec ses chefs, et les renvoyant à la décision qu'allait prendre la junta d'officiers-généraux qu'il venait de convoquer, il il les invita (c'est le mot propre de M. de Solano) à se retirer tranquillement chez eux, ce qui fut exécuté, non cependant sans qu'une de leurs bandes n'eût été casser les vitres de la maison qu'occupait à Cadix M. l'amiral Rosily, commandant l'escadre française. Cette junta, composée du gouverneur, des lieutenans-généraux prince de Montforte, de Morla et de la Pena ; de plusieurs maréchaux de camp, des chefs d'armes et des colonels des régimens attachés à la place de Cadix, s'occupa de la rédaction d'une proclamation, dite dans le pays, *bando*, qui non seulement devait être affichée et publiée dans cette dernière ville, mais envoyée par courrier extraordinaire à toutes les villes et peuplades voisines. Cette proclamation fut publiée le lendemain, et suivant la coutume d'Espagne elle fut lue le soir même du jour, dans tous les quartiers de la ville, au son de la musique militaire et des tambours ; mais quel fut l'étonnement des hommes modérés de la voir accueillir à coups de sifflets, et d'en entendre commenter les expressions de la manière la plus outrageante pour les membres du conseil de guerre. Tout espoir d'obéissance fut alors détruit, et le gouverneur ne s'étant assuré d'aucune partie de la garnison, non seulement soudoyée et excitée par le peuple, mais aussi par ses colonels et autres officiers supérieurs, se vit de nouveau assailli par les mêmes rassemblemens qui l'avaient menacé la veille. Forcé de comparaître devant eux, éclairé de torches qu'on lui intima de faire allumer, il fallut qu'il répondît, de son balcon, à toutes les interpellations qu'il plut aux orateurs de cet attroupement de lui adresser, et qu'il entendît sans répliquer, toutes les insultes personnelles qu'on lui vomit de plusieurs coins de la place. Quelques-uns des plus exaltés lui criaient qu'il avait peur des Français, et que cette raison, jointe à celle de la perte de sa place de capitaine-général, le portait à ne pas vouloir attaquer l'escadre de leur pavillon; ils lui rappelèrent ensuite quelques passages timorés de la proclamation précitée, proclamation, ajoutèrent-ils, dont la main du bourreau saurait seule faire justice, et dont un traître comme lui pouvait seul avoir été le rédacteur.

Ce n'était pas la dernière atteinte que devait recevoir l'autorité de M. de Solano, porté encore cette fois à céder à la volonté de cette horde. Je ne sais en vérité quel esprit de vertige l'amena à lui promettre, pour le lendemain 29, une distribution d'armes à prendre dans les arsenaux de Cadix. Les insurgés de cette ville, forts de l'exemple de Séville où les armes de tous genres avaient été distribuées le 26 par ordre du jeune frère du comte de Téba, lieutenant d'artillerie, les insurgés de Cadix, dis-je, avaient fortement insisté sur cette distribution; ils l'avaient même demandée dès le matin, mais M. de Solano avait eu le bonheur de l'éluder en les renvoyant, comme la veille, à la décision de la *junta* de généraux. Il comptait encore sur l'efficacité des dispositions de la proclamation dont j'ai parlé plus haut, et il croyait toujours qu'ils reconnaîtraient la force des avis sages qu'elle renfermait, lorsque le soir-il eut la faiblesse de leur accorder cette distribution d'armes ; il ne pensait sans doute point qu'elle allait être tournée contre sa personne et qu'elle allait préparer la licence la plus effrénée que l'on puisse citer. La populace, contente de la promesse qu'elle venait de retirer du capitaine-général, mais plus encore de l'ascendant qu'elle reconnut avoir prise sur son autorité, se dispersa plus tranquille qu'on n'avait osé l'espérer.

Toutefois, dès le lendemain matin, six heures, le peuple se porta en foule à l'arsenal de la ville ; on lui distribua, sans procéder au moindre enregistrement, toutes les armes portatives qu'il renfermait. On le vit alors se diviser par bandes de cinq à six cents hommes, se porter aux casernes des régimens de milices qui faisaient partie de la garnison, enlever, à la honte de ces corps, leurs drapeaux, et confondre dans le rang de ceux qui n'avaient point pris d'armes, et dont le seul office était de répandre l'alarme, des soldats appelés, comme ils auraient dû l'être, à réprimer leur désordre. Mais bientôt ces derniers, livrés à une licence qu'amène toujours l'absence de toute discipline, furent eux-mêmes hors d'état de se diriger. La populace qui avait eu soin de les enivrer les guidait ; les marches multipliées qu'ils firent toute la journée dans les rues de la ville ne sauraient être décrites, et ne peuvent souffrir aucun objet de comparaison, tant était grand le désordre qui y régnait. Les meneurs de l'insurrection ne manquaient point de communiquer fréquemment avec eux, et gourmandant leur courage de temps à autre, ils leur répétaient :
« N'êtes-vous donc pas disposés à faire un exemple de ce
» traître que nous possédons dans notre sein ? *Et qu'est-il*
» *donc besoin d'attendre pour nous en délivrer ?* » Il n'en

fallait certainement pas tant pour disposer cette multitude effrénée à ce qu'elle brûlait d'entreprendre depuis le 27. Aussi s'écrièrent-ils unanimement : *allons tuer Solano*.

Ce projet arrêté, ils marchèrent en masse, et se divisant par les rues qui communiquent à la place de Saint-Charles, ils n'y furent pas plutôt arrivés, que, sans attendre la réponse que devait leur transmettre un de leurs députés envoyé à M. de Solano, ils commencèrent sur son hôtel un feu de mousqueterie, auquel se joignit bientôt celui de quatre pièces de campagne, servies par des canoniers des régimens de la garnison. En vain M. de Solano, intimidé par cette masse d'hommes armés, avait voulu, un peu avant les premiers coups de feu tirés, composer encore avec elle; je sais même de science certaine, qu'il avait promis de se rendre aux vœux de la populace à ce député dont je viens de parler, et qu'il était prêt à ordonner des dispositions pour l'attaque de l'escadre française. En vain, pour assurer ses intentions pacifiques, je dirai presque sa soumission à cette multitude, avait-il ordonné qu'on mît à une de ses fenêtres un grand mouchoir blanc; ni ce signe, ni les protestations que firent en sa faveur deux officiers de son état-major ne purent arrêter la première impulsion donnée. Les vingt-cinq miquelets, qui étaient de garde au palais du gouvernement, furent lâchement augmenter les rangs de ces forcénés, après avoir fait une décharge en l'air; et la porte devant laquelle ils étaient formés en bataille se trouvant alors démasquée, les quatre pièces d'artillerie commencèrent à jouer dessus. Le feu était continu, mais contre l'attente de cette armée d'hommes exaltés la porte du palais tenait toujours. Pour en accélérer la rupture, ils furent prendre une pièce de vingt-quatre qui était à leur portée sur le môle Saint-Nicolas, et détournant deux des canons du même calibre qui les avoisinaient, ls les dirigèrent sur le flanc droit de l'hôtel du gouvernement.

Pendant ce temps-là, l'infortuné marquis de Solano, seul

et abandonné de tout ce qui l'entourait un quart d'heure avant, excepté de M. de Valverde, un de ses aides-de-camp, songeait, n'ayant d'autre espoir de salut que dans la fuite, à se sauver par la terrasse du palais. A peine entrait-il dans la terrasse contigüe, que la porte céda aux coups répétés qu'elle reçut, et que la populace pénétra dans tous ses appartemens. Je n'ai pas besoin, je pense, de dire que tout fut livré au pillage, et qu'en un moment sa superbe habitation fut totalement dévastée. Rien ne fut respecté, pas même les archives du gouvernement. Tout fut jeté pêle-mêle par les croisées; mais, comme je l'ai déjà fait connaître, la rage de tous ces bandits ne pouvait être assouvie qu'après avoir trempé leurs mains dans le sang du capitaine-général. Ne le trouvant pas chez lui, ils jugèrent qu'il n'avait pu se sauver que dans une des maisons de l'île à laquelle le palais du gouvernement appartenait. Cette île, cernée de toutes parts, offrait vraiment l'image d'une ville assiégée. En un instant toutes les maisons furent fouillées avec la dernière rigueur. Cependant on ne découvrait point M. de Solano. Tous ces forcenés même commençaient à évacuer la maison où il était caché, lorsque l'un d'eux, peintre-décorateur, fit observer que le capitaine-général pouvait bien s'être tapi dans un placard qu'il connaissait et dont il avait lui-même dirigé la construction. On fut aussitôt en faire l'inspection, et, comme l'avait jugé ce peintre, le malheureux gouverneur attendait avec anxiété dans ce réduit le moment qui allait décider de son sort. Je n'entreprendrai point de décrire tout ce que ces misérables commirent sur sa personne, en le faisant sortir de cette armoire. La plume se refuse à rappeler toutes ces horreurs; il suffit de dire que tous les genres d'humiliations et de mauvais traitemens furent tour-à-tour employés, et qu'il n'est point d'exemple d'une torture morale et physique semblable à celle que M. de Solano a éprouvée dans ses derniers momens. Depuis la maison qui lui avait servi de refuge jusqu'à la place Saint-Jean-de-Dieu, il fut insulté de la manière la plus outrageante par des officiers qui, encore la veille, allaient lui faire leur cour dans son salon. Percé de plus vingt coups de couteau, que des soldats et des gens du peuple acharnés sur sa personne lui avaient portés, il avait encore la douleur de voir ces furies l'accabler des injures les plus grossières, et les entendre demander à grands cris qu'on le pendît. Il l'aurait sans doute été si un officier d'artillerie, dont je n'ai pu découvrir le nom, ne lui avait passé son sabre au travers du corps criant à tout ce qui l'entourait : « *Plusieurs d'entre vous demandent qu'il soit conduit en prison, il ne faut point qu'on fasse de lui un second Godoy.* » Et il lui perça le cœur.

Ainsi périt ce malheureux marquis de Solano, digne à tous égards d'un meilleur sort, si à un esprit de versalité qui l'animait toujours, il avait su opposer cette force de caractère dont il était susceptible, mais dont il donnait seulement des preuves dans des circonstances qui ne le méritaient point. Inconséquent et confiant au dernier degré, habitué à commander en maître absolu dans son gouvernement, il ne lui était jamais venu dans la pensée que les ennemis qu'il s'était faits pendant le cours de son commandement oublîraient le respect dû à son caractère, et qu'ils exciteraient par leurs intrigues et leurs menées l'audace de ces révolutionnaires contre son autorité. Aussi mauvais administrateur, mais probe, que militaire hardi et entreprenant, il eût été à desirer pour sa gloire qu'il ne fût point sorti des camps. Je n'hésite point même à avancer que, malgré la faiblesse qu'il a démontrée un peu avant les premiers coups de fusil tirés sur sa maison, il n'eût point imité la conduite du marquis de la Romana, si, placé comme lui en Danemarck, il eût été lié par un serment de fidélité. Brave jusqu'à la témérité, et d'une franchise de caractère peu commune, il eût été incapable de la moindre duplicité. En Norwége comme en Andalousie, il aurait rejeté les offres que les Anglais auraient pu lui faire. Je dirai aussi que s'il avait donné une autre direction à sa conduite, et qu'au lieu d'exécuter ponctuellement les ordres du grand-duc de Berg, avec qui il était entré franchement en communication, il se fût mis à la tête du mouvement insurrectionnel qui éclata presque simultanément à Séville et à Cadix; ses talens militaires, cultivés à l'école du général Moreau, l'auraient infailliblement porté à la tête des armées qui nous ont été opposées durant toute la guerre de la Péninsule, et qu'il aurait incontestablement effacé, par sa supériorité, la renommée des Blake, la Romana, Castenos, Ballesteros et autres.

Qu'on se représente maintenant la situation de Cadix, sans chef militaire et civil, livrée à tous les excès de la licence populaire, gardée, ou pour mieux dire, courue par des hommes sans frein, fiers de l'exemple qu'ils venaient de donner aux passibles généraux et officiers signataires de la proclamation précitée. Non contens de les avoir rendus spectateurs de leurs désordres, ils voulurent aussi qu'ils le fussent du crime qu'ils venaient de commettre. Ils les menèrent près du cadavre sanglant de leur malheureux camarade. C'est là que plusieurs d'entre eux, apostrophant M. de Morla, qui venait d'être, par la volonté du peuple, appelé au gouvernement de Cadix, lui répétèrent à différentes reprises : « Si tu dévies du chemin que nous te tracerons, voilà, en lui montrant le corps inanimé de M. de Solano, le sort qui t'est réservé.

Comme on l'imagine, l'autorité de ce nouveau gouverneur n'était pas encore assez affermie pour tenter d'arrêter, à la suite de l'événement que je viens de décrire, le désordre qui allait sans cesse croissant. Aussi fallut-il tolérer que cette canaille, car on ne peut l'appeler autrement, non contente d'avoir insulté, de la manière la plus atroce, les restes du capitaine-général, fût mettre le feu à son palais. Il était huit heures du soir, lorsqu'ils s'y portèrent de nouveau en masse, et là, sans considérer qu'un magasin à poudre qui l'avoisinait pourrait par son explosion amener les résultats les plus funestes pour la ville, ils ne se départirent point du projet qu'ils avaient formé d'incendier la maison du gouvernement. Il est en vérité inconcevable comment, avec le fort vent d'est qui régna toute la nuit, cette poudrière fut préservée des flammes qui sortaient de toutes parts. On ne parvint qu'à deux heures du matin à se rendre maître du feu, à force de bras appelés par le tocsin et par le canon qu'on ne cessait de tirer de minute en minute sur les places publiques. Vers les deux heures et demie, toute cette horde de forcenés laissa enfin les débris affreux de l'hôtel de M. de Solano, et se retira insensiblement des rues criant et jurant de la manière la plus énergique contre les Français et leurs partisans.

Le 30, toute l'attention de ces misérables se dirigea contre l'escadre française, et sans les sages représentations de M. de Morla, qui commença dès ce jour à prendre sur eux cet ascendant que donne la fermeté unie à la prudence et à une haute réputation de talent, leur projet était d'aller attaquer les vaisseaux français dans des bateaux. On peut facilement se faire une idée de l'avantage que M. de Rosily aurait obtenu, s'ils avaient eu, je ne dis pas la témérité, mais la folie de l'exécuter. Avec la réception qu'il leur avait préparée, il n'en serait certainement pas revenu un à Cadix.

Il est à remarquer que les mouvemens que je viens de raconter, se manifestèrent simultanément à Cadix, Séville, Xérès, Saint-Lucar et autres points de l'Andalousie. Ils se montrèrent dans toutes ces villes sous les mêmes formes que ceux qui avaient accompagné la journée du 19 mars à Madrid. Ce premier plan de révolte avait été pris pour base générale dans tout le royaume, et comme on a dû l'observer, la partie méridionale de la Péninsule ne fut pas une des provinces la moins empressée à l'adopter. Tout fut calqué sur cet événement, depuis si long-temps attendu par les mécontens nés du gouvernement absolu et inepte du prince de la Paix. A l'esprit de pillage et d'insurrection qui anima les acteurs de cette révolution, se joignit l'acharnement de la haine la plus invétérée contre les Français.

Le cri général de ces forcenés, *muera los Franceses* (meurent les Français), était toujours celui qu'ils répétaient de préférence au milieu d'expressions du cynisme le plus énergique et le plus dégoûtant. Excités sous main par des officiers, des hommes et des moines dont la fortune, existant dans l'Amérique du sud, paraissait leur donner le droit de tout braver et de tout entreprendre, ils auraient infailliblement répété à Cadix, et dans d'autres villes de l'Andalousie, les scènes d'horreur et de barbarie dont les Français établis ou en voyage dans les provinces du nord et de l'est de la Péninsule ont éprouvé les malheureux effets, si la constante vigilance de M. de Morla n'avait point arrêté cette soif de sang et cet esprit de vengeance sans bornes qui s'est si funestement développé envers nos compatriotes, durant le cours de la guerre de la Péninsule.

LE COMTE DE CANCLAUX.

LA VALLÉE DE COVADONGA,

FRAGMENT TRADUIT DU COMTE DE SALDUENA.

(Poème de Pélage.)

Aux lieux où le soleil naissant baigne de ses premiers rayons les monts des Asturies, s'étend la vallée de Covadonga, qui fut le berceau triomphal d'où s'éleva la noble Espagne. On voit rouler dans son sein la Séla qui l'arrose d'un cristal limpide, avec la Buéna et la Déva, sorties de cette montagne au sommet escarpé, à laquelle l'antiquité donna le nom d'Europa.

Là rit une belle plaine, toujours jeune de fraîcheur, toujours émaillée des fleurs les plus brillantes de la terre; là, se jouant de l'hiver et de l'été, règne la vie d'un printemps éternel.

Des peupliers aux troncs vigoureux voilent ce site champêtre de leurs rameaux touffus, et ne laissent point les feux du soleil pénétrer dans l'épaisseur du bocage.

En suivant les rives de la Péonia, et en inclinant un peu

du côté qui regarde le midi, on découvre une autre vallée plus spacieuse. A droite, un bois épais ombrage le Reynazo qui, d'un cours précipité, va se confondre avec la Buéna, et, dans un mol embrassement, roule son léger filet d'eau en tourbillons d'argent.

Bientôt, s'éloignant des bords du Reynazo, on rencontre les flots purs de la Déva fugitive qui prend sa source dans Cuéva, la sainte caverne. L'âme est remplie d'une vive admiration, en voyant cette rivière se frayer un sentier à travers une gorge étroite et hérissée de rochers, qui enfin ouvrent à ses ondes un libre passage.

La Déva, dans sa marche tortueuse, présente l'image d'un serpent qui, se traînant en flexibles replis, vomit une bave de cristal, et fait jaillir une abondante rosée de diamans liquides.

Le sol de la vallée est environné de montagnes qui prolongent la cime de leurs rochers à une si grande hauteur, que leur rideau obscurcit la lumière du jour le plus serein.

A l'extrémité de cette vallée s'élève la superbe Sierra de Covadonga : c'est de là que notre magnanime héros s'élança au feu de la guerre sans peur de la mort.

Depuis sa précieuse source jusqu'à la plaine, la Déva descend en ruisseaux d'argent ; puis, réunissant leurs cours, elle forme un petit lac dont les bords captivent ses eaux suspendues : bientôt elle franchit les obstacles qui l'arrêtent, et torrent déchaîné, elle précipite ses ondes tumultueuses avec un fracas qui fait mugir les rochers d'alentour.

Dans les flancs de ces énormes boulevards s'ouvre la sainte caverne : la voûte félée menace l'innocente et petite plaine de la couvrir des débris de sa chute formidable. L'entrée de cette caverne sombre, où le soleil ne glisse jamais sa douce lumière, est si étroite, que l'enceinte ténébreuse ne reçoit même pas le jour d'un crépuscule douteux.

Voilà le lieu que la divine Providence choisit pour faire éclore de si grands exploits ! C'est là qu'elle a résolu de fonder la monarchie espagnole. C'est là qu'auprès des modestes reliques préservées de la destruction par les soins de son amour, elle allume cette sainte fureur qui doit un jour, en pénétrant dans un nouveau monde, frayer le chemin d'un empire sans égal.

A, MONREGARD.

SAINTE THÉRÈSE DE JÉSUS.

Le 28 mars 1515, à Avila, dans la Vieille-Castille, vers la fin du règne de Ferdinand-le-Catholique, comme le roi François Ier allait jeter tant d'éclat, et quelques années après les bûchers de Torquémada, le furieux inquisiteur, Alphonse Sanchez de Cépède et Béatrix d'Ahumada, *tous deux nobles de race et de vertus,* donnaient le jour à une troisième fille, contemporaine des Luther, des Calvin, et dont vous êtes fiers à jamais, orgueilleux peuples d'Espagne !

Cette fille, qui comprenait la charité et qui était aimante, chez une nation qui comprenait l'inquisition ; cette fille qui devait se passionner pour le ciel, et qu'une terre de feu devait adopter pour patronne, c'était la *séraphique* sainte Thérèse de Jésus, la femme de son époque qui possédait le plus d'imagination et d'amour, et en qui s'étaient réfugiés le plus de sentimens humains. Elle avait été douée d'une imagination si excessive, d'un amour si actif et si entreprenant, d'une volonté si forte, que ses jeunes années furent graves, appliquées et pleines d'idées formidables, on le dirait presque ; car si le cloître n'avait pas triomphé du monde dans le cœur de la sainte, où se serait-elle arrêtée, la brûlante castillane, en ce temps de grandes choses accomplies étrangement de tous côtés? Mais cette âme avide de bonheur, cette âme élevée, constamment en proie à l'ardeur des mêmes désirs, puissamment tendue vers un but céleste, n'eut bientôt plus qu'une seule vigueur, et, courant s'engloutir dans l'océan des idées religieuses, devint, non pas l'expression du catholicisme intolérant, mais la suave expression d'un culte d'amour, enfin de tout ce qui est véritable amour et qui se retire du monde qui n'aime pas. Voyez plutôt : avant l'âge de sept ans, lorsqu'elle songeait à l'enfer, sainte Thérèse répétait avec effroi : « Quoi! toujours, toujours être séparé de Dieu! »

Son père faisait chaque jour en famille la lecture de la Vie des Saints, et souvent Thérèse s'emparait du livre pour continuer une lecture dont elle était charmée. L'histoire des martyrs surtout paraissait admirablement belle à celle-là qui plus tard converserait avec des anges dans des visions.

Elle passait des heures à méditer, avec un jeune frère qu'elle aimait beaucoup, ses livres de prédilection, arrosés de larmes abondantes. Une fois, ces enfans éprouvent une grande soif du martyre; ils s'enfuient de la maison paternelle, décidés à aller chez les Maures confesser leur croyance et à livrer leurs corps aux tortures ; ils sont rencontrés par un oncle qui s'empare des fugitifs et les ramène chez eux. Mais si Thérèse n'a pu expirer pour la foi, elle vivra dans le désert comme les saintes femmes dont elle sait par cœur l'entraînante biographie; et voici la pensée du cloître qui est éclose : on lui demeurera fidèle. Après avoir essayé en vain de conquérir une mort éclatante et prompte, on rêve une mort de chaque jour, une mort ignorée, sévère; on s'impose le sacrifice perpétuel de l'étouffement de tous les penchans terrestres. C'est, on le voit, tout-à-fait logique; il y a progrès de courage, de conviction ; et le moment est arrivé où

sainte Thérèse va s'écrier : « Ou souffrir, Seigneur, ou mou-
» rir! »

Le jardin de leur maison fut le désert trouvé où, avec le
jeune frère *qu'elle aimait beaucoup,* sainte Thérèse se retirait
souvent *en solitude*, afin de se livrer à des actes de dévotion
et de s'imposer des pénitences. Elle persévéra dans cette pratique d'une religion *intérieure* jusqu'à la mort de sa mère
qu'elle perdit vers sa douzième année. On attribue généralement à la perte de sa mère le changement qui s'opéra alors
dans les habitudes de sainte Thérèse, qui prit goût au monde
et abandonna les cellules qu'elle avait élevées dans son jardin pour fréquenter les réunions brillantes, pour s'adonner
aux causeries légères.

Elle dévora des romans et y apprit *l'amour de la vanité,*
le *désir d'être aimée*. C'est peut-être à cette époque qu'elle
écrivit un roman de chevalerie, aux aventures merveilleuses,
« sur lequel il y avait beaucoup à parler, » dit le père Francisco de Ribera, confesseur de la sainte. On attribue encore
l'abandon qu'elle fit des choses pieuses à l'étroite liaison
qu'elle entretint avec une de ses parentes, d'un esprit peu as-
cétique. La vie de sainte Thérèse ne semblerait point aussi
complète, peut-être, sans la connaissance momentanée qu'elle
eut des plaisirs du monde, qui devait l'accueillir avec
transport, et où sa réputation n'a d'ailleurs reçu aucune
souillure. Mais elle a renoncé à des triomphes certains, l'é-
nivrement de son sexe ; elle a fini par ne pas vouloir exercer
une puissance assurée, puisqu'elle avait du génie, de la naissance, de la fortune, et qu'au rapport de ses historiens « elle
» était de fort bonne taille et belle en sa jeunesse, et sa vieil-
» lesse le démontrait encore ; elle avait le corps plein, le
» visage rond, net, doux, agréable et bien proportionné, la
» couleur blanche et vermeille. » Thérèse elle-même avoue
qu'on disait qu'elle était *assez bien faite,* qu'elle avait *de l'es-*

prit, ce qu'elle a cru pendant quelque temps; mais elle s'est confessée *d'une vanité aussi pitoyable.*

La voix qui devait murmurer un jour ces paroles, *au plus intime de son âme* : « Je ne veux point désormais que tu aies » familiarité avec les hommes, mais avec les anges; » cette voix descendit bientôt sur sainte Thérèse, au milieu des séductions passagères qui l'avaient mise en contact avec les passions de la foule. Elle lut assidûment saint Jérôme, et le 2 décembre 1535, elle sortit de grand matin, accompagnée d'un de ses frères, et se rendit au monastère de l'Incarnation de l'ordre des Carmelites mitigées, à Avila, où elle prit le voile l'année suivante, et où elle parvint à introduire une réforme sévère, non sans se voir en butte aux calomnies les plus envieuses; non sans éprouver une multitude de tribulations : dans ce monastère on sacrifiait au luxe, on se livrait à beaucoup de dissipations, ce qui faisait dire à sainte Thérèse : « Si les parens voulaient suivre mon conseil, je leur » dirais de retenir leurs filles auprès d'eux, ou de les marier » moins avantageusement qu'elles ne désireraient, plutôt » que de les engager dans des monastères où elles sont plus » exposées à se perdre que dans le monde. »

C'est maintenant que nous allons considérer sainte Thérèse tout entière, car elle va déployer les grandes facultés de son âme tendre et pieuse, et donner à son enthousiasme un rapide essor, qui ne fut point altéré par quarante-sept années de cloître. Sans cesse elle prêcha d'exemple. Cette femme de génie ne dédaigna pas les travaux les plus humbles ni les vêtemens les plus modestes, et elle frappa sa poitrine aux pieds d'un prêtre, avec la plus parfaite humilité, et elle demanda au ciel de ne la point laisser sans souffrances ! Elle se plaisait à répéter que Dieu lui accordait une grâce particulière en ne l'ayant pas déjà livrée à l'enfer, et que si on la connaissait, *un chacun l'égratignerait et lui cracherait au visage.*

La retraite, le silence, la prière, la charité, le travail, la patience pour les maux de l'esprit et du corps, voilà ce qu'elle enseignait à ses religieuses, étant leur compagne, ce qu'elle pratiquait encore étant leur supérieure.

C'était une mère jalouse, une sœur dévouée, une amie attentive et discrète, un réformateur opiniâtre et de bonne foi, un administrateur intelligent, juste et d'une constante sérénité d'âme. La réforme qu'elle introduisait déplut au général de l'ordre, mais elle ne s'en fit pas moins, mais elle fut complète, et des couvens d'hommes l'adoptèrent; c'est l'origine des carmes déchaussés, qui reçurent l'autorisation d'élire un provincial parmi eux. La réforme de sainte Thérèse fut, il faut le remarquer, un acte d'indépendance, car ses couvens échappèrent à l'action des *mitigés*, qui trouvaient commode de persévérer à observer des règles d'une facile observance, et qui luttèrent contre la révolution rigide qui les menaçait et dont une femme était l'apôtre.

Les principes de sainte Thérèse se propagèrent tellement, qu'elle laissa trente monastères réformés, quatorze d'hommes, seize de filles, et que, de son vivant, elle vit son institut prospérer en Italie, aux Indes Orientales, au Mexique, il s'étendit ensuite en France, dans les Pays-Bas et enfin dans toute la chrétienté. De pareils succès, qu'étaient-ils, si non l'œuvre de cet immense amour qui embrâsait sainte Thérèse, dès l'enfance, et qui lui arracha ce magnifique cri de douleur, au souvenir de l'ange maudit : « le malheureux! il ne saurait » aimer! »

Des maladies longues et cruelles, supportées avec une angélique résignation, éprouvèrent souvent le courage de la sainte. Ce qui l'affligeait seulement alors, c'était de renoncer à mortifier sa chair, et dans ces macérations, outre qu'elle s'imposait un jeûne rigoureux, elle allait jusqu'à se flageller avec des verges d'orties, avec un trousseau de clés, jusqu'à se déchirer avec des chaînes de fer. Ici gardons-nous des jugemens légers, nous qui ne pouvons pas assurément comprendre sainte Thérèse de Jésus, et demeurons encore une fois pensifs devant l'abîme du cœur humain.

Il n'est pas sans intérêt de faire en cet endroit un rapprochement : la chrétienté se voyait, du temps de sainte Thérèse, comme livrée à l'anarchie; sur un sol hérissé de couvens, lieux de paresse et de bonne chère en général, l'Espagne brûlait sans pitié quiconque rentrait dans son immense catégorie d'héréthiques ; le nord de l'Europe nourrissait l'hydre du protestantisme, qui menaçait d'incendier le monde au contact de ses idées sur le *libre examen*.

Eh bien! pendant que le protestantisme montrait, dans leur nudité, les plaies de l'église romaine; pendant qu'il lui jetait au visage, comme une sanglante injure, l'énormité de ses vices ignominieux, et qu'il rompait violemment l'antique unité; pendant qu'il annonce une vaste réforme, que fait sainte Thérèse? Une réforme! mais elle reste dans l'unité et n'arrache point à Rome, pour l'exposer tout entière aux risées, le manteau qui cache mal et sa vieillesse et ses ulcères. Sainte Thérèse veut l'application des doctrines de l'évangile.

Elle proteste aussi, mais contre toutes les hypocrisies et contre tous les égoïsmes. Elle tenait tête aux protestans en prêchant un réveil de cœur, parce que la force des uns était née uniquement de la corruption des autres. Or, puisque le clergé espagnol pétrissait les masses selon ses fantaisies, et puisque l'Espagne était les trois quarts de la force de Rome, si le cœur de sainte Thérèse eût battu dans toutes ces poitrines de moines, qui ne savaient que brûler et qu'égorger, la réforme luthérienne reculait, cet incendie s'éteignait faute d'aliment. Voilà ce que j'ai compris dans l'histoire de sainte Thérèse ; mais il fallait apparemment que Luther et Calvin semassent le germe de ces grandes agitations destinées à convulsionner les sociétés modernes.

A son retour de Burgos, où elle venait de fonder un nouveau monastère, sainte Thérèse mourut à Alve, le 4 octobre 1582, vers neuf heures du soir, âgée de plus de soixante-sept ans; elle en avait vécu vingt-sept dans la maison de l'Incarnation, et vingt autres au sein de sa réforme. Elle mourut en proie à de vives souffrances, un crucifix entre les mains, priant qu'on voulût bien lui pardonner les *mauvais exemples qu'elle avait donnés* et en recommandant à tout ce qui l'entourait la pratique des vertus chrétiennes. Grégoire XV la canonisa en 1621. L'ouverture de son tombeau fut faite le 2 octobre 1750, cent vingt-huit ans et six mois après sa canonisation. Paul V l'avait béatifiée en 1614.

Alve et Avila se disputèrent long-temps les dépouilles mortelles de la sainte, qui avaient la réputation d'opérer beaucoup de miracles, et dont Alve finit par obtenir la possession.

La vie de sainte Thérèse a été écrite par elle-même, pour son directeur qui l'avait engagée à faire ce travail; par l'évêque don Diego Ype, qui avait été son confesseur; par le père François de Ribera, jésuite, qui avait également dirigé sa conscience; par le père Jean de Jésus-Maria, général des carmes déchaussés; par le poète Fray Louis de Léon, d'après le désir de l'impératrice Marie, fille de Charles-Quint; par Villefore, qui a aussi donné quelques-unes des lettres de cette Sévigné du cloître, et par plusieurs autres qui ont puisé à ces sources.

Outre sa vie, sainte Thérèse a laissé un volume de *lettres*, publiées avec les notes de don Juan de Palafox, évêque d'Osma; *la Manière de visiter les couvens de religieux; les Relations* de son esprit et de son intérieur, pour ses confesseurs; *le Chemin de la perfection; le Château de l'âme*, traduit par Félibien. On a souvent parlé de cet ouvrage de sainte Thérèse. Voici ce qu'elle en disait à ses religieuses : « J'espère, » mes sœurs, que vous trouverez de la consolation dans ce

» château intérieur, où vous pourrez, à quelque heure que
» ce soit, entrer et vous promener sans en demander la per-
» mission à vos supérieures. » C'est ainsi que sainte Thérèse
savait toujours prendre un ton d'aimable gaîté, d'aimable
abandon, même en traitant de graves sujets. *Le Château de
l'âme, dont l'oraison est la porte*, est une pieuse fiction,
dont on a trop contesté peut-être le mérite littéraire ; c'est
un livre qui porte le cachet du goût de l'époque, et celui d'un
esprit élevé.

Sainte Thérèse avait encore fait un livre sur le cantique de
Salomon, qu'elle brûla parce que son confesseur, *sans l'a-
voir vu*, s'en trouva *scandalisé*.

On sait que nos quiétistes tenaient les œuvres de sainte
Thérèse en grande estime, et qu'ils leur donnèrent dans le
temps une sorte de popularité.

L'énergie remarquable du style de sainte Thérèse est souvent tempérée par des tours gracieux et des traits d'enjoue-
ment, qu'on est tout étonné de rencontrer sous pareille plume.
A considérer ce que cette femme portait d'idées, à voir quel
chaos c'était que la tête de sainte Thérèse, on est surpris et
de trouver si peu de taches dans ses écrits, et de les entendre
critiquer avec tant de sévérité ; car, en général, on accuse
cet écrivain de *mauvais goût*, quoique ce reproche ne l'attei-
gne que rarement.

Les principaux ouvrages de sainte Thérèse ont été traduits
par le célèbre et vénérable Arnaud d'Andilly. C'est leur meilleur éloge. Que l'âme de sainte Thérèse se soit épanchée en
quelques vers, on le comprend bien, parce que cette femme extraordinaire était éminemment poète, et nous ne saurions terminer d'une manière plus convenable cette esquisse trop im-
parfaite de sa vie, qu'en offrant à nos lecteurs la traduction
d'un sonnet où la sainte a, en quelque sorte, résumé ses
idées en matière de religion.

AU CHRIST CRUCIFIÉ.

Ce n'est point le ciel que tu m'as promis qui m'engage à t'aimer, ô mon Dieu! et si je cesse de t'offenser, ce n'est point à cause de l'enfer si redouté.

C'est toi qui me touches, mon Dieu! ce qui me touche, c'est de te voir cloué sur cette croix et bafoué ; c'est de voir ton corps ainsi blessé; ce qui me touche, ce sont les angoisses de ta mort.

Enfin, ton amour m'a émue de telle sorte, que je t'aimerais lors même qu'il n'y aurait pas de ciel, et que, lors même qu'il n'y aurait pas d'enfer, je te craindrais.

Tu n'as rien à m'accorder parce que je t'aime, car si je n'espérais même pas tout ce que j'espère, je t'aimerais encore comme je t'aime.

DANIEL GAVET.

FIÈVRE JAUNE DE BARCELONE.

De tous les fléaux qui accablent l'espèce humaine, la fièvre jaune est un des plus terribles, puisque, non seulement elle décime les populations, mais encore parce que jusqu'ici tous les secours de la médecine ont été insuffisans pour la combattre. L'origine de cette maladie est inconnue, quelques auteurs croient qu'elle a pris naissance dans quelques points de l'Asie ou de l'Afrique; d'autres pensent qu'elle provient du nouveau continent. Les relations de certains voyageurs nous font connaître, il est vrai, son importation; mais aucun n'indique sa source primitive. Le seul fait bien constaté, c'est que la fièvre jaune régnait dans le nouveau monde avant qu'elle ne parût en Europe. En effet, elle se montra en 1494, à Isabelle; en 1503, à Saint-Domingue; en 1508, à Porto-Ricco, etc. Il est même très-probable que son apparition dans ces contrées date d'une époque plus reculée.

Cadix est la première ville d'Espagne où la fièvre jaune s'est montrée; ce fut en 1705. Elle y a exercé depuis ses ravages en 1731, 1733, 1744, 1746, 1764, 1800, 1804, 1810, 1819 et 1821.

En 1800, pendant qu'elle régnait à Cadix, elle se manifesta également à Arcos, las Cabezas de San Juan, San Fernando, Puerto Real, Puerto Santa Maria, Rota, Jerez, Espera, Moron, Séville, Ubrique et Medina Sidonia.

En 1801, à Séville et à Medina Sidonia;

En 1803, à Malaga, où elle s'était montrée aussi en 1741;

En 1804, à Puerto Santa Maria, Jerez, Rota, Espera, Algesiras, los Barios, San Roque, Ximena, Epsejo, Arcos, Tarifa, Malaga, Alicante, Carthagène, Gibraltar et la rivière de Palmones;

En 1810, à San Fernando et Carthagène;

En 1811, à Jumilla;

En 1812, à Murcie, Carthagène et Jumilla;

En 1813, à Puerto Santa Maria;

En 1814, à Gibraltar;

En 1819, à San Fernando, Jerez, Puerto Real, Puerto Santa Maria, Rota, San Lucar de Barameda et Séville;

En 1820, à Tribujena et Puerto Santa Maria;

En 1821, à Jerez, Rota, Lebrija et San Lucar de Barameda.

Le gouvernement français craignant l'invasion de ce fléau en France, et voulant en étudier la nature et le traitement à lui opposer, s'empressa d'envoyer à Cadix deux commissions médicales.

La première, en 1800, prise dans le sein de la faculté de médecine de Montpellier, était composée de MM. les professeurs Berthe, Broussonnet, Caizergues et Lafabrie.

La seconde, en 1820, se composait de M. Pariset et de cet infortuné Mazet, qui devait l'année suivante en être la victime.

Mais la fièvre jaune qui a eu le plus d'intérêt pour la France étant celle qui a régné dans la capitale de la Catalogne en 1821; nous croyons devoir nous en occuper exclusivement.

Barcelone, l'une des plus belles et des plus populeuses villes d'Espagne, surnommée *la hermosa Barcelona* (Barcelone la belle), était restée à l'abri de ce fléau, lorsqu'en 1803, six de ses médecins, MM. les docteurs Piguillem frères, Lopez, Cano, Revet et Rieira crurent l'avoir reconnue dans cette capitale. Peu de temps après ils publièrent un ouvrage sur cette maladie que je traduisis en français. Dans cet ouvrage, MM. Piguillem et Riera considérèrent la fièvre jaune de Barcelone comme exotique et contagieuse; dix-huit ans après, ils furent partisans fanatiques de sa nature indigène et non contagieuse. Depuis cette époque, il ne fut plus question de fièvre jaune en Catalogne, quoiqu'elle se fût montrée dix autres fois dans diverses autres contrées de l'Espagne, depuis 1803 jusqu'en 1821.

Pendant le printemps et le commencement de l'été de cette dernière année (1821), les habitans de Barcelone et de Barcelonette (1) avaient joui d'une bonne santé; il en était de même des équipages des bâtimens mouillés dans le port. La population de ces deux villes célébrait l'anniversaire de sa liberté civile; une foule immense couronnait la muraille de la mer et les rives du port; une grande partie des habitans de Barcelone s'étaient placés sur les vaisseaux pour jouir de plus près des jeux des marins. Un grand nombre de ces vaisseaux étaient arrivés de la Havane et de la Vera-Crux, avec de riches cargaisons. L'allégresse était à son comble et cette joyeuse population était loin de soupçonner que parmi ces marchandises, ces productions de l'Amérique, était caché le germe pestilentiel qui, dans peu, allait faire éclore la désolation et la mort. Laissons parler, à cet effet, *l'Ayuntamiento* (la municipalité) (2).

« Dans la nuit du 3 août 1821, nous reposions tranquille-

---

(1) Jolie petite ville d'environ cinq mille âmes, située sur le port de Barcelone, dont le gouverneur était alors don Vincente Julia.

(1) *Sucinta relacion de las principales operationes del excellentissimo ayuntamiento* de Barcelona, 1821.

ment au sein de nos familles, sans nous douter qu'un ennemi caché se disposait à nous frapper, quand un des membres de la junte municipale de santé (1) fut informé de l'apparition d'une maladie terrible; le 4, au lever de l'aurore, il convoqua les membres de cette junte qui, à six heures du matin, se trouvèrent réunis dans la maison consistoriale. L'on apprit en même temps qu'on avait transporté à l'hôpital général quelques malades du port, atteints d'une affection très-maligne, et qu'à Barcelonette il existait plusieurs malades semblables, provenant des bâtimens venus d'Amérique, ainsi que d'une polacre napolitaine.

Dès ce moment, les juntes supérieure et municipale de santé, réunies à l'académie royale de médecine, rivalisèrent de zèle pour visiter les malades, faire des autopsies, et le 14 août ils déclarèrent, sinon avec certitude, du moins comme très-probable, que ce mal était la fièvre jaune. Dès lors, malgré l'avis contraire de plusieurs membres de la subdélégation de médecine, surtout de MM. Piguillem et Riera, l'administration s'empressa de prendre des moyens salutaires pour arrêter les progrès du mal. On créa des lazareths pour recevoir les malades provenant des bâtimens, et le docteur Campmany s'offrit volontairement pour faire le service périlleux du lazareth *sucio* (sale), où furent transportés les malades les plus dangereux; mais pendant que l'autorité et les corporations médicales se livraient à de si précieuses investigations, la malveillance veillait aussi et, sous sa direction, les feuilles périodiques leur prodiguaient les sarcasmes et les railleries, et tournaient en ridicule les moyens sanitaires. La calomnie fut si loin, qu'on finit par persuader à la populace que les médecins, pour soutenir leur opinion,

---

(1) Barcelone compte plusieurs corporations médicales : la junte supérieure de santé a toute la province dans son ressort; la junte municipale, la ville de Barcelone, etc.

TOME 1. 19

empoisonnaient les malades avec l'acide sulfurique. Par suite de cette horrible prévention, il y eut des accusations formelles contre les médecins et refus des malades de prendre aucun médicament. La plus grande partie des malades, ainsi que les quatre frères Pratz, étant morts au lazareth *sucio*; la population de Barcelone vociféra les plus horribles menaces contre les médecins, et surtout contre le docteur Campmany; l'horreur du lazareth fut à son comble. Pour y obvier, l'autorité proposa de conduire les malades à la belle maison des bains et de récréation de Soler, en leur permettant de s'y faire servir par une personne qui leur fût attachée; mais quand il fut question d'y porter le père des quatre frères Pratz, l'opposition fut si forte que l'alcade fut obligé de s'y rendre le 16 à quatre heures du soir, pour y proclamer un arrêté de la junte supérieure de santé portant des peines très-rigoureuses, même celle de la mort, contre les contrevenans aux mesures sanitaires. Alors le soulèvement a lieu sur divers points, le tocsin sonne, la cavalerie qui accompagnait l'alcade est repoussée, ce magistrat est contraint de se retirer, et les bornes sanitaires sont renversées. La populace pénètre dans la chambre de Pratz, chacun le presse dans ses bras, les plus forcenés se frottent la figure, la poitrine et les bras avec les draps de lit du moribond en se moquant de la maladie et des médecins.

Dès ce moment, la fièvre jaune prit une extension considérable, et ne tarda pas à passer à Barcelone et dans quelques localités voisines; les premières victimes furent les auteurs de ce désordre.

L'autorité tenta de ramener ce peuple égaré, et pour empêcher la propagation du mal, elle choisit le beau palais de la *vice-reine du Pérou*, situé à demi-lieue de la ville, pour y soigner les malades de Barcelone, accompagnés de leur garde et de leur médecin de confiance, pour consulter avec celui de l'établissement; les familles des *épidémiés* devaient être conduites dans le beau couvent de Jésus, disposé en lazareth d'observation ; une autre maison de campagne était destinée aux convalescens. Ces sages précautions devaient naturellement triompher de tous les obstacles; il n'en fut pas ainsi. Dès que tout fut prêt, deux médecins de la junte de santé, les docteurs Lopez et Carbo se rendirent à Barcelonette, par ordre de l'autorité, pour désigner ceux qui devaient être transportés à ces établissemens. A leur arrivée les esprits s'exaspèrent, on vocifère de nouvelles menaces contre les médecins, leur vie est en danger (1), et l'on proclame en triomphe la mise en libre communication des malades, et de leurs familles. L'horreur de cette translation devint telle que l'on vit des épidémiés, la veille de leur mort, se lever du lit et marcher dans les rues ; à travers ces dangers, les corporations médicales n'en continuaient pas moins leurs investigations dans Barcelonette, ce qui fit craindre à ce peuple l'incommunication de cette ville avec Barcelone. Pour la prévenir et éviter le rapport des médecins, les habitans chargèrent leurs fusils pour tirer sur eux s'ils revenaient inspecter leurs malades ; quelques-uns même faillirent être massacrés. Nous devons tout dire, les subdélégations de médecine, surtout deux de ces membres, MM. Piguillem et Riera, contribuèrent beaucoup à enfanter les émeutes en publiant que cette maladie n'était pas la fièvre jaune, et qu'elle n'était nullement contagieuse. La jalousie de métier et l'intrigue y eurent même tant de part, que MM. les docteurs Nadal et Mas, médecins du port, qui s'étaient déclarés pour l'exotisme et la contagion de cette maladie, furent destitués et remplacés par d'autres qui soutenaient qu'elle était indigène et non contagieuse.

---

(1) Lors de l'apparition du choléra à Paris, on a vu la répétition de ces émeutes; l'on sait que plusieurs personnes ont péri massacrées par des malveillans; enfin naguère le docteur Roux de Marseille a failli être égorgé dans un village qu'il allait secourir.

Enfin, la malveillance avait poussé de si profondes racines que, trois mois après la cessation de l'épidémie, j'ai entendu à Barcelone des personnes soutenir que chaque médecin de la junte supérieure de santé avait reçu quatre mille duros (vingt-un mille francs) d'un gouvernement étranger, pour déclarer que c'était la fièvre jaune, afin d'avoir un prétexte pour former un cordon sanitaire destiné à les envahir.

C'est au moment où la commission médicale française volait à leur secours que l'on faisait planer sur la France de si odieuses accusations. Revenons à mon sujet. Le 1ᵉʳ septembre 1821, la commission, formée des diverses corporations médicales, déclara que cette épidémie était la fièvre jaune, ayant un caractère contagieux; dès lors, l'incommunication de Barcelonette fut ordonnée, mais trop tard pour Barcelone.

A cette nouvelle, les populations voisines prirent une foule de précautions pour s'en préserver; et si les émigrés de Barcelonette et de Barcelone n'y furent point reçus à coups de pierre, comme en 1800, ceux de Cadix le furent à Jerez, ils s'y trouvèrent du moins exposés à un grand nombre de vexations. L'exécration des médecins qui avaient délibéré l'incommunication ne fit que s'accroître, même dans Barcelone elle était telle, que mon honorable ami, M. le docteur Bahi, ayant visité la fille d'un tailleur, et déclaré qu'elle devait être conduite au lazareth de la vice-reine et ses parens à la maison d'observation de Jésus, la populace se mit à crier : *Vive Riera! mort au docteur Bahi*(1)! En même temps on cassa les vitres de sa maison, et l'on tenta d'en enfoncer les portes pour l'incendier; la force armée déjoua ses projets. Pour se soustraire à leur fureur, le docteur Bahi se retira au jardin

---

(1) Le docteur Riera fut visiter aussi cette fille, et déclara qu'elle n'avait pas la fièvre jaune, et les parens rentrèrent chez eux. Les suites prouvèrent le contraire.

de botanique, dont il était directeur ; il en sortit le lendemain de grand matin ; une demi-heure plus tard il était assassiné.

Alors il demanda à la junte supérieure de santé la permission de sortir de la ville pour quelques jours. Il se rendit donc à Tiana ; mais ce qu'on aura peine à croire, c'est que tandis que cet habile médecin était en proie à cette confraternelle persécution, et qu'il était contraint de s'expatrier pour sauver ses jours, le docteur Piguillem, dont l'opinion était si influente sur la populace, insultait lâchement à sa victime en publiant dans le *Diario* que le docteur Bahi fuyait le danger, tandis que lui-même s'était enfermé dans sa maison pendant quelques semaines, sous prétexte de la goutte dont il ne s'était jamais plaint auparavant. Ce docteur Piguillem était un de ces hommes hargneux, qui s'était placé si haut dans sa propre estime, qu'il eût volontiers embrassé une opinion contraire à la sienne plutôt que souffrir des égaux. C'est cet esprit de domination qui lui fit répudier ses premières idées contagionistes et qui l'ameuta contre l'académie royale de médecine, contre la commission médicale française et surtout contre le docteur Pariset, qui professaient tous une opinion contraire à la sienne.

Malgré l'incommunication de Barcelonette et les sages précautions de l'autorité et des corporations médicales, la fièvre jaune se propagea rapidement dans Barcelone, surtout dans la partie de la ville qui est en face du port ; la partie opposée eut bien moins à en souffrir ; plusieurs quartiers même en furent préservés. Le clergé, et principalement tous les ordres monastiques, se dévouèrent pour assister et soigner les malades. Quatorze mille huit cent trente-sept indigens reçurent chaque jour neuf mille deux cent quatre-vingt-huit rations de soupe économique, ce qui, pendant la durée de l'épidémie, se porta à sept cent cinquante-quatre mille deux cent soixante. De nombreuses souscriptions parèrent en partie aux frais ; une partie de Barcelone émigra ; plus de six mille de ses habitants furent camper ou se réfugier aux monastères de Pedralbas, Montealègre, Saint-Jérôme de la Muestra, Saint-Jérôme d'Ebron, Sainte-Catherine de Pedralbas, etc., qui en secoururent également une grande partie. Nous ne saurions passer sous silence le camp formé sur le côteau du Mont-Jouy ; chaque famille avait construit sa baraque d'après un alignement donné de manière à offrir un fort joli bourg, peuplé par environ dix-huit cents personnes, ayant son église et ses divertissemens. Rien de plus pittoresque que ces habitations, où les habitans, placés si près du gouffre où s'engloutissaient tant de leurs compatriotes, se livraient à la politique et aux plaisirs.

Pendant ce temps, Barcelone était en proie à la désolation et à la mort ; on n'y rencontrait plus personne pour soigner les malades ni enlever les cadavres, dont la prompte putréfaction ajoutait à l'intensité du mal ; tant de tombes ouvertes glaçaient tous les cœurs d'effroi, chacun croyait voir la faulx de la mort planer sur sa tête, et plein de cette idée, le fils fuyait à l'aspect de son père mourant ; la jeune fille n'osait approcher du lit où gisait sa mère ; la tendresse maternelle et paternelle semblaient également éteinte ; l'égoïsme imposait silence à l'humanité.

A côté de cette affligeant tableau, nous devons en placer un autre plus consolant : le clergé, les moines, les médecins, semblaient se multiplier partout ; presque toutes les autorités redoublaient de zèle. Des pères, des mères, des enfans, faisaient une entière abnégation d'eux-mêmes, se dévouaient sans nulle hésitation, et l'on a vu des mères et des enfans veiller encore auprès des cadavres putréfiés de leurs proches. A l'un des hôpitaux de Barcelone, un épidémié s'agitait dans son lit ; un capucin, gardien de cette salle, croit qu'il est mal couché ; soudain il quitte son lit, y transporte le moribond et se met lui-même dans celui de ce dernier, qui deux heures après n'existait plus. Le capitaine Aldecoa apprend que sa fiancée était atteinte de la fièvre jaune; il vole chez elle, la maison était déserte; il prodigue à cette infortunée les plus tendres soins ; l'heure de la mort a sonné pour elle ; le généreux militaire reste encore quelques heures auprès de ce lit de douleur, rentre chez lui et meurt dix-huit heures après frappé du même mal.

Parmi les victimes de leur dévoûment on compte vingt-deux docteurs en médecine et en chirurgie; malgré cela, en France, un grand nombre de nos médecins réclamèrent l'honneur de ce poste périlleux; MM. Pariset, François, Bally, Mazet, Audouart, et deux sœurs de Sainte-Camille s'y rendirent officiellement, et MM. Bousquet-Deschamps, Julia de Fontenelle et Lassis officieusement; les premiers reçurent des récompenses nationales et espagnoles; les trois derniers, qui s'y rendirent à leurs frais, sont restés dans l'oubli. La commission médicale française arriva à Barcelone le 9 octobre, l'infortuné Mazet tomba malade le 13 et succomba le 22, à l'âge de vingt-neuf ans.

L'on a dû voir les funestes effets de cette controverse médicale sur la nature de cette épidémie; la malveillance et la politique s'en emparèrent; l'émeute l'exploita à son profit, et les terribles développemens de cette maladie furent tels, que, d'après le rapport de don V. Julia, Barcelonette perdit douze cent trente-deux personnes, c'est-à-dire le quart de ses habitans, et Barcelone environ douze mille, un douzième de la pooulation encore même grâce aux émigrations. La gravité du mal fit tomber le bandeau de l'erreur; alors ces mêmes médecins, auparavant si calomniés, furent regardés comme des anges tutélaires. Tel est leur sort : au moment du péril, ils sont invoqués comme des dieux ; le danger passé, ils sont oubliés comme eux. Nous n'entrerons ici dans aucun détail sur les diverses médications qui furent mises en usage; nous nous bornerons à dire qu'elles furent toutes infructueuses, sans en excepter les fumigations chlorurées, autrement que comme moyen hygiénique.

Cinq conseillers de l'Ayuntamiento périrent, et la reconnaissance de leurs compatriotes grava sur leur tombeau l'inscription suivante :

> Advertid y llorad : aqui bajaron
>
> Los que virtud, y honor y fé ejercieron :
>
> La tumba para mil y mil cerraron
>
> Y para si imperterritos la abrieron.

Après avoir été au summum de gravité, la maladie diminua graduellement, et le 19 novembre on célébra un service funèbre pour les victimes qu'elle avait moissonnées; le 20, un autre service pour les cinq conseillers décédés, et le 25, un *Te Deum* solennel annonça le terme de ce fléau.

Dans un moment où l'hydre révolutionnaire menace de dévorer l'Espagne, nous ne pouvons nous dispenser de mettre sous les yeux des lecteurs la conduite admirable et le noble dévoûment des ordres monastiques durant toute l'épidémie. D'après l'ayuntamiento, il est bien constaté qu'il périt cent vingt-sept religieux victimes de leur zèle; il serait trop long d'énumérer les services individuels de chaque couvent, nous allons nous borner à quelques-uns.

Clercs agonisans.

Tous les religieux de cette communauté se dévouèrent; dans soixante-trois jours, ils assistèrent et soignèrent deux mille quatre cent soixante-huit personnes.

Franciscains.

Même dévoûment, même zèle; vingt-deux de ces religieux périrent, dont cinq à Barcelonette.

Augustins déchaussés.

Tous ces religieux, sans distinction de classe ni d'âge, s'offrirent volontairement; quatre périrent à Barcelone et cinq à Barcelonette.

Carmes chaussés et déchaussés, servites, dominicains, trinitaires, pères de la merci, augustins déchaussés, etc.

Même dévoûment, mêmes infortunes.

Capucins.

Dès que l'épidémie se déclara, cette communauté s'offrit tout entière à la junte de santé pour qu'elle en disposât à son gré, tant pour les malades de la ville que pour ceux des hôpitaux, du lazareth et des environs.

Dans Barcelone, depuis le 18 septembre jusqu'au 14 novembre, cinquante-huit capucins se dévouèrent pour confesser, secourir les malades et jusqu'à ensevelir les cadavres. Pendant les soixante-trois jours que dura l'épidémie, ils assistèrent trois mille onze personnes; quarante-neuf de ces religieux en furent atteints, et vingt en périrent.

Témoins de tant d'héroïsme, car l'humanité a aussi ses héros; l'ayuntamiento leur paya le tribut d'éloges suivant (1) : « Que d'objets de gratitude et de respect viennent

---

(1) Cuantos objetos de gratitud y de respeto se agolpan en este instante à

s'offrir en un instant à notre imagination! Que d'émulation, ou, pour mieux dire, quelle digne rivalité entre les religieux pour secourir les mourans! Pères capucins! non jamais Barcelone n'oubliera que trois mille onze de ses habitans furent secourus par vous et que vingt d'entre vous fûtes victimes de votre charité (1). »

Quatorze ans ont à peine passé sur ces éloges, et Barce-

---

la imaginacion! que emulacion ô, per mejor decir, que rivalidad tan digna en los religiosos para ausiliar à los moribundos! Padres capucinos! non se olvidara nunca Barcelona de que tres mil y once vecinos de ella recibieron vuestros ausilios et que veinte de vos otros fueiteis victimas de la caridad.
(*Sucinta Relacion del Ayuntamiento*, etc.; page 150.)

(1) Ce n'est point dans cette seule circonstance que les capucins se sont montrés à Barcelone les apôtres de l'humanité; lors de la peste qui affligea cette ville en 1652, ils montrèrent le même dévoûment qu'en 1821. Il existe un très-beau monument de cette peste dans le magnifique jardin de leur couvent de Seria, surnommé le désert, qui est à deux ou trois lieues de Barcelone, et où la curiosité attire tous les étrangers.

On y trouve en entrant une allée garnie de myrtes; à droite, sur un piédestal, est le profil d'une jeune femme, dont la partie opposée offre le squelette; à gauche, est un vieillard figuré de même; un peu plus loin un cardinal et un guerrier ainsi disposés. A peu de distance de là est la grotte de Sainte-Geneviève, où l'on voit un squelette bien vêtu, et à celle de la Naissance, on aperçoit la mort avec une couronne; au dessus est un aigle avec ces mots: CRAS, CRAS, CRAS!

L'on rencontre ensuite un monticule où l'on a sculpté dans la pierre même la peste de 1652. On y distingue une petite église, avec un catafalque et des capucins morts; des religieux soignant les malades, transportant les mourans et les cadavres, une procession pour obtenir de Dieu la délivrance de ce fléau; à la porte de ce monument on lit cette religieuse et philanthropique inscription :

Nos debemus pro fratribus animas ponere.

A côté sont trois têtes de mort encapuchonnées et un démon à tête d'aigle.

Ce beau jardin est décoré de plusieurs grottes et fontaines, où conduisent des allées de myrtes et d'orangers.

lonc a tout oublié. Ces monastères, où quatre mille personnes trouvèrent des secours et un asile contre la mort, sont la proie des flammes; ces moines, objets de tant de gratitude et de respect, sont traqués et égorgés comme des bêtes fauves; voilà les fruits des discordes civiles, des tempêtes politiques; des erreurs des gouvernemens.

. . . . En, quò discordia cives
Perduxit miseros !

JULIA DE FONTENELLE.

MELENDEZ.

D'où vient-il que pendant un siècle un pays, se signalant par sa suprématie intellectuelle, semble unir toutes les gloires en faisceau, tandis que, le siècle suivant, cette activité s'engourdit dans une atonie léthargique ? Quoi de plus illustre que l'Espagne du seizième siècle ! Cette Espagne-là envahissait l'Angleterre, triomphait de la France, saccageait l'Italie, muselait les Pays-Bas, accaparait l'Amérique, intimidait l'univers! Quoi de plus méprisable et de plus avili que cette même Espagne quelques années plus tard ! Elle dormait comme une momie enveloppée de bandelettes; abâtardie et dépouillée, plastron que déjà l'Europe bafouait; sans galères dans ses rades et sans dague à sa ceinture, cette Espagne ressemblait à l'Espagne de Charles-Quint et de Philippe II, comme une pauvre bohémienne, à la résille trouée, ressemble à une reine avec son diadême d'or. Cependant par une velléité d'orgueil, les Espagnols, malgré leur décadence manifeste, s'évertuaient à draper sous des oripeaux éblouissans le squelette de leur patrie. Telle est la trempe naturelle des castillans. Vantards dans l'adversité même, et fanfarons au milieu des revers, ils prennent des airs aristocratiques pour demander l'aumône ; et, par un excès de partialité patriotique, loin d'avouer l'impuissance de leur pays, ils s'obstinent à préconiser son incomparable supériorité. C'était beau de parler de la sorte quand l'aventurier génois présentait un monde inconnu comme un tabouret royal pour les pieds d'Isabelle; il y avait alors quelque vérité dans ces superbes hyperboles. Mais lorsque l'Espagne appauvrie, vagabonde, ruinée, obérée de dettes, scindée par les factions, déchiquetée par toutes les douleurs et saturée d'opprobres râle comme un moribond, cette morgue est intempestive et cette jactance puérile.

Quelle que fût la décadence pour ainsi dire progressive de l'Espagne après le seizième siècle, les flancs de cette Niobé moderne n'étaient pas encore épuisés, et ce sol qui paraissait ne plus devoir produire que des âmes communes, enfantait, comme une seconde floraison, à des époques éloignées, des hommes supérieurs. Je crois pour plusieurs raisons, que, dans leur nonchaloir inaltérable, les Espagnols regardaient ces esprits entreprenans, qui voulaient éveiller leur apathie, du même œil qu'ils regardent les *mosquitos* qui bourdonnent sur leurs fronts et les importunent aux heures de la sieste ; dans la tendre préoccupation de leurs amours et dans la béatitude de leur indolence, ils préfèrent une blonde cigarrette aux théories les plus altières, et s'ils aiment les vers ardemment érotiques, c'est parce qu'ils les chantent en embuscade, sous les balcons. Mais du moins ces météores suffisaient pour répandre sur l'Espagne une bienfaisante lumière par leurs rayonnemens momentanés. Apôtres littéraires, ils ravivaient le sacerdoce de la pensée, et rappelant la poésie exilée, ils l'invoquaient comme une autre madone dans leurs inspirations, et couronnaient d'une guirlande ses tempes divines. C'est parmi ces apparitions qu'il faut classer Melendez.

Doué d'une âme ardente, chantant par un besoin de sa nature, poète prédestiné, Melendez ne tarda pas à s'attirer l'attention de ses compatriotes. Comme nous n'écrivons pas pour le louer mais pour le juger, et que cet article n'est pas une apothéose, nous ne chercherons pas à lui appliquer la louange comme un verre grossissant pour qu'on distingue jusqu'aux plus imperceptibles particularités de son talent. Melendez n'est pas un de ces poètes à la voix terrible comme le simoun égyptien : ce n'est pas un colosse poétique, couvrant de son ombre une époque vaine; mais il honora son pays par ses travaux, il montra un esprit fin et tendre, il mérita l'estime sinon l'admiration..... Si ses chants ne sont pas sublimes, ils sont doux et gracieux; ce n'est pas un diapason élevé, mais suave, musical, énamouré; cela n'est pas tout-à-fait beau, mais c'est plus que joli. C'est un rossignol qui chante dans les acacias; prêtez l'oreille à ses roulades, et rêvant vos rêveries riantes ou ténébreuses, ne regardez pas ces gazouillemens comme une mélodie banale; mais imitant l'honnête et excellent Sancho Panza, *contentez-vous de ce qu'on vous donne.*

C'est que toute la poésie n'est pas dans l'épopée qui se déroule majestueusement en vingt-quatre livres; que toute la poésie n'est pas dans une élucubration homérique ; ainsi que la peinture, la poésie fatiguée des fresques gigantesques, produit des tableaux de chevalet. J'admire Michel-Ange prenant pour sa toile immortelle les murailles du Vatican, mais pour cela la grâce mignarde de Greuze ne me déplaît pas. Vous ne trouverez pas sur le buste de Melendez le sourire désespérant de Byron ou la philosophique grimace de Voltaire; il n'y a pas non plus à la vérité cette laideur sauvage, dont se glorifient quelques-uns de nos plus illustres contemporains, et que par une habile interprétation du système de Lavater, ils prennent pour une preuve certaine d'esprit et de capacité. Melendez ne se délectait pas dans l'affectation du désespoir; loin de se faire comme Byron et comme Goëthe l'organe de toutes les angoisses, il se plaisait à rassembler les rares élémens de félicité épars dans l'humanité. Et pourquoi le poète ferait-il donc de sa muse une Cassandre aux pronostics sinistres, proférant l'anathême sur toutes nos joies, montrant la folie des illusions, les égaremens de la raison, l'aveuglement de la foi, l'impuissance de notre force et le néant de la vie? Dans ces dernières années, deux grands génies que l'Europe admire et connaît mal, le créateur de *Manfred* et l'auteur de *Werther* et des *Affinités électives*, ont converti la poésie en un inventaire des infirmités humaines. Marchant sur leurs traces avec l'intelligence et le piétinement du mouton, la plèbe des écrivains a pour ainsi dire imaginé des théories du désespoir et des systèmes complets de désenchantement. Mais quelle que soit votre prédilection pour ces bouffées de misanthropie; ne pensez-vous pas qu'il y a bien de l'imitation, de l'exagération dans ce malaise qui paraît endémique, tant il est universel? Et n'êtes-vous pas d'avis qu'il peut exister une autre littérature aux contemplations plus limpides, aux allures moins dégingandées et aux teintes tout aussi vives et tout aussi chatoyantes? Je ne demande certes ni le madrigal coquet à la Pompadour, ni la fable primitive d'Esope, ni les facéties musquées de Dorat, ni l'idylle champêtre de Gessner, ni la grâce raffinée de Florian; mais ce n'est pas une raison pour ne pas rêver et désirer ardemment une autre littérature que la nôtre; les excès ne sont jamais approuvés par les hommes sérieux; la pensée calme, saine et pénétrante vaudrait mieux qu'un verbiage sonore et qu'une perpétuelle ébullition de mots; il faut pourtant reconnaître que dans ses dévergondages l'art contemporain a quelquefois rencontré de grandes et de belles idées. Les fines plaisanteries contre les gendarmes, et les pompeux barbarismes par lesquels se révèle le caractère exceptionnel de Robert Macaire font de la création de ce personnage une œuvre puissante de psychologie poétique.

Par un esprit de contradiction assez commun chez les grands hommes, Melendez écrivit des odes sacrées et des hymnes anacréontiques. Cette humeur changeante, ce vertige intellectuel, anomalie inexplicable pour le vulgaire, se rencontrent chez plusieurs poètes de tous les temps et de tous les pays ; on peut juger par là combien, même chez les organisations les plus supérieures, les songes de l'âme sont inconstans et maladifs. Piétro d'Arezzo, célèbre par ses sonnets libidineux, ne traduisit-il pas les psaumes de David ? On peut sans se compromettre quitter une croyance pour une autre ; l'apostasie n'est pas un crime tant qu'elle n'est pas de la vénalité ; ce n'est pas l'inconstance qu'il faut blâmer chez les muses ; réprouvons seulement la prostitution. Melendez, loin de ternir sa gloire en se montrant tour-à-tour érotique et religieux, la redoubla. La mobilité de la pensée a plus de mérite qu'une opiniâtreté acharnée à ne pas franchir le cycle d'un système d'opinions primitivement adopté. Qu'un poète soit sceptique aujourd'hui, il peut être demain superstitieux et dévot ; qu'il raille l'humanité le matin, c'est pour la plaindre le soir ; qu'il fasse entendre au lever du soleil une voix lugubre comme le cri du hibou, il aura à son coucher des chants doux comme le cygne ; que sa bouche sourie quand l'aurore ceint l'horizon d'une ceinture d'opale, ses yeux ne pourront-ils pas pleurer quand novembre avec sa brume couvrira comme d'une mantille l'azur du ciel ? Qu'importe que Melendez fût tantôt jovial et moqueur, et tantôt plaintif et langoureux ? Le véritable esprit poétique est éminemment inconséquent, vacillant, indécis ; ne vous attendez pas à des ouvrages tirés au cordeau avec une régularité scrupuleuse, ou s'amoncelant ensemble comme les pierres d'une pyramide ; les rêveries du poète, comme les rayons du soleil, s'en vont de tous côtés ! Un rapsode n'a pas besoin d'être logique.

Melendez composa un poème sur la chute de Satan. C'est son seul ouvrage de longue haleine. Le sujet est sans-doute beau et magnifique; les croyances du catholicisme sont d'aussi inépuisables sources de poésie que les épisodes de la mythologie antique; l'Eden vaut l'Olympe. Mais Melendez en luttant avec ce sujet grandiose et démesuré, avait aussi un rival non moins imposant que le sujet même.

Tant de courage était de la témérité, et le succès aurait tenu du miracle. L'ouvrage de Melendez n'est qu'une pâle esquisse auprès du splendide tableau de Milton; d'un côté, c'est une création du génie; de l'autre, une imitation de l'esprit; Milton est sublime, et Melendez voudrait l'être.

Mais dans la poésie légère, Melendez est vif, enjoué, souple, sautillant, dégagé. Ses *cantilènes* sont avec raison regardées comme les plus gracieuses de la littérature espagnole; ses boutades anacréontiques pétillent de verve et d'originalité; après les strophes luxuriantes de Thomas Moore, je ne connais rien qui ressemble davantage à la voluptueuse et molle poésie du sybarite grec. On a parfaitement raison de réprouver cet athéïsme dans l'art qui fait de la muse une bacchante en délire, avec une couronne de fleurs sur la tête et des blasphêmes dans la bouche; j'aime bien mieux qu'elle soit un vierge portant au doigt l'anneau des épousées, le front ceint du symbolique bouquet de fleurs d'oranger et l'allure décente comme la fille d'un bourguemestre flamand! Mais malgré les triomphes récens du puritanisme littéraire, il faut reconnaître que les compositions érotiques ou graveleuses sont souvent douées de plus de vitalité que les ouvrages emphatiquement abstraits et les travaux plus graves de l'esprit humain. Personne n'a entendu parler des commentaires de Boccace sur les classiques latins, et tout le monde connaît la naïveté gauloise de ses contes; le nouvelliste survit à l'érudit. C'est qu'il y a peut-être quelque chose de sublime au fond des plus éphémères créations de l'art; c'est souvent l'enfant le plus chétif en apparence qui est né le plus viable. Les poésies légères de Melendez feront éternellement les délices des Espagnols d'un esprit cultivé; quoique dans ces vers d'amour, on puisse s'enivrer de chaudes haleines, la touche de Melendez n'a rien d'impudique; il y a je ne sais quoi de chaste, de fleuri, de pudibond dans ses élans les plus désordonnés; mais ce ne sont que les esprits médiocres qui descendent aux bouffonneries du cynisme; on dédaigne une facétie grivoise quand on peut s'élever jusqu'aux extases d'une délirante mysticité. Melendez est toujours grâcieux et élégant; s'il parle d'amour, c'est avec la galanterie de bon ton et l'entraînement d'un marquis de la cour de Louis XV ; s'il se plaint de la cruauté d'une beauté irrésistible, c'est toujours avec une résignation angélique, une patience du berger du Lignon ; s'il veut dépeindre la volupté, il n'entre pas dans des détails obscènes et prolixes, il ne déchire pas le voile discret qui cache un beau sein velouté, il ne brise pas les entraves comme un amant grossier! Tendre et doux Melendez! que j'aime la sonorité mélodieuse de tes chants! Il faut louer aussi la coquette joaillerie de ses métaphores; son style est souvent étincelant d'images et de broderies; c'est de la poésie, rien que cela; mais que peut-on demander de plus à un poète?

Melendez, en apostrophant ses maîtresses, se sert toujours d'un pseudonyme idyllique et pastoral; il a une certaine prédilection pour le nom de Philis. Philis vaut certainement Glycère ou Daphné. Pourquoi Melendez n'essaya-t-il pas de conquérir l'immortalité pour la dame de ses pensées comme fit Plutarque pour Laure? C'était peut-être de la discrétion. Dans un siècle positif, on accuserait peut-être un poète de fatuité s'il publiait un volume de sonnets adressés aux yeux noirs d'une beauté quelconque. Ce serait une manière étrange de l'afficher, comme on dit. Si la dame en question se trouvait mariée, par exemple, toute révélation la compromettrait et pourrait avoir les suites les plus funestes; si c'était une jeune fille, le poète, tout en la couvrant d'une auréole de célébrité après sa mort, la perdrait de réputation pour toute sa vie. Le système de Melendez vaut mieux; faire l'éloge public de sa maîtresse n'est après tout que lui lancer une insultante personnalité. Il est permis de la vanter *in petto*, au coin du feu, à ses amis; mais vouloir que l'humanité sache épeler son nom, désirer que le monde s'occupe d'elle, n'est-ce pas le comble de la folie? Qu'importe à la foule livrée à mille intérêts matériels, bourrelée des regrets de la veille, tourmentée du souci du lendemain; que lui importe que vous soupiriez, jeune et gentil poète, aux pieds d'une femme adorée? La foule écoutera à peine vos chansons, fussent-elles douces comme la voix du bengali dans la savane orientale; la foule est assourdie par tant d'autres clameurs, par tant de bruits qui forment un charivari infernal, par une telle surabondance d'opinions et de cris contradictoires, qu'au milieu de ce tintamarre un chant plaintif et caressant n'a d'échos nulle part. Gardez pour vous le nom de votre bien-aimée, c'est moins vaniteux et plus prudent; quel besoin avez-vous de l'imprimer dans vos livres, s'il est gravé dans votre cœur?

Dans sa vie privée, Melendez fut plus heureux que d'autres poètes, dont l'intraitable sauvagerie causa les douleurs. Il devint l'ami et le confident de Palafox et de Jovellanos; ces deux hommes éminens se plaisaient dans sa société, et Melendez, de son côté, comprenait tout l'avantage qu'il pouvait tirer du commerce familier des penseurs profonds et des hommes d'état. Ce n'était pas là une des ces intimités frivoles ou intéressées qui naissent et meurent dans les plaisirs.

ou n'aboutissent qu'à des spéculations sordides ; c'était une amitié noble et élevée, source d'ardentes effusions et d'épanchemens intimes.

Mais Melendez ne fut pas seulement un poète agréable : il délivra la littérature espagnole des menottes de la préciosité. Avant lui, il régnait à Madrid un goût faux comme le goût de l'hôtel Rambouillet ; c'était le bel-esprit dans tout son orgueil, dans tout son éclat fleuri, épanoui, radieux et bouffi comme les anges des tableaux ascétiques ; on n'admirait alors que les merveilles du pointillé ; on n'appelait rien par son nom simple et vrai ; on entassait les images les plus incohérentes dans une grotesque confusion ; on mêlait la mythologie grecque et romaine avec les croyances du catholicisme ; c'étaient les saturnales de l'esprit ; c'était le carnaval de la pensée. Ce goût naquit en Espagne vers le milieu du dix-septième siècle, et grandit pendant une partie du dix-huitième. On écrivait des phrases d'une rotondité à rendre jalouse mademoiselle de Scudery ; tout était confondu, heurté, amoncelé, défiguré, masqué ; cela ressemblait, comme on dit, à un *habit d'arlequin*. Figurez-vous un style empapilloté de métaphores, adonisé comme une fiancée bourgeoise, marchant lentement comme un marguillier, empesé comme la queue d'un paon, frelaté comme le vin de Champagne de nos guinguettes et barriolé comme la jupe d'une paysanne des Vosges. On appelait cela du *cultéranisme*. Il n'y avait plus en Espagne des génies assez puissans pour marcher sur les traces de Caldéron, de Cervantes et de Lope de Vega ; c'est que l'Espagne commençait déjà à dégénérer. La vieille épée du Cid, mise de côté comme une quenouille inutile, se rouillait ; cette vieille infanterie, qu'on avait réputée invincible à Madrid, jonchait de ses arquebuses et de ses cadavres les plaines de Rocroy ; des ministres crétins se prélassaient dans le fauteuil du cardinal Ximenès ; l'Espagne n'avait plus la foi ardente du seizième siècle, cette foi d'inquisiteur qui allumait des bûchers, cette foi de martyr qui s'y laissait brûler avec un sourire extatique. L'Espagne dégénérait! Cervantes avait publié son livre mordant et burlesque, et avec cet ouvrage il frappa au cœur son pays d'une blessure plus mortelle encore que l'Angleterre avec ses flottes. Puisque, pour briller sur la scène du monde, il fallait à l'Espagne des morions, des brassards et un homme chevaleresque, pourquoi l'en dépouiller d'une main maladroite? Pourquoi ne pas lui laisser ses panaches flottans, son fer et son acier, et ses éperons d'or? Pourquoi la désarmer comme un paladin désarçonné et vaincu qui tombe dans la poussière du tournoi? Pourquoi donc détacher toutes les courroies de ses armures? Pourquoi donc froisser les plis symétrisés de sa fraise castillane, et arracher les nœuds et les aiguillettes de son pourpoint, et trouer son manteau magnifique? Or, Cervantes osa dire à cette Espagne si théâtrale, si pompeuse, si enthousiaste, il lui dit avec la voix glaciale de la raison et le ricanement de l'ironie : « Mon beau pays, tes preux sont des » fous, la chevalerie n'est qu'un jeu digne des enfans; Ama-» dis et Lancelot sont des êtres prodigieusement ridicules; » les dulcinées adorables n'existent pas, et les femmes qui » existent sont perfides comme l'onde; quant à vouloir faire » triompher la vertu et succomber le vice sur la terre où nous » sommes, c'est une entreprise aussi hasardeuse que de se » battre avec les moulins à vent. » Alors l'Espagne fut désabusée; elle réfléchit comme un adolescent qui revient de ses illusions; elle comprit que Cervantes disait vrai, et rougissant de son passé, elle voulut inaugurer un nouvel avenir. Cependant toute réforme requiert une grande déperdition de forces; l'Espagne bourgeoise et sensée ne valut pas l'Espagne héroïque; au lieu de progrès, il y eut décadence. Décadence dans le pouvoir, décadence dans la monarchie, décadence dans l'église et dans le peuple, décadence dans les lettres et dans les arts ; et comme cette société nouvelle, apathique, irrévérente et énervée, avec la tendance plus positive de ses idées et la prostration de ses mœurs, ne pouvait pas se passionner pour la littérature vive et railleuse de la génération précédente ; la préciosité commença à faire fleurir ses platesbandes symétriques et ses jardins à compartimens.

Enfin parut Melendez. Il rendit un service éminent à la langue espagnole en la débarrassant des expressions raffinées que les innovateurs y avaient introduites. C'étaient des importations françaises, vagues réminiscences de l'hôtel Rambouillet ; ou bien encore des idées italiennes, prises dans les concetti. Pour peu qu'on examinât ce genre d'esprit, on venait facilement à reconnaître qu'il était toujours distillé dans le même alambic, criblé dans le même tamis ; c'était quelque chose d'extrèmement délié, de quintsencié et d'insaisissable. Melendez était doué d'un goût trop exquis pour ne pas désapprouver ces fadeurs sentimentales et ampoulées ; sa poésie est châtiée, et au lieu de s'amuser à des fioritures capricieuses, ses lignes sont souvent d'une pureté grecque. Plus d'une de ses élégies est digne de Tibulle ; c'est une mélancolie grâcieuse, c'est une douleur coquette, c'est l'agonie du gladiateur romain qui expire en posant. Melendez ne prodigue pas follement les teintes et les couleurs ; il n'y a que les poètes pauvres d'imagination qui s'évertuent à feindre l'opulence. Cet amas fastueux et désordonné d'idées et de tropes n'est pas plus de la poésie que le luxe mesquin et entassé d'une courtisane n'est de la richesse.

La vie de Melendez ne fut pas traversée de ces catastrophes qui ont ajouté un nouvel éclat à la célébrité de quelques beaux génies. Cela n'était pas nécessaire. Il est vrai que l'existence du poète sort de la ligne commune ; avant d'entrer dans la carrière, il ne sollicite ni un diplôme de bachelier ni un brevet de sous-lieutenant ; il n'avance pas de grade en grade suivant les règles fixes et invariables ; il ne voit pas devant lui dans un lointain avenir une pension de retraite pour ses vieux jours ; il traverse le monde en l'effleurant au bout de son aile ; il jouit du privilége de certaines douleurs dont se rit sans cesse une foule de gens d'esprit qu'on rencontre tous les jours ; il a souvent pour tous biens une plume, sa cape et l'ombre du sycomore ! Aussi, s'imagine-t-on que sa vie ne saurait être régulière, uniforme et honnête. Dans les comédies qu'on jouait il y a cent ans, un poète passait pour un personnage extravagant et facétieux, tantôt refoulé au fond de sa mansarde, tantôt gaspillant des tonnes d'or, aujourd'hui descendant gaîment le fleuve de la vie, demain ruiné et soucieux ; aventurier, hardi, bravant l'orage dans les mauvais jours, et puis s'enivrant par instans de joies ineffables et des clartés d'un beau ciel. Aujourd'hui encore, pour bien des gens, le poète est un être à part, moitié Dieu, moitié paria ; existence étrange et problématique, pleine d'amours romanesques, accidentée d'épisodes bizarres, brillante et terne tour-à-tour.

Melendez, né en 1754, mourut en 1817. On n'appréciera jamais l'immense mérite qu'il a fallu à cet homme pour s'être occupé de poésie en Espagne entre ces deux époques. Sa vocation dut être profonde. Sous le règne de Charles III, la littérature espagnole était pauvre et stérile ; on peut la regarder comme un cadavre que Melendez essaya de galvaniser. Plus tard, sous Charles IV, l'Espagne tomba plus bas encore que sous ses prédécesseurs ; Melendez persévéra dans sa carrière de poète avec un dévoûment de martyr. Maintenant que Melendez n'est plus, l'Espagne est-elle sevrée de toute poésie ? Sans compter Quintana, Saavedra, Lista, il lui reste M. Martinez de la Rosa. Il a fait des tragédies étant ministre ; c'est une manière comme une autre de ressembler au cardinal de Richelieu. Il a cousu à son manteau castillan l'écharpe doctrinaire; cette fois-ci c'est une manière certaine de ne ressembler à personne. Il a écrit une épigramme dans je ne sais plus quel cimetière, sur la tombe d'un poète qui vécut et mourut dans la misère; rien de plus naturel pour un homme comme M. Martinez de la Rosa, qui n'est, quant à lui, ni poète, ni pauvre; c'est tout au plus, si l'on veut, un pauvre poète.

BERNARD LOPEZ.

UN TABLEAU DE PEDRO CAMPAÑA.

L'Espagne, si riche d'artistes indigènes sous le règne de Felipe IV, au dix-septième siècle, où elle a fourni des peintres même à l'Italie (1), avait attiré d'abord beaucoup d'artistes étrangers. Ainsi le 16e siècle dnt une partie de son éclat aux peintres allemands et italiens que Charles-Quint avait amenés à sa suite, et à ceux que Felipe II appela pour l'Escorial; de même aussi, après la grande époque de Felipe IV, au dix-huitième siècle, les deux seuls artistes éminens dont l'Espagne montre les œuvres, furent un Français et un Bohémien, Michel Vanloo, fils de Jean-Baptiste, et neveu de Carle, qui s'établit à Madrid en 1739, comme peintre de Felipe V, et don Antonio Raphaël Mengs, l'ami de Winkelmann, avec lequel il demeura long-temps en Italie.

(1) Ribera.

Je veux vous parler d'un grand peintre qui appartient, comme Mengs, à l'Allemagne, à l'Italie et à l'Espagne : Campaña s'inspira d'Albert Durer et de Michel-Ange, et vint inspirer Moralès, de telle sorte, qu'il résume en lui à certain degré les qualités de ces trois maîtres : le sentiment profond de l'école allemande primitive, le dessin grandiose de l'école florentine et la couleur des Espagnols. Et si je prends aujourd'hui Campaña de préférence à tant d'autres artistes de la Péninsule, c'est que vous pourrez le juger par vous-mêmes sur un magnifique tableau de sa main, rapporté en France il y a quelques années (1).

Pedro Campaña, né à Bruxelles en 1503, étudia d'abord suivant le goût de son pays et de son temps, c'est-à-dire d'après la manière d'Albert Durer. Quand il eut atteint vingt-cinq ans environ, il partit pour Rome, et, en passant à Bologne, il peignit en 1530, un arc de triomphe à l'occasion du couronnement de l'empereur Charles-Quint, œuvre bizarre et hardie qui excita l'admiration des Italiens.

Pacheco et Palomino prétendent qu'à Rome Campaña travailla chez Raphaël; mais si nous rapprochons les dates authentiques, nous trouvons encore ici une impossibilité matérielle, Raphaël étant mort en 1520, comme chacun sait. Toutefois Campaña peut avoir étudié les œuvres du Sauzio ; ce qu'il y a de certain, c'est qu'il chercha le style de Michel-Ange, et modifia ainsi ses premières dispositions. Vers 1545 il vint habiter Séville, où il fut chargé de toutes les peintures importantes pour les églises et les communautés.

En 1548, il termina sa fameuse *descente de croix*, placée

---

(1) Nous engageons les artistes à voir ce chef-d'œuvre : ils sont assurés du plus gracieux accueil chez le possesseur, homme fort dévoué aux arts, et fort amateur de toutes les belles choses, M. Margouet de Villa, Grande rue Verte, 54.

dans une chapelle du côté droit de Santa-Cruz, et à laquelle se rattache un souvenir de Murillo : Murillo, devenu vieux et infirme, avait l'habitude de faire ses prières devant cette religieuse composition ; un soir, le sacristain voulant fermer les portes de l'église, lui demanda pourquoi il restait si long-temps dans la chapelle; l'artiste répondit : *J'attends que ces saints hommes achèvent de descendre le Christ de la croix.*

Or, la *descente de croix* que possède M. de Villa paraît être l'original de Pedro Campaña, ainsi décrit par un auteur espagnol : « Dans le haut les saints hommes descendent le » corps du Christ que saint Jean reçoit avec une grande ex- » pression de sentiment sur le visage ; au premier plan, est la » Vierge soutenue par les Maries. Tout est grand dans ce » tableau : grand dessin, grand sentiment, grande force de » clair-obscur et grand effet. » L'agencement du tableau, la disposition des personnages sont conformes à cette description. Un voile de tristesse enveloppe ce drame silencieux ; la douleur de la Vierge et de la Madeleine est rendue avec une puissance incomparable. Oh ! qu'elle est belle la Madeleine aux longs cheveux d'or ! Oh ! qu'elle est touchante la Vierge mère levant les yeux vers son bien-aimé ! Oh ! qu'il est calme et rayonnant le corps du Sauveur ! Toutes les têtes sont expressives et religieuses, les draperies lourdes et raides à la manière des Allemands, les tons de chair d'une merveilleuse finesse ; à côté d'un dessin comme celui de l'école florentine, à côté d'une exécution hardie, on trouve des détails minutieux et naïfs, la dégradation des plans est fort habile et l'air circule entre les figures ; il y a surtout de petites mains de femmes délicieuses, et qui ressemblent pour la grâce au Corrége ou au Primatice ; il y a un bras du Christ dont le clair-obscur est presque incompréhensible ; il se dessine en noir sur le ciel, et c'est une difficulté que peu de maîtres auraient osée.

Ces qualités indiquent le pinceau de Campaña dont nous avons vu quelques ouvrages. En outre, l'origine du tableau est bien authentique : il vient d'Espagne et de Séville; il était à Paris entre les mains d'un ambassadeur. Toutefois, deux objections se présentent : nous n'avons pu découvrir sur le panneau aucune trace de la date 1548 apposée par l'auteur, suivant plusieurs biographes; et M. Alexandre Delaborde, dans son *Voyage en Espagne*, parle de la *descente de croix* de Campaña comme étant encore à Santa-Cruz.

Il faut donc penser que la descente de croix de M. Margouet est une répétition ou une copie par Campaña lui-même, si ce n'est pas l'original de l'église de Séville.

Après cette composition, qui est regardée comme son chef-d'œuvre, Campaña fit divers autres tableaux pour Sainte-Marie de Carmona, pour la paroisse de Triana, pour la cathédrale de Séville, la paroisse de Saint-Isidore, la paroisse de Saint-Pierre, pour Sainte-Catherine, Saint-Juan de la Palma et Santa-Cruz; pour la paroisse de San Lorenzo et le couvent de San Pablo; les peintures de ces deux dernières églises n'existaient plus dès la fin du dix-huitième siècle, je ne saurais dire si les révolutions et la conquête ont respecté les œuvres de Campaña.

En 1552, il avait dessiné au charbon les figures des rois catoliques, et les statues de la chapelle royale de l'église furent exécutées d'après ces croquis payés un ducat chacun.

Etant très-avancé en âge, il retourna dans sa patrie, et mourut en 1580 à Bruxelles, qui plaça son portrait dans les salles de l'hôtel-de-ville.

Voici le jugement que porte sur Campaña un critique espagnol fort compétent : « Toutes ses œuvres sont peintes
» sur panneau avec une extrême correction, une grande
» intelligence de l'anatomie et de la composition, avec beau-
» coup de force de clair-obscur et d'expression dans les têtes

» et les poses ; mais on sent toujours quelques peu sa pre-
» mière manière flamande. Il excella dans le portrait, et
» rendit avec vérité les étoffes blanches, cet écueil des
» bons maîtres. »

T. THORÉ.

DE LA RÉFORME EN ESPAGNE.

La tendance de notre siècle est vers l'abolition de toutes les institutions des siècles précédens; en Angleterre, M. O'Connell désirerait que les marchandes de genièvre de l'Irlande dansassent aux bals d'Almach, et qu'on formât une chambre des lords avec les boxeurs, parce qu'ils doivent nécessairement s'entendre aux coups d'état. M. O'Connell, malgré son radicalisme et son accent, est cependant un honnête homme; nous ne disons pas un *gentleman*, il serait capable de nous accuser de calomnie. En France, la race des hommes progressifs s'est multipliée depuis quelques années comme la race israélite se multipliait en Égypte du temps des Pharaons; un culte fervent pour l'avenir a amené le plus ironique dédain pour le passé. Maintenant l'Espagne veut se réformer aussi; les hommes qui se trouvent à la tête des affaires sont des esprits forts; tel procurador a lu un volume dépareillé de Voltaire, et depuis ce jour-là il garde son chapeau sur la tête en entendant sonner l'angelus, tel procer rit de la candeur de sa femme qui va encore à confesse, jeûne en carême et croit aux saints ; et tel ministre de la reine-régente vous dira hardiment qu'il a découvert que le pape n'était pas infaillible.....

Quoique cette irrévérence soit tant soit peu mauvais ton, les réformateurs de l'Espagne font certes preuve de perspicacité. A l'aplomb et aux sarcasmes de leur scepticisme, on pourrait les croire des caractères désespérés comme les brigands de Schiller; qui dirait que ce sont pour la plupart des pères des famille, gens éminemment pacifiques, tenant beaucoup à l'estime de leur conscience? Je ne sais quel démon moqueur s'est avisé d'affubler la philosophie du bonnet fripé de ces têtes paternelles. Ces hommes si débonnaires devenir tout-à-coup de fougueux démagogues, s'inoculer le scepticisme, et parler d'exterminer les préjugés et les moines ! On concevrait ces boutades de la part d'une poignée d'écervelés de Salamanque; mais personne n'aurait jamais cru que de graves sexagénaires pussent s'émanciper à ce point.

Pourtant, dans leur élan patriotique, ils n'avaient souhaité qu'une réforme lente, incomplète, constitutionnelle; ils ne prévoyaient pas qu'un parti outré et intraitable narguerait bientôt leur modération systématique ; ils oubliaient en inaugurant la réforme, qu'un peuple désire toujours le double de ce qu'il obtient. Aussi un an s'est-il écoulé à peine depuis que ces hommes progressifs s'emparèrent du pouvoir, et déjà les regarde-t-on comme des hommes arriérés. En vérité, pour faire ce qu'ils ont fait, il ne valait pas la peine de quitter leurs études d'avocats, leurs comptoirs de négocians, et leurs retraites d'émigrés ; ils ont cru, en s'asseyant dans leurs chaises curules, que le vent de la liberté ne ferait que les caresser mollement comme une brise du soir; aujourd'hui, ce vent qui devait être si doux, menace déjà de les balayer. Ils ont commencé la réforme, et la réforme reconnaissante cherche à en finir avec eux. Récompense honnête !

Sans rabâcher à ce propos des banalités politiques comme celles dont les articles *Premiers Paris* sont d'ordinaire saturés, nous pensons que s'il est difficile pour un joueur qui a perdu la moitié de son argent de quitter le tapis-vert et de cesser sa martingale ; s'il est difficile pour une femme qui s'est laissé prendre un baiser de ne rien accorder de plus ; et s'il est impossible qu'à Epsom ou à Chantilly un cheval de pur sang au grand galop, éperonné par un jockey anglais, s'arrête au milieu de la course ; il est encore plus difficile et impossible qu'un pays qui vient d'obtenir un peu de liberté s'en tienne là et n'aille pas plus loin.

En attendant, examinons ce que l'administration de la reine régente a fait jusqu'ici en fait de réforme.

M. de Torreno s'est occupé de réformer les finances. L'Espagne était obérée de dettes comme un dissipateur de comédie. M. Torreno a voulu jouer le rôle d'oncle. L'Espagne n'ayant pas un maravédis pour payer, M. Torreno a levé toute la difficulté en déclarant que l'Espagne paierait en doublons. Puis, comme les doublons se trouvent dans les couvens, M. Torreno a eu assez de bon sens pour ne pas les chercher ailleurs ; un esprit médiocre aurait pu croire que cet argent appartenait aux monastères ; mais un homme comme M. Torreno ne regarde pas à ces vétilles-là. Il fallait sortir d'embarras, et la nécessité n'a pas de loi. Personne ne voulait donner de l'argent à M. Torreno ; personne ne voulait lui en prêter ; alors une idée ingénieuse lui traversa l'esprit : c'était d'en prendre. Voilà comment on arrive à tout ; il faut seulement se donner la peine d'étendre les bras. Les hommes de la trempe de M. Torreno trouvent peut-être que cette peine.... est un plaisir.

M. Moscoso s'est montré un réformateur encore plus entreprenant que M. Torreno ; M. Moscoso a voulu réformer la titution. Brave et digne homme! Personne ne sait pourquoi il est si vite tombé en défaveur auprès de la reine régente.

Quant à M. Martinez de la Rosa, son organisation supérieure le portait à entreprendre une réforme universelle. — Peut-être sa nature de poète l'avait-elle entraîné aux extases de l'utopie; je ne sais si sa fièvre de patriotisme était assez brûlante pour lui donner le vertige. Il est permis d'en douter. Mais ainsi que Martin Luther réformait l'Allemagne en buvant de la bière et en causant avec le doux Melancthon, M. Martinez de la Rosa a cru pouvoir réformer l'Espagne en fumant son cigare et en vidant quelques bouteilles de *Pajarete*. Voici une partie des projets de réforme et d'amélioration qu'il a exprimés dans sa conversation intime. Selon lui, il faudrait un chemin en fer à travers les montagnes des Alpuxarras; puis il serait convenable de transporter sur l'Ebre le pont du Manzanarès; puis on remplacerait la basquine par une robe de percale ou de gaze; puis au lieu d'aller aux courses de taureaux, les Espagnols iraient voir *sa* tragédie d'OEdipe de Sophocle, de Corneille, de Smith, de Voltaire, etc.; puis on prierait les Andalouses de ne pas poignarder leurs amans, familiarité que les hommes sérieux ne peuvent approuver; puis au lieu du fandango, la danse fringante et lassive et animée, on danserait des quadrilles décens aux pirouettes édifiantes; puis au lieu d'être conservé dans des outres, le vin de Malaga serait mis en bouteilles; puis au lieu de l'étrier moresque suranné aujourd'hui, les maquignons espagnols se serviraient de l'étrier moderne et des brides de M. Segundo; puis la cathédrale de Cordoue serait changée en temple de la Gloire; enfin on prierait les grands d'Espagne d'apprendre un peu l'orthographe, les tarentules de ne piquer personne, les mules d'être moins rétives, les barbiers de ne point opérer d'évacuations sanguines, et les douaniers de ne pas faire la contrebande. Il était impossible de pousser plus loin la monomanie de la réforme.

Mais qu'est-ce que c'est que le patriotisme pusillanime de M. Martinez de la Rosa auprès de l'exaltation de MM. Isturiez et Alcala Galiano? La réforme en Espagne est encore un enfant nouveau-né qui vient de pousser ses premiers vagissemens; nous avons déjà eu des massacres, des pleurs et du sang; c'est un gracieux échantillon. Mina a fait la guerre comme un....... et la reine régente a fait l'amour comme une....... Voilà les débuts! Attendons la suite.

La reine régente a voulu aussi mettre la main à la réforme. Si M. Toreno, habile spéculateur, a songé à réformer les finances; si M. Moscoso, caractère optimiste, a voulu que la décence présidât aux dévergondages de la rue, et si M. Martinez de la Rosa, soumis comme poète à toutes les hallucinations, a rêvé une réforme impalpable et inouïe, la reine régente, en sa qualité de jolie femme, s'est occupée d'une réforme dans les modes.

La reine régente dédaigne le costume national; elle laisse la mantille de tulle noir aux demoiselles à marier et aux donzelles de province. Il lui faut de la nouveauté dans ses atours. Tantôt ses robes magnifiques ornées de nœuds, de guirlandes, de pierreries, de broderies, de falbalas viennent des magasins aristocratiques de Bond-Street; tantôt ses parures sont l'ouvrage des modistes de la rue Vivienne. Cependant la reine régente a une couturière du nom de Térésita, qui, dit-on, est sa confidente et son amie; cette Térésita, dont on a beaucoup vanté les grands yeux et les petits pieds, jouissait naguère d'une certaine célébrité scandaleuse; mais depuis quelque temps, elle a songé, elle aussi, à se réformer.

Avec toutes ces réformes, l'Espagne se trouve ensanglantée par les factions, la guerre civile y donne un libre cours à ses chaudes atrocités. Le trône constitutionnel tremble et vacille, menacé d'une part par la voix des révolutionnaires, foudroyé de l'autre par le canon légitimiste.

Certes à cette Espagne dégénérée je préfère l'Espagne des Maures, quand la civilisation de l'Orient venait de se créer une succursale aux colonnes d'Hercule. J'aime mieux l'Espagne de Ferdinand et d'Isabelle, avec ses batailles meurtrières et ses romanesques amours, belliqueuse, rayonnante et moirée, et portant tantôt du fer et de l'acier, tantôt de la soie et du velours; si la chevalerie était ridicule, on n'en arborait pas moins les tours d'argent des Castilles dans les palais des incas américains, et les poëtes espagnols comparaient avec naïveté la gloire de leur patrie au soleil éclatant de Madrid. J'aime mieux aussi l'Espagne de Charles-Quint, effervescente et ambitieuse, catholique et impériale, avec sa puissance que le temps affermissait, comme l'avalanche qui grossit peu à peu; ou bien encore l'Espagne de Philippe II, car quoique sombre, elle était loyale et heureuse; si la cour piétinait sur des trames ourdies et dans des intrigues sanglantes, du moins le peuple des villes et des campagnes vivait en paix; si d'un côté un bras d'inquisiteur allumait des bûchers, de l'autre, une main blanche et rosée soulevant la jalousie laissait tomber un bouquet pour guerdon d'une chanson d'amour! Qu'on se rappelle ce qu'était l'Espagne à ces diverses époques, et qu'on examine ensuite ce qu'elle est aujourd'hui; on verra si sa réforme est une nécessité politique ou une plaisanterie bouffonne.

Dans l'état déplorable où l'ont réduite les hommes d'état de la reine régente, l'Espagne regrette déjà l'administration de Ferdinand VII; sous son règne, les champs n'étaient pas jonchés de cadavres; l'émeute ne mugissait pas sans cesse comme une hyène dans les carrefours de Madrid; les Espagnols ne s'égorgeaient pas les uns les autres; les hommes ne versaient pas ainsi leur sang; les femmes ne versaient pas ainsi leurs larmes ! Le parti libéral accuse Ferdinand VII de despotisme ; il se trouve des plumes inféodées aux factions qui, dénaturant les faits, lui attribuent des actes sanguinaires ; on voudrait faire croire qu'il n'avait pas de plus vif plaisir que de faire mourir un patriote. Cela est faux. Il avait plus de plaisir cent fois à tuer un taureau.

ALGÉSIRAS.

A peine étais-je revenu à notre bord, de mon excursion à Gibraltar, que l'on annonça que le choléra venait de se déclarer au milieu de la flotte anglaise. Déjà, pendant l'obscurité de la nuit, la chute de plusieurs corps que l'on descendait en silence dans la mer attestait ses affreux ravages, et glaçait d'effroi nos hommes de quart.

Le bâtiment que je montais était une goëlette marchande; un marseillais la commandait. Cet homme avait apporté sur son bord, avec la sobriété native d'un enfant de la Provence, l'avarice d'un juif; l'anchois et le biscuit qu'il voyait manger à ses matelots lui paraissaient autant de pertes sur les intérêts de sa cargaison; mais s'il était avare, il avait de l'inquiétude sur les dispositions de l'équipage. Depuis longtemps les marins qui le composaient avaient murmuré contre l'imprévoyance calculée de leur capitaine. Le manque d'eau et la mauvaise nourriture qui avaient donné la fièvre à quelques uns, et avaient exaspéré les autres. C'était à de tristes débats sur quelques onces de biscuit, ou sur une quantité d'eau à remplir le creux de la main, que je m'étais trouvé mêlé. C'était au milieu de dix hommes, continuellement prêts à se déchirer, dont la méfiance et la fureur avaient été croissantes avec leurs besoins et leurs souffrances, que j'avais passé quatre mois !

Seul avec mes pensées, et comme suspendu sur ce pont de douleur entre les abîmes du ciel et la profondeur des eaux par des voiles qui ne s'enflaient qu'au vent de la tempête, combien j'avais souffert des douleurs du corps et des peines plus amères et plus cuisantes de l'âme ! Dieu ! qu'ils ont paru longs à mon impatience ces quatre mois, quand une heure souvent m'avait semblé un siècle au milieu de ces jours de calme effrayant, comme dans ces jours de transes, regardées comme les dernières par un équipage qui n'avait foi dans le navire que pour un voyage d'un mois. Que de fois j'avais vu l'agonie sur tous les visages, au milieu du sifflement de la tempête, quand notre bâtiment, enseveli dans les gouffres de l'abîme, nous n'avions plus à la pointe de nos mâts, rien autre chose du ciel que la flamme de l'éclair qui reluisait entre deux montagnes d'eau se recourbant en cataractes ! Combien de fois j'avais entendu le petit mousse pousser des soupirs pour sa vieille mère, dont il était l'appui, tandis que les autres matelots invoquaient dévotement Notre-Dame de la Garde. Espéra ! espéra ! avait quelquefois balbutié l'avaricieux capitaine, quand un torrent d'eau brisant le bordage faisait craquer le navire de l'avant à l'arrière; mais sa cargaison seule lui avait arraché ce cri d'espoir !

Et ce n'avait été là cependant que la faible partie du drame auquel j'étais mêlé; sur un autre bâtiment, trois victimes, à la cause desquelles je m'étais associé, et que j'avais demandé à accompagner sur leur navire, avaient déjà péri..... Serrés dans les bras l'un de l'autre, et assistés dans cette crise terrible du naufrage, des prières d'une fille du ciel, d'une sœur de saint Joseph; une lame de l'Océan avait été à eux leur linceul commun!

Ah! si le mot de vengeance s'est échappé de ma bouche alors même que je souffrais tant, qu'il me paraîtrait cruel, maintenant que celui qui a causé ces maux par sa faiblesse les a connus; aujourd'hui que la main de Dieu, épargnant les misérables qui l'avaient trompé, s'est appesantie si cruellement sur sa famille et sur lui; ah! respect à tant de douleurs. Il est mort loin des embrassemens des siens, sur la terre inhospitalière où les hyènes et les chacals vont seuls visiter les tombes!

Après ce cruel voyage rien n'était plus fait pour me distraire en attendant le retour dans la patrie, que cette belle terre de l'Andalousie; et il était temps pour l'équipage comme pour moi de jouir des biens de ce beau pays, afin de renaître à la santé. Le capitaine donc assembla tout le monde sur le pont, et osa demander si les besoins était si pressans qu'on dût s'arrêter à Algésiras; je me contentai de le regarder en silence, comme on le fait quand on ne veut pas faire de sa bouche un volcan d'injures; mais l'équipage ne fut pas si stoïque, sa réponse fut décisive : « Il n'y a plus d'eau, il n'y a plus rien » à manger. »

Il fallut céder devant cette nécessité; quoiqu'il eût cherché à représenter que nous n'étions pas loin du port vers lequel nous tendions, que nous avions toujours à nos côtés la terre d'Espagne, et que Carthagène, Barcelone étaient devant nous! *Il n'y a plus d'eau, plus rien à manger!* ces mots brisèrent son âme dans sa bourse; ces mots devaient lui coûter des frais de relâche, l'achat de l'eau et des vivres, le temps qu'on allait employer, et pendant lequel le salaire des matelots courait, puis il perdait peut-être le vent. Il était au supplice, et moi, je voyais avec envie cet Algésiras, je me voyais déjà dans ses rues, mêlé à ce peuple qui allait libre de çà et de là, tandis que je trépignais sur la largeur de quinze planches ; j'étudiais déjà le côté par lequel j'entrerais, les lieux que je visiterais. Je dévorais des yeux ces bois d'orangers et de grenadiers où il devait faire si bon marcher, sentir, respirer.

L'ancre fut donc dérapée, et nous allâmes droit vers les deux îles qui forment la défense d'Algésiras, et auxquelles cette ville doit son nom ; l'une des deux a été rongée par la mer, et n'est plus qu'un rocher à fleur d'eau ; l'autre est surmontée du fort San Antonio qui défend la ville. .

A côté de nous mouillaient quelques bâtimens de la marine de guerre espagnole, parmi lesquels un brick de dix-huit canons, qui me rappelait par sa propreté, son élégance et les manœuvres qui s'exécutaient à son bord, les plus beaux bâtimens de guerre des marines française et anglaise. Je sus bientôt que c'était un bâtiment modèle, et qu'il avait été construit dans nos chantiers lors de la guerre de 1823. Les autres nous eussent tués par la puanteur qui s'en exhalait, si nous avions été mouillés sous leur vent ; ils étaient chargés la plupart de prisonniers qu'on transportait aux présides où l'on déporte les criminels et les détenus politiques.

A deux heures le capitaine avait fait descendre le canot ; il m'avait vu écrire une lettre, et pouvant imaginer qu'elle contenait des plaintes, il avait formé le projet d'aller seul à terre ; mais au risque de faire sombrer le canot, je sautai dedans du haut du bordage. La secousse qu'il reçut causa une voie d'eau. C'est ainsi que nous nous dirigeâmes vers le port que l'on distingue par la blancheur des maisons neuves qui l'embellissent, et par l'activité qui règne ordinairement en cet endroit. Notre canot s'était avancé dans la petite rivière de Miel, qui traverse la ville en descendant rapidement dans la mer, et nous nous trouvions comme mêlés à toutes les personnes qui s'agitaient des deux côtés de ses bords.

Je regardais curieusement pendant le trajet tous ces nobles Andaloux, couverts de leurs manteaux bruns et d'un petit chapeau de velours à bords retroussés, qui semblaient encore se dire dans leur sombre far niente

> Es una fiera gente la de Espania
> Que quando à pechòs una mepresa toma,
> Los tiembla el mar, la muerte los estrana,
> Diga Numancia que le cuesta Roma (1).

Mais moi, j'oubliais Numance et le Cid, et les brigands de l'Amérique, et je sautai triomphant au milieu d'eux. Je n'avais pas fait un pas, je n'avais pas coudoyé un *majos* que je vis en détournant les yeux briller dans toute leur étendue vingt canons de fusil en joue sur moi et les hommes du canot! Je crois avoir fait dans ce moment un écart de côté pour éviter la décharge, tant elle m'avait paru menaçante; puis je fis retraite dans notre embarcation, où j'appris enfin, revenu de mon émotion, que ces bons soldats en voulaient au choléra! Au choléra, et à votre pavillon qui flotte grand largue à la corne de votre brigantine, me dit d'un air bienveillant un jeune espagnol. En effet, le choléra et le drapeau tricolore troublaient en ce moment la très-sainte hermandad. Nous nous rembarquâmes donc au milieu d'un ras de marée à nous engloutir tous les six, laissant au commandant du port nos lettres, trempées d'un vinaigre qui paraissait bien les absoudre de la contagion cholérique; mais qui, au nez des suppôts de l'inquisition et de l'aristocratie espagnole, les laissait encore imprégnées d'un arrière-goût de propagande.

La pairie en France avait cessé d'être héréditaire, la no-

---

(1) Telle est la fière nation espagnole, que quand elle entreprend quelque chose la mer tremble, la mort s'éloigne; que Rome dise ce que lui a coûté Numance.

blesse et le clergé avaient jeté des cris d'alarme dans toute la Péninsule; Algésiras, ville libérale, venait d'avoir une recrudescence de terreur; et l'on parlait d'armées qui, du nord et du midi, allaient fondre sur cette France révolutionnaire. Ces circonstances étaient fâcheuses, mais je n'en eus que plus de désir de mettre le pied dans Algésiras, et je m'applaudissais dans mon opiniâtreté, car j'eus le temps de considérer le reste du jour combien devait être délicieuse cette ville située si heureusement. Algésiras est couvert d'un ciel constamment pur, une mer transparente baigne le pied de ses murs et réfléchit dans cette baie le paysage le plus frais et le plus enchanteur.

Ses rues, formées de jolies maisons bien blanches, ornées de balcons et de persiennes, montent et se groupent autour d'une jolie église qui domine la ville de toute la hauteur de son fronton et de sa flèche. Au nord se dérobe aux regards un monastère avec ses murailles noircies; au sud deux couvens semblent terminer la ville vers la campagne. L'ensemble de cette jolie petite ville est environné d'une suite progressive de coteaux et de montagnes, qui, paraissant au-dessus l'une de l'autre, présentent un amphithéâtre de verdure dont l'aspect est ravissant. La campagne se couvre de toutes parts de vignes, d'oliviers, de cannes à sucre et de mûriers; des bouquets de citronniers et d'orangers, souvent impénétrables aux rayons du soleil, abritent de leurs ombrages parfumés, sous une température africaine, des ruisseaux de l'eau la plus fraîche. Les légumes les plus beaux y croissent presque sans culture entre des allées de jasmins, de myrthes et de rosiers constamment en fleurs; çà et là ressortent par leur blancheur de jolies maisons de campagne, où se prennent les plus délicieuses parties de plaisir; mes yeux perdirent la trace des obscurs sentiers qui y conduisaient, quand le soleil, descendant derrière les montagnes, les ombres du soir enveloppèrent toute cette plage d'un souffle voluptueusement parfumé, et m'enlevèrent aux charmes de cette contemplation en éteignant une à une chaque partie de ce ravissant-mirage je redescendis alors vers le port, où je me mis à suivre, à l'aide de la longue vue, au milieu de la foule qui grossissait, la gracieuse démarche de ces jolies Andalouses que la brise du soir attire vers la mer. L'une d'elles, suivie d'une duègne, s'était par hazard placée en face de notre navire, elle agitait avec une grâce tout expressive d'inquiétude son éventail, dont le jeu, en soulevant la dentelle de sa mantille, découvrait un beau front, d'où tombaient en larges boucles les cheveux les plus noirs et les plus brillans. Je ne savais ce qu'il fallait admirer le plus en elle, ou la grâce de cette taille flexible, à laquelle s'attachait la basquine soyeuse, ou la sublime mélancolie de ces yeux noirs, dont les regards, après s'être fixés quelque temps sur la mer, se relevaient vers le ciel qui s'assombrissait. L'infortunée! elle était venue à Algésiras, elle s'était rendue au port pour faire un dernier signe d'adieu à l'objet de ses plus chères affections. Son père, qu'une condamnation politique avait frappé de la peine de la déportation, était à bord de l'un de ces bâtimens qui, à côté de nous, levaient l'ancre pour se diriger vers les *présides*. Voilà la justice de Ferdinand qui passe, me dit un officier de marine qui fumait un cigaretto penché sur les bastingages du brick le plus voisin du nôtre. Malheureuse Espagne! le plus beau pays, le plus beau ciel, et la population la plus malheureuse de la terre! On peut juger de tout ce royaume par cette ville que nous avons devant nous; sa fondation se perd dans la nuit des temps, et cependant toutes les maisons sont presque nouvelles; sa population a été comme celle de Gibraltar, dont elle a porté le nom (Algésiras a été appelé long-temps le vieux Gibraltar), tour-à-tour phénicienne, égyptienne, carthaginoise, et romaine enfin, sous les noms de Tinginanra et Julia traducta. Quand le comte Julian livra l'Espagne aux Maures, le traité avait été passé dans le château dont on aperçoit encore des vestiges sur le bord de la mer, et c'est là qu'ils firent leur première descente. Ils lui donnèrent le nom d'Algésiras, qui veut dire en arabe deux îles, à cause des deux îles qui sont en avant du port. Ils s'y établirent puissamment dans la suite, s'y fortifièrent, et comme Algésiras était voisin de Ceuta, où ils faisaient ordinairement leurs armemens, ils débarquaient commodément une partie de leurs troupes en ce port et transportaient de là en Afrique les esclaves et le butin qu'ils faisaient sur les Espagnols.

Ils ont été maîtres de cet endroit pendant près de sept cents ans. On voit partout aux environs de leurs ouvrages, et comme ils étaient laborieux par leurs esclaves, ils firent un lieu de délices de cette ville. Quand Abderame, prince du sang royal des Ommiades, s'empara du trône d'Espagne, en 754, aidé principalement du peuple de l'Andalousie, et qu'il détruisit l'armée des Abassides, l'Andalousie se trouva habitée par des arabes de divers pays; la légion de Damas était à Cordoue, celle de Chalcis à Jaën, celle de Palestine à Algésiras.

Pour vous donner une idée de l'importance et de la force de cette place du temps des Maures, il suffira de vous dire qu'après la bataille de Tarifa, gagnée par Alphonse XI, surnommé le Vengeur, toute son armée victorieuse resta vingt mois à en faire le siége. Les Maures la reprirent quelque temps après; mais voyant qu'ils ne pouvaient la garder depuis que la prise de Séville les avait constraints d'abandonner tous les environs, ils la détruisirent et n'en firent qu'un monceau de pierres avant de l'abandonner. Ils ne laissèrent d'entier que le château du comte Julian.

La mort de ce gouverneur est une des chroniques les plus intéressantes du pays; elle a été écrite en ces termes par Abulcacin-Tariff-Abentaricq:

« Le comte Julian avait pris congé des généraux Tariff et

« Muça. Il s'était retiré avec ses serviteurs et ses hommes
« d'armes à Villaviciosa, petit bourg de l'Andalousie sur
« les bords de la Méditerranée. Sa femme et sa fille qui
» étaient à Tanger vinrent le rejoindre. Le comte Julian alla
» à leur rencontre plein de joie. Florinde était soucieuse et
» triste; les tendres caresses de son père et de sa mère ne
» pouvaient ni la faire sourire, ni dissiper l'air de peine et de
» douleur qu'elle avait empreint sur le visage; elle se rappelait
» sans cesse la ruine de l'Espagne, la destruction du christia-
» nisme, tant de chrétiens esclaves ou tués, les villes saccagées,
» les temples saints pillés, les choses sacrées profanées et elle
» s'accusait d'être la première cause de si grandes infortunes.
» Ce qui augmentait son désespoir, c'est qu'elle se voyait
» encore déshonorée comme auparavant et à cause de la
» mort de Rodrigue, sans espérance de réparer par un ma-
» riage son honneur perdu.

» Au milieu de ces pensées sinistres, un dessein terrible
» lui passe par la tête, et elle résolut de mourir. Un jour
» elle monta sur le faîte d'une tour, après avoir fermé la
» porte dans l'intérieur pour qu'on ne pût l'empêcher d'ac-
» complir ce qu'elle avait décidé; et de là elle dit à une de
» ses femmes d'appeler son père et sa mère; ils vinrent.
» Alors d'une voix lamentable et en pleurant elle dit qu'il
» n'y avait pas au monde une femme aussi malheureuse
» qu'elle; qu'il lui était impossible de vivre plus long-temps
» déshonorée; qu'enfin elle les priait de conserver son sou-
» venir, de lui pardonner ce qu'elle allait faire, et de prier
» pour elle. Ensuite, sans écouter les représentations de ses
» parens, elle se précipita du haut de la tour; relevée à demi-
» morte, elle vécut encore trois jours et mourut.

» Sa mère s'était évanouie en la voyant tomber; le comte
» Julian, abattu par cette dernière infortune, en eut une si
» grande douleur qu'il en perdit la raison; un jour, dans un
» de ses accès de folie, il s'enfonça un poignard dans le

» cœur. Peu de temps après, la comtesse, sa femme, tomba
» malade d'un cancer, et après avoir souffert des maux in-
» concevables, elle mourut enfin d'une mort naturelle, mais
» horrible. »

Beaucoup de voyageurs ont visité la demeure de cette malheureuse famille; le réverend père Labat, dans son voyage en Espagne, y alla loger. Il rapporte que de son temps le comte Julian y venait encore tous les soirs pour visiter les trésors qu'il y avait cachés. Il était pour l'ordinaire de fort mauvaise humeur, et se donnait la liberté de maltraiter ceux qu'il y trouvait logés sans sa permission. Ses trésors étaient confiés à la garde du diable, et tous ceux qui avaient cherché à s'en emparer périssaient victimes de leur audacieuse tentative. L'auteur des *Annales Espagnoles* descendit dans les caveaux de cet antique manoir; il y vit des cristallisations comparables à celles de la grotte de San Miguel de Gibraltar. Il pendait, dit-il, aux voûtes des morceaux de glace d'une telle épaisseur, qu'en les brisant on en faisait tomber des pièces d'une charge suffisante pour dix hommes; elles représentaient des branches d'arbres fleuris. La sonorité de ces voûtes était aussi très-remarquable; un coup de pistolet y retentissait pendant un quart-d'heure, tant le nombre des échos y était grand.

Mais vous ne pourrez plus voir que les ruines de ce château; une ville qui semble d'hier s'élève sur la ville bâtie par les Maures; Algésiras a subi tous les malheurs que pouvait attirer sur ses habitans le voisinage de Gibraltar. Il servit de point d'appui à ceux qui venaient placer le siége devant cette redoutable place, qui appartient pour long-temps aux Anglais.

Pendant la guerre de Napoléon, Algésiras fut assailli par terre et par mer. Son voisinage de Cadix le rendait important pour les travaux de l'armée qui allait assiéger cette dernière place. A peine sorti de la guerre d'indépendance, il fallut se rendre encore une fois aux armées françaises en 1823. Depuis cette époque, le commerce qu'il entretient avec les mines de houille et les productions de son sol si fécond, que les navires qui passent le détroit viennent charger dans sa baie, lui ont donné l'air de prospérité que vous voyez. Cette ville compte quatre mille huit cents âmes.

Sa population, par le contact journalier qu'elle a avec les Anglais de Gibraltar et tous les étrangers, s'est détachée d'une foule de préjugés qui affligent encore l'intérieur du pays. Aussi s'est-elle rendue redoutable au parti oppresseur de notre malheureuse Espagne. Au premier cri d'indépendance, vous verrez toujours Algésiras prêt à seconder de toute la puissance que donne l'amour de la patrie, la sainte cause de la liberté.

Cet officier en était là de son intéressante histoire d'Algésiras, lorsqu'il s'interrompit tout-à-coup pour me dire qu'un canot venait nous accoster ; puisse-t-il vous apporter la permission d'aller à terre que vous sollicitez. Demain vous verrez une revue de nos troupes que le capitaine-général vient passer ; vous croirez voir des troupes françaises par l'uniforme, car depuis 1823 nous nous sommes francisés, mais seulement par l'habit, car les mouvemens sont encore mal commandés et exécutés en désordre, la guitare et le cigaretto troublent encore l'ensemble et la tenue qui doivent appartenir à des hommes sous les armes ; vous verrez un commandant fumer son cigaretto au milieu des mouvemens ; l'Andalouse sémillante, le moine franciscain avec son grand chapeau à la basile, se promenant tout auprès de la troupe et adressant l'une un grâcieux sourire sous son évnetail, l'autre un salut clérical à tel ou tel officier sous les armes. Quand on commandera la baïonnette croisée, il y aura des files entières sans baïonnettes au bout du fusil ; un chef de bataillon viendra s'arrêter à la place de bataille d'un autre ; quand il s'apercevra de sa bévue, il se mettra à rire et dira à sa troupe: *seguid me mouchachos* (suivez-moi enfans!), et elle ira courant à travers les divisions qui se forment, renversant, bousculant tout à tort et à travers.

Dans ce moment, le patron de l'embarcation cria mon nom, l'officier lui dit en espagnol que c'était à moi que la lettre était adressée et me promit de venir le lendemain à terre, de m'accompagner pour parcourir la ville; il retourna à son service, et je m'empressai d'ouvrir la lettre que l'on m'apportait de la part du consul français et que je conserve avec reconnaissance.

Cette lettre accompagnait des provisions en chocolat de Cadix, envins de Malaga, du lait en bouteille, des brochettes d'oiseaux, des couffes remplies de melons blancs, de grenades, d'oranges et de raisins énormes, du pain frais et de l'eau; de l'eau! qui me parut un des meilleurs cadeaux.

Je partageai mes provisions avec tout le monde de l'équipage indistinctement, nous étions tous égaux en besoins, comme nous l'avions été en face de la mort; çà été là un des repas qui m'aient faint le plus de plaisir.

Le lendemain, je me rendis à terre, et à l'encontre de toutes les choses de ce monde qu'on a desirées long-temps, Algésiras m'a paru un endroit délicieux, qui ne perdit aucun des charmes que mon imagination lui avait prêtés.

C. MARCHAL,

DON JUAN D'AUTRICHE.

———

La grande chose du seizième siècle fut la réforme ; mais après la monarchie allemande et espagnole de Charles-Quint, d'un bout à l'autre de l'empire, Ignace de Loyola devait servir de contre-poids à Luther, pendant que se constitueraient les divers royaumes de l'Europe sur de nouvelles bases, désormais nécessaires. Ce fut donc une fatalité religieuse qui domina toute la politique de l'époque, et qui ne troubla pas au hasard l'Allemagne, l'Angleterre, les Pays-Bas, la France et l'Espagne. Ce qui se passa d'effroyable, même la Saint-Barthélemy, par exemple, ne peut plus être jugé selon certaines idées modernes ; car il s'est agi souvent, dans ces crises atroces, de décider l'existence d'un peuple, en précisant, en reliant sa nationalité par la seule forme qui pût convenir alors, celle d'une spécialité religieuse. Ainsi, sans nous étendre là-dessus davantage, ce n'est point pour des circonstances ou des caprices particuliers, que trois faits importans, que nous préférons ici à d'autres, se firent d'abord, et réussirent. Le schisme du protestantisme fut inauguré par Henri VIII, à Londres, parce qu'il importait aux îles britanniques d'avoir une religion qui pût être servie par des hommes peu spéculatifs, comme le sont toujours les insulaires, et qui pût s'accommoder de la concurrence des progrès matériels de l'industrie, divinité naissante du monde. Plus tard, sur le territoire où Clovis marchanda sa foi au Dieu de ses soldats chrétiens, pour le prix d'une victoire décisive, les ligueurs et les Guises trop catholiques, trop espagnols, d'un côté ; les calvinistes trop protestans, trop anglais, de l'autre, échouèrent, faute de représenter vraiment la nécessité, l'unité françaises contre l'abjuration d'Henri IV, dont il faut comprendre la double nature et les deux religions, avant de le voir, sans dégoût, quitter le prêche pour le trône, où il a installé la dynastie absolue des Bourbons sur les ruines désirables des milles baronnies rivales de la féodalité. Cependant Philippe II s'était déjà déclaré le digne successeur de la politique de Ferdinand-le-Catholique ; mais peut-être était-ce ici le nœud d'une question dont il est presque d'ailleurs impossible d'envisager la portée. Le combat de Lépante, où Don Juan d'Autriche fut vainqueur pour le compte de son royal frère, a maintenu sans doute la couronne sur le front des descendans de Charles-Quint ; mais nous estimons que la Péninsule, si riche, si laborieuse, si féconde sous les enfans du prophète, a cessé d'exister, pour ainsi dire, dès qu'elle eût abdiqué, pour des intérêts temporaires de gouvernement, sa dictature sur les affaires d'Europe entre les mains de l'inquisition. Ce jugement, que nous soumettons à l'appréciation des philosophes et des hommes d'état, n'est point, après tout, une déclamation banale contre l'inquisition catholique ou la compagnie de Jésus. Qu'on y prenne garde ! Ce rôle pouvait être seulement celui de l'Italie, que l'Autriche alors n'eût jamais envahie. L'Espagne d'ailleurs perdit à cette politique inintelligente, ou plutôt égoïste de Philippe II, une partie de sa grandeur. Sa conquête des Pays-Bas lui échappant nécessairement, elle se trouva seule. Que fût-elle devenue sous l'influence mauresque, avec les mœurs qui lui sont toujours restées de cette domination de l'Asie ? nous l'ignorons. Toutefois elle eût été un royaume à part ; et puisque la forme du catholicisme, dont elle revêtit alors le linceul, a subi, depuis la réforme, de continuels décroissemens qui semblent étouffer cet empire inutile aujourd'hui dans l'histoire du monde ; je pense que la civilisation d'Orient pouvait arborer, dès-lors, des rives du Tage aux sommets des Pyrénées, une idée supérieure vers laquelle l'univers s'avance à présent, celle dont le protestantisme luthérien n'a été que le messager infidèle, lorsque florissait l'art à peu près païen des émancipateurs du catholicisme, Raphaël, Arioste, Machiavel, Rabelais et tant d'autres.

Or, j'y reviens, cette influence du choix d'une religion fut la providence principale qui mena les affaires du siècle, pour les empires, parce qu'elle servit à établir des lignes de démarcation, des termes infranchissables pour les hommes, parce que le milieu des destinées où l'on vit impose toujours des lois dont la chance est heureuse ou malheureuse, selon l'à-propos fatal de l'organisation individuelle. En effet, entre le fils légitime et le fils naturel de l'ex-empereur Charles-Quint, il n'y avait pas seulement une différence de naissance, de position et d'âge, à l'avantage du premier ; mais, si l'on veut bien consulter les mystères et les sérieuses révélations des catastrophes de l'histoire, il se rencontra, du côté de Don Juan, une imperfection de génie politique, une maladresse nuisible dans ses succès de capitaine.

Du champ de victoire de Gembloux, inquiet de l'avenir, malgré les résultats immenses d'une bataille qui écrasait l'insurrection du prince d'Orange, mettait les Espagnols en possession de plusieurs villes considérables du Brabant et du Hainaut, et lui livrait les clés de Louvain, de Tirlemont,

Sichem, Nivelle, Philippeville et Maubeuge ; Don Juan d'Autriche avait donné ordre à Serbelloné de construire des redoutes sur les hauteurs de la montagne de Bouges, qui défendissent au loin la citadelle de Namur, sous laquelle il avait prévu qu'il serait obligé bientôt de se retirer, faute de ressources, en perdant à la fois le fruit de ses triomphes et l'espoir de terminer une guerre déjà si long-temps désastreuse. Quand donc, fixant son camp aux lieux où l'empereur son père avait été poursuivi et victorieux autrefois, le jeune général fut entré sous sa tente, et qu'il y trouva la solitude, il se prit à dégonfler toute l'amertume qu'il avait sur le cœur, et parla ainsi à Escobedo, son secrétaire et son ami :

— « Oui, le silence obstiné de mon frère, le roi d'Espagne, est un signe évident de ma perte. Philippe ne m'envoie pas les secours nécessaires ; Philippe ne répond pas même à mes lettres, parce qu'il laisse au mal le temps de faire des progrès qui peuvent lui ôter cette belle couronne de la Flandre, que notre père l'empereur Charles-Quint avait mise aussi sur son front ; mais du moins sa jalousie et sa haine seront satisfaites. Oui, ma gloire peut s'effacer par des revers inévitables ici, et le roi le désire. Eh quoi ! lorsque après avoir refusé des Belges un corps nombreux et dévoué qu'ils offraient pour ma garde ; après avoir exigé d'eux, afin d'obéir à de funestes instructions, qu'ils déclarassent la guerre à Nassau et aux provinces protestantes ; au milieu de ces circonstances impolitiques, j'ai écrit moi-même à la cour pour réclamer la paix ou des soldats, Philippe ne daigna faire aucune réponse ni à mes instances, ni à la requête des Etats ! aussi je fus bientôt seul à rester fidèle. Escobedo, tu les a vus courir aux armes ces sujets indignés d'un joug qui leur pesait à quatre cents lieues de distance du trône de Madrid ; tu les a entendus tous, catholiques ou réformés, saluer du titre de *père de la patrie* ce prince d'Orange que j'ai vaincu tant de fois ; et moi-même n'aurai-je pas pu devenir leur maître puisqu'ils ont été chercher tour-à-tour un rival à Philippe dans la cour de l'empereur Rodolphe ou du roi Henri III? Eh bien! j'ai repoussé toutes les séductions; et la victoire de Gembloux est la garantie de mon honneur. Mais que m'importe que le roi mon frère ait protesté contre la trahison de notre parent l'archiduc Mathias, et qu'il m'ait confirmé le gouvernement des provinces s'il abandonne ma petite armée au milieu d'ennemis qui s'augmentent sans cesse, comme l'ingrate Carthage le faisait pour le malheureux Annibal. Hélas! je n'ai plus l'espoir d'une bataille : l'adresse de ces ennemis nombreux évite l'épée de Don Juan. Hélas! je suis perdu. Il faut donc que tu partes, Escobedo; tu as tous mes secrets ; ce n'est rien : tu as plus, toute mon amitié. Oui, je conserve encore quelque espoir de réconciliation avec mon frère ombrageux; car je ne pourrai jamais oublier cette entrevue de la forêt du Mont-Toros, où je me jetai à ses genoux et où il me releva avec bonté, en m'apprenant que j'étais le fils de l'illustre empereur Charles-Quint. O tendre et heureux souvenir! depuis ce temps, hélas! que n'ai-je pas souffert pour gagner la confiance de ce frère devenu jaloux! Calculs d'une froide politique qui me destinaient au rôle sans gloire des grandeurs vaines de l'église; colères, emportemens, fausses promesses, espionnages, injures de Don Carlos, hélas! et le refus de sa grâce; retour de Malte à Valladolid sur le premier désir du roi; embûches d'amour d'un coté; de l'autre séparation exigée, et la fille de cette Marie de Mendoza, enfermée dans un couvent; doutes affreux sur la mort de la reine; épreuves injurieuses dans mon commandement contre les Maurisques réfugiés sur les montagnes des Alpuxares; défense de recevoir le titre d'altesse qui m'était dû; sombres recommandations; obstacles de tout genre; ordres d'inaction, loi atroce et railleuse qui m'était imposée, à moi, gouverneur-général de Grenade et chargé de la conduite de la guerre, de ne pas sortir de la ville sous aucun prétexte, afin de commander mes troupes, pendant qu'on se soulevait autour de moi et que nos garnisons étaient égorgées sous mes yeux, et qu'à la suite d'une bataille terrible, dont je fus l'oisif témoin, la nuit seule sauva les restes de notre armée chrétienne : eh bien ! j'ai supporté tout cela ; j'ai supporté encore de détestables envies sans cesse renaissantes, des sévérités inflexibles, des ruses lâches et hostiles. J'allais porter le dernier coup aux éternels ravageurs de l'Espagne, et Philippe m'a arraché cette tâche pour la donner, quand elle était facile, à son courtisan Requesens. J'ai élevé inutilement la voix en faveur des vaincus et de la cause de l'humanité. Louis de Requesens me suivait encore quand j'obtins le commandement des armées navales de l'Espagne, de Rome et de Venise ; sa prudence feinte ne cessait de traverser mes desseins ; et ne fit-il pas tous ses efforts pour m'engager à une retraite honteuse à la veille de ma victoire de Lépante ? Escobedo, je te le dirai, j'ai surpris cet homme étudier la joie de mon visage, et me faire sans doute un crime de mon émotion, pendant que mes Espagnols victorieux, anciens soldats du grand Charles-Quint, criaient sur mon passage, le lendemain de cette bonne et belle journée où tout le monde avait rempli son devoir : *Ea es verdadero hyo del emperador !* Oui, Escobedo, je sentis alors, mieux que jamais, que *j'étais le vrai fils de l'empereur ;* je voulais porter la guerre sous les murs de Constantinople, et appeler à la liberté les peuples esclaves de la Grèce ; oui, je le voulais, mais Requesens s'y opposa ; Requesens l'emporta. Oh ! te souviens-tu, au milieu de l'allégresse de toute la chrétienté, pendant que l'on célébrait des fêtes universelles et que Rome consacrait des solennités religieuses à perpétuer le souvenir de nos services, Philippe-le-Catholique d'Espagne ne parut point avoir été vainqueur, mais vaincu, pour ainsi dire, dans cette lutte entre lui et moi. Comme il prenait plaisir à interrompre les éloges qui m'étaient adressés par l'ambassadeur de Venise, pour lui rappeler pieusement que Dieu devait avoir tout l'honneur d'un succès où le vent nous avait secondés. Ce fut alors que Philippe se retira de la confédération de cette ligue sainte contre les Turcs. En vain l'Europe me demanda à la tête de ses flottes pour repousser tout-à-fait les tentatives désespérées de Sélim. Bientôt une disgrâce perfide me conduit en Afrique. Mais à peine je volais sous les murs de Tunis, à peine je triomphais dans les mers d'Actium et sur les ruines de Carthage, que j'étais déjà devenu suspect pour avoir élevé des forteresses nécessaires, et que notre brave Serbelloné, qui n'a pas le malheur d'être du sang royal, me remplaçait dans le gouvernement d'un royaume qui fut perdu. Hélas! je pleure encore ce beau royaume et le massacre de mes chères légions! Qu'ai-je fait depuis? je me suis présenté en médiateur à Gênes, de la part du roi d'Espagne, qui m'a récompensé de cette inutile ambassade par des complimens publics, à mon retour. Mais je ne crois plus aux sourires de Philippe II. Son amitié est fausse pour moi. N'est-ce pas en ce même moment d'ovations à la cour que le nonce du pape, Ormanetto, ayant essayé de solliciter en ma faveur cette souveraineté de Tunis, que j'aurais eu à reconquérir, un regard de Philippe le fit trembler tellement, qu'il eut froid dans tous ses membres, le vieillard. Il me répéta depuis que jamais mon frère ne me permettrait de porter la moindre couronne!.... »

Escobedo interrompit son général à ces paroles :

« Prince, lui dit-il, votre cœur généreux est au-dessus des intrigues de la politique. Cependant voulez-vous régner? si vous le désirez, il ne faut pas le vouloir à demi. Nous sommes seuls. Parlez bas, mais parlez franchement. »

Don Juan d'Autriche reprit :

« Je voudrais une couronne, mais je voudrais rester fidèle. »

Alors Escobedo :

« Vous voulez l'impossible, ô fils de Charles-Quint! Quoi! ne découvrez-vous pas l'abîme qui est sous vos pieds! ou plutôt quelle est cette irrésistible volupté que vous prenez à en sonder du regard les profondeurs, tandis que vous vous avancez fatalement vers votre ruine. Ah! cet abîme est la jalousie du roi Philippe. Je ne sais quel ascendant vous entraîne et vous fascine. Vous regardez dans ce cœur sombre, et le vertige vous a déjà saisi. O mon général! relevez votre tête vers un trône. Il vous en faut un, sinon vous mourrez, comme l'infant Carlos. Ecoutez-moi :

» Je crois avoir étudié et compris les choses et les hommes de ce siècle, livres du secrétaire Florentin et du roi Louis XI, histoire des Borgia et conduite de Philippe d'Espagne, défaites de François Ier ou succès de l'empereur Charles, votre père. Il m'a été prouvé que chacun, sur la terre, est maître de sa destinée. Pour cela, il est inutile d'être brave, d'avoir une épée de conquérant, de se faire adorer des peuples ou de ses soldats; il suffit d'avoir toujours une même volonté invincible.

» Qui veut le but, veut les moyens, enseigne le savant Ignace de Loyola. Donc, qui veut un trône, doit le vouloir à tout prix, sire. Oui, je puis vous saluer, dès ce jour, du titre de Majesté, si vous consentez à vouloir.

» De votre vivant, quelques sceptres, ceux de Hongrie et de Pologne entre autres, ont passé déjà de main en main. Vous ne pouviez y prétendre; mais attendrez-vous encore l'accomplissement des vaines promesses du pape Grégoire pour votre mariage avec le reine d'Ecosse? Ah! prince, laissez cette Marie-Stuart dans les prisons d'Elisabeth, et du moins ne perdez pas ici un temps précieux et d'irréparables chances de fortune. O mon maître! oui, c'est ici que vous devez être roi. La Flandre, dont vous êtes gouverneur, est à moitié espagnole ; elle combat pour sa liberté de conscience, contre les jésuites et l'inquisition ; la Flandre tombera à la maison d'Orange, si vous ne la prenez. Eh bien! prenez-la.

» Oui, vous êtes encore aimé dans ce pays, autant que votre frère y sera éternellement odieux ; oui, après le séjour du duc d'Albe et de Louis de Requesens, la Belgique sait bien faire la différence entre ses anciens bourreaux et un soldat qui exécute à regret des ordres cruels. Malgré les embûches de Guillaume, vous avez vu le conseiller Ischius, chargé de vous poignarder, remporter à Bruxelles un fanatisme d'admiration pour votre personne, qui vous créa d'innombrables partisans. Que vous fûtes alors l'idolâtrie de tous les Etats! pourquoi faut-il que vous ayez imprudemment exigé la promesse solennelle de maintenir irrévocablement la foi romaine! Cette circonstance devait amener politiquement votre rupture avec le cabinet de Madrid, et en prétextant le bonheur de la nation, à laquelle vous aviez juré l'*édit perpétuel,* vous pouviez profiter de son enthousiasme pour vous emparer de la souveraineté. Le reste de votre devoir était ensuite de vous faire aimer. »

— « Arrête, Escobedo, s'écria Don Juan; tu vas trop loin. Je ne sais si je ne suis pas traître envers mon roi par le seul fait d'avoir écouté presque involontairement le récit de tes séduisantes illusions. »

— « Ce ne sont pas des illusions, ô Prince, et votre fidèle secrétaire voit les choses telles qu'elles sont. C'est ainsi qu'il les voit toutes. Il croit, au contraire, que vous avez été vous-même dans un étrange aveuglement, lorsque vous avez, pour d'indignes fantaisies d'amour, favorisé les plans de la reine Marguerite de Navarre en faveur de ce duc d'Alençon, qui est le plus méprisable des hommes, et qui pourrait cependant vous ravir la Belgique. »

— « Non pas, Escobedo, non pas : ne te souviens-tu pas comme, le lendemain du départ de Marguerite, je surpris la citadelle de Namur, qui était si importante pour mon gouvernement. »

— « Oui, prince, vous avez fait là une action dont je me souviens, parce que c'est une trahison qui a indigné contre vous vos amis de ce royaume. Une trahison inutile est un crime, et cet exploit d'examiner les murailles d'un château, de se faire solliciter pour en admirer l'intérieur, et de s'en rendre possesseur en temps de paix, ne convient guère, je l'avoue, au caractère chevaleresque du héros de Lépante.

» Pourtant toutes ces récriminations contre votre manque de prudence dans le passé, ne mènent à rien. Finissons.

» Farnèse vient d'arriver dans votre camp. L'amitié qui vous unit depuis l'enfance, et après tant de campagnes glorieuses, ne vous a pas permis de sentir, en l'embrassant, que vous serriez sur votre sein, ô mon prince, celui dont le roi Philippe votre frère fait votre collègue, en attendant peut-être qu'il en fasse votre successeur....

— » Que dis-tu ? se pourrait-il.... ?

— » O Don Juan d'Autriche, mon maître et mon roi, craignez le poison, craignez votre frère..... »

Ici Escobedo se jeta aux genoux du jeune général, qui s'émut enfin. Le visage du bon secrétaire était baigné de larmes.

Un long silence eut lieu. Muets et impassibles, tous les deux demeuraient plongés dans une rêverie sans bornes. Tout-à-coup un bruit mystérieux les retira de cet abattement. Escobedo courut à l'entrée de la tente, mais il ne put rien découvrir. Seulement il soupçonna qu'un espion pouvait avoir entendu quelques-unes de ces paroles d'une conversation échangée d'ailleurs à voix basse. Ses terreurs redoublèrent instinctivement pour son général, qu'il chérissait. Il se garda pourtant de lui en faire part. Mais quand il aborda Don Juan, celui-ci murmura :

— « Il serait trop tard, Escobedo, de penser à la Belgique ;

mais, après tout, je serai fidèle jusqu'au bout. Toutefois, le silence du roi et le refus de secours m'épouvantent sur le sort de mon armée, et au milieu des périls qui me menacent, je veux tenter un dernier effort pour me réconcilier les bonnes grâces de mon souverain. Va vers Madrid; pars ce soir avec tout le zèle possible. Tu m'es dévoué plus qu'aucun autre, et, dans ce voyage, tu auras à discuter de grands intérêts. Fais-le avec ta prudence accoutumée et ton amitié à toute épreuve. Allons, adieu, mon ami. J'attendrai ton retour avec impatience, fidèle et cher Escobedo. »

Escobedo baisa respectueusement la main du prince et partit.

Pendant ce voyage, ce même Don Juan, si brillant dans sa jeunesse, si fier de ses avantages de tournure, devint rêveur et mélancolique. Ses cheveux relevés autrefois sur le front avec un air d'audace, et tant de grâce, qu'il avait détrôné la mode de porter la tête presque rase, introduite en Europe par le prisonnier de Pavie, retombaient alors en désordre jusque sur ses paupières abaissées vers la terre. Il citait souvent que son ancêtre Ferdinand, entre tant de couronnes qu'il avait possédées, en avait reçu trois de l'héritage de trois bâtards. N'avait-il pas, en effet, été roi de Castille par succession à Isabelle, qui descendait de Henri de Transtamare, bâtard d'Alphonse XI, celui qui détrôna Pierre-le-Cruel? Ferdinand ne se disait-il pas encore roi de Sicile, uniquement parce qu'il sortait de Mainfroy, bâtard de l'empereur Frédéric II? et enfin, comme roi d'Arragon, son premier aïeul n'était-il point Ramire, fils naturel de Sanche, roi d'Espagne? Bientôt ses entretiens n'eurent plus de suite, et quelques généraux se souvinrent avec tristesse de la folie apparente qui avait précédé la fin déplorable du prince royal. Ainsi, Don Juan semblait lui-même renoncer à la vie, ou du moins à ses jouissances. Il parlait sans cesse de retraites et de solitudes; et si quelques amis ne l'eussent arrêté, il eût quitté paisiblement son armée et se serait retiré tout-à-coup à Montferrat, sans doute avec le souvenir de son illustre père, au couvent de Saint-Just.

Aucune nouvelle ne lui parvenait cependant sur les démarches du fidèle Escobedo. Ses chagrins s'en augmentaient; son esprit devint la proie des plus sinistres alarmes.

Une rumeur sourde circule qu'Escobedo a disparu ; puis enfin, je ne sais comment, tout le camp eut la certitude mystérieuse qu'il avait été assassiné. Don Juan frémit ; il devine l'auteur de la pensée du crime.

On lui présente une lettre aux enveloppes lugubres. Il l'ouvre en hâte; il reconnaît cette écriture ; il couvre de baisers la signature de la tendre épouse de son ancien tuteur, de la veuve de ce Quicciada, qui a succombé à ses côtés, sur le champ de bataille, de sa mère dévouée, la vénérable Ulloa.

Ensuite, il lit et brûle ce message a flamme. La dévoré le papier. Il en contemple les cendres avec un sourire de pitié, de dédain.

Mais une violente fureur bouleverse subitement sa pensée. Son corps entier s'agite. Il s'écrie à haute voix : « *Antoine Pérez, le ministre et le confident de Philippe, mon frère, a fait assassiner lui-même mon fidèle ami, le dévoué Escobedo, par un soldat qui se nomme Garcia Dazze!* »

Ses amis l'entourent. Il leur parle avec horreur de ce meurtre qui, non seulement n'est point puni, mais récompensé; il examine la pâleur de leurs traits; il accuse intérieurement leurs craintes lâches. Mais bientôt il leur pardonne.

Plus de mystère ! il accuse les meurtriers qui lui ont arraché un de ses meilleurs serviteurs ; il se plaint d'avoir été lui-même en butte à des jalousies, des soupçons et des haines implacables; il voit la raison des embarras où l'on abandonne son armée, afin de flétrir, d'un revers, la gloire du général qui la commande encore.

Sur ces entrefaites il tombe malade. C'était pendant le

mois dans lequel il avait coutume de célébrer les victoires de Lépante et de Tunis. Alors il fit observer que sa mort serait une compensation de la gloire de ces anniversaires. En vain Serbelloné, dont l'âge était plus avancé que le sien, fut-il attaqué aussi de la même fièvre; Don Juan répéta à tout instant que le vieux général pourrait guérir, mais quant à lui, que nul espoir raisonnable n'était permis.

Le médecin d'Alexandre Farnèse partagea, contre l'opinion générale du camp, ces soupçons qui se confirmèrent. Serbelloné fut sauvé comme par un miracle !

Don Juan, brûlé d'infernales douleurs, ordonna qu'on calmât les inquiétudes des soldats, qui l'idolâtraient. Pendant ce temps, il déclara Farnèse, son neveu, gouverneur-général des provinces.

Il lui serra la main en disant :

— « Dès que vous êtes arrivé ici j'avais compris les projets de Philippe. »

Il voulait encore ajouter quelques conseils, mais sa tête s'égara. Du moins il remplissait sa tente de cris de guerre. Il semblait qu'il conduisît son armée à une bataille. Il nommait les chefs, il excitait les soldats ; il mourut en prononçant le mot *victoire !*

Les assistans se regardèrent avec stupeur. Les médecins, inquiets, avaient épié le secret de tant d'horribles convulsions, auxquelles succédait un étrange phénomène. Le cadavre se couvrait, sous leurs yeux, de subites taches, noires et livides. Le doigt de l'un d'eux descendit, en suivant une ligne qui servait de trace, jusqu'au bas des pieds de ce jeune homme expiré à trente-trois ans. La plante de ces pieds fut examinée; elle paraissait une fournaise de feu éteinte. On se souvint alors que le roi d'Espagne avait envoyé dernièrement, en cadeau, à son frère, des bottes parfumées sans doute avec le poison des bouquets de la reine Catherine. Le silence régna pourtant dans cette assemblée. Un prêtre était là qui croisait les bras sur sa poitrine.

Le premier jour d'octobre 1758, Don Juan n'était plus. Le camp fut dans la consternation. On chercha mille expédiens pour apaiser la douleur des soldats. Les régimens reçurent tour à tour au milieu d'eux le corps de leur ancien général ; le cercueil fit le tour du camp, et les officiers se succédaient à l'envi dans l'honneur de ce pénible devoir. Il était revêtu de ses armes, le jeune guerrier ! on n'avait mis de couronne sur sa tête que celle des ducs de Bourgogne, dont il était issu.

Les obsèques se firent avec pompe dans la cathédrale de Namur, où peuple et magistrats vinrent rendre hommage aux restes du plus grand capitaine de son siècle.

Plus tard, ces restes furent divisés irréligieusement en trois parties, qu'on renferma en trois petits sacs. Un cavalier fut chargé de les porter en Espagne.

A son arrivée dans la patrie de Don Juan, on rattacha ces os sans chair par des fils de laiton. Quand ce squelette hideux fut prêt, on le couvrit de magnifiques habits, des armes du général; et on posa dans sa main décharnée son bâton de commandement.

Alors le roi des Espagnes se glissa vers ce simulacre de son frère. Quand il s'en approcha, nulle émotion ne vint trahir sa conscience. Philippe II vieillissait, et pourtant n'eut pas peur de cette vue de la mort.

Il se retourna vers ses courtisans. Le grand écuyer leur répéta de sa part :

— « Le roi donne permission à sa cour de saluer de ses regrets le cadavre de son frère, le noble Don Juan d'Autriche. »

Les courtisans suivirent le roi plutôt que de s'arrêter là.

De secondes funérailles accomplirent au moins les vœux du testament de Don Juan ; il fut enterré à l'Escurial, auprès de Charles-Quint.

Quelle était sa mère? on a soupçonné Marie d'Autriche, sœur de l'empereur. La propre fille de Philippe II semble avoir autorisé ce témoignage par la suite, dans une confidence au cardinal de la Cueva.

Quoi qu'il en soit, le grand inquisiteur se présenta au cabinet particulier du roi d'Espagne. Ils restèrent en travail pendant une journée entière. Ils avaient consulté les papiers du défunt. A l'issue de cette séance, la reine Elisabeth d'Angleterre fut menacée de cette flotte l'*Armada,* que les vents dispersèrent ensuite. Puis Philippe fit un traité avec Henri, duc de Guise. Les Espagnols entrèrent en France. La ligue commença.

Mais l'inquisition catholique ne put s'établir ni en France, ni dans les Pays-Bas. L'Espagne seule resta sous ce joug écrasant, contre lequel elle lutte encore. En ruinant tout-à-fait la cause des maures, Don Juan a servi cette déplorable politique qui devait le sacrifier, sitôt que la mémoire de ses services serait trop importante, et que ceux-ci deviendraient nuisibles.

LASSAILLY.

LES PYRÉNÉES ESPAGNOLES.

Les Pyrénées séparent la Péninsule hispanique de l'ancienne Gaule (1) : une ligne dirigée par les sommités des montagnes, en suivant la chute des versans et le partage des eaux, forme les points actuels de cette division ; mais elle n'est point régulièrement tracée, attendu que les sommets les plus élevés des Pyrénées n'appartiennent point à leur crête centrale, et s'élancent fréquemment des ramifications voisines et des chaînons parallèles ou latéraux. Dans les Pyrénées orientales, les pics d'Ossau, de Bigorre, de Saint-Barthélemy, le Roc-Blanc, le Canigou, s'avancent dans la plaine française, où leur pyramide apparaît plus haute et grandiose par son isolement ; la Madaletta, la Punta de Lardana, le Mont-Perdu, rentrent fort avant dans le territoire espagnol : la ligne des frontières, qui se dirige sur les points moins élevés du centre, offre ainsi des déviations et des ir-

(1) Ces deux contrées portaient primitivement le nom d'Ibérie.

régularités. Dans les Pyrénées occidentales, les vallées de la Bidassoa, du Bastan, et une partie de celle de Luzaïde, appartiennent au pays basque, espagnol, quoique situées sur le versant septentrional.

Les Pyrénées orientales se terminent vers le pic de Mauberme, dans la vallée de la Garonne, où ce beau fleuve prend sa source. La chaîne occidentale acquiert sa plus grande élévation, à son point de départ, entre les vallées d'Aran et d'Ossau. Le pic d'Aïnhie domine ces vallées pittoresques, habitées par des peuplades de belle et vaillante race, que l'on pourrait confondre avec les Basques, si leur patois béarnais ou romance ne les rapprochait des Gascons. Les Navarrais et les Souletins appellent le pic d'Aïnhie, *Ahunemendi*, Montagne-du-Chevreau, dénomination qu'ils appliquent à toute la chaîne des Pyrénées (1), et dont je n'ai pu découvrir l'origine.

Ahunemendi n'a que douze cents toises d'élévation au-dessus du niveau de la mer, et conserve toute l'année sa robe de neige, quoique les observations barométriques de Ramond aient déterminé à quatorze cents toises la hauteur des neiges perpétuelles dans les Pyrénées, pour les cimes tournées vers le nord : des roches bizarrement hérissées forment son diadème et défendent l'entrée de son glacier. L'imagination des bardes euskariens a fait de cette hauteur inaccessible le séjour enchanté des fées et des péris (2) : là brille un ciel constamment serein, vivifiant par sa rosée la verdure et les fleurs qu'entretient sous de rians bocages un printemps éternel : là des concerts aériens, des chants joyeux, des danses légères ; tandis que les vents sifflent dans la profondeur des vallées, et que les esprits malfaisans, portés sur l'aile des grues, errent en hurlant le long des collines, à tra-

---

(1) Charpentier : *Essai sur la constitution géognostique des Pyrénées.*
(2) *Lumina* : les Romains empruntèrent cette dénomination aux Ibères.

vers l'épais brouillard d'où la neige se détache en flocons. Voyez-vous étinceler la cime d'*Ahunemendi*, et ses blocs argentés emprunter au soleil des reflets éblouissans ? Ce n'est point un glacier dont les clartés attirent vos regards, mais le palais enchanté de *Maïthagarri*, la plus jeune et la plus séduisante des péris ibériennes. Une ceinture magique presse la taille svelte de la jeune fée, et fixe les plis de sa robe d'azur parsemée d'étoiles ; un cerceau diamanté retient sa blonde chevelure, et brille sur son front avec moins d'éclat que le feu divin de ses yeux bleus ; une lance d'argent arme son bras délicat ; un daim agile est son coursier. Certain jour d'été, *Maïthagarri* (1) s'aventura dans un bosquet sombre et touffu, pour désaltérer son daim rapide, à l'onde fraîche d'un ruisseau limpide et murmurant : le beau *Luzaïde*, étendu sur la rive, dormait profondément. La surprise de la vierge égala son trouble à la vue du jeune montagnard : elle attacha sur lui des regards où se peignit l'amour ; et le charme qui captivait ses sens, agissant avec rapidité, livra bientôt son âme à l'aveugle délire, à l'ivresse effrénée qui caractérisent cette passion. Tremblante, éperdue, elle courut chercher des lianes, pour enchaîner l'heureux berger. Ce fut au haut d'*Ahunemendi* que *Luzaïde* se réveilla, dans une grotte, où les bras de son amante ravie le pressaient encore : fiction qui rappelle le palais fantastique d'Armide et l'histoire de ses amours.

Plus de cent fleuves et rivières prennent leur source dans les Pyrénées occidentales et traversent les provinces basques, en suivant les mille contours et les sinuosités des vallées, pour se jeter dans l'Ebre, l'Adour ou l'Océan ; les torrens qui viennent les grossir, dans leur course précipitée, sont innombrables : leurs eaux sont belles et d'une extrême limpidité, les rochers dont elles jaillissent en abondance se trou-

(1) Ce nom signifie en langue basque aimable, adorable.

vant à l'abri des éboulemens qui rendent si fangeux les glaciers des Alpes ; le poisson de nos rivières contracte dans leurs eaux subtiles une chair ferme et un goût délicat qui le font rechercher par les amateurs de la bonne chère. Le naturaliste Palassou, que la Gascogne s'honore d'avoir produit, attribue à la chute des torrens et à l'action érosive des eaux l'excavation des vallées des Pyrénées : Charpentier professe le même système. Pour concilier leur théorie avec la configuration actuelle des montagnes, ces géognostes supposent que la chaîne granitique, infiniment plus élevée dans le principe, formait entre la Méditerranée et l'Océan une longue montagne unie, terminée en dos de mulet. Ce talus immense présentait, suivant eux, sur chaque flanc, de grands creux ou réservoirs, de profondes blessures, d'où les eaux se frayant un passage, conformément aux lois de pesanteur et de résistance, auraient tracé, creusé, élargi toutes les vallées des Pyrénées, en donnant à ces montagnes les formes pittoresques que l'on ne saurait voir sans admiration.

Ces savans géologues avaient observé que les parois de chaque vallée s'élèvent en amphithéâtre, par gradins horizontalement nivelés ; ils en conclurent que ces similitudes étaient l'ouvrage des eaux, et que chacune des hauteurs où ils les avaient observées avait primitivement servi de lit aux torrens. Je respecte trop la science pour me moquer de cette conclusion ; mais je ne saurais l'admettre. Voici près de trente siècles que nos rivières n'ont guère changé de volume, et qu'elles roulent encaissées dans les mêmes rochers, ou sur des sables dont le niveau ne s'est point abaissé d'un demi-pied : pour descendre d'une hauteur de deux cents toises, il leur aurait fallu des myriades de siècles, en dehors de tous les calculs de la géologie positive. Il est difficile de comprendre comment les deux côtés d'un courant auraient pu laisser sur les parois de chaque vallée des formes et des contours identiques ; comment les terrains auraient également résisté ou cédé à l'action des eaux. Cette prédisposition du sol prouverait seule une loi uniforme de soulèvement et de création, suffisante pour expliquer l'architecture régulière des montagnes, sans recourir à la chute des eaux et à des courans imaginaires. Si l'on réfléchit qu'en certains endroits les vallées ont plusieurs lieues d'ouverture, et que leurs plates-formes horizontales sont séparées par des distances considérables, l'on doit aussitôt supposer des fleuves immenses et permanens à la place des réservoirs primitifs. Où placerons-nous dès-lors leurs sources inépuisables ? Sera-ce dans les crêtes les plus décharnées ou dans les cataractes du ciel ? car il ne faut rien moins qu'un fleuve par vallée ! Resterait à concevoir la variété de leurs directions en sens contraire, et leurs croisemens inextricables; de manière à creuser les grandes vallées qui sont parallèles à la chaîne centrale, et les vallées rectangulaires, qui se prolongent des deux côtés, au nord et au midi, régulièrement disposées comme les côtes de l'épine dorsale ou les arêtes de certains poissons.

Admettons un instant le tissu de contradictions et d'impossibilités physiques qui compose le système de Palassou ; faisons crouler avec lui la moitié des Pyrénées, après avoir élevé jusqu'au ciel leur cime pyramidale ; déchaînons mille courans désordonnés, sillonnant au hasard cet amas de décombres et de ruines : qui ne s'attendrait à voir les eaux, à la suite de ce bouleversement complet, laisser derrière elles, sur leurs traces, l'affreuse image de la confusion et du chaos ? Tout au contraire, de l'aveu de Palassou lui-même, à ce laborieux enfantement succèdent, comme par magie, une harmonie parfaite, une admirable régularité : la plus riche incarnation terreuse revêt symétriquement de ses couches variées le squelette granitique des montagnes ; elle arrondit par de moelleux contours les rameaux capricieux, les jets fantasques de la stratification, et se pare au dehors de la végétation la plus brillante.

Une question mal posée est toujours mal résolue. Avant de rechercher les causes de l'excavation des vallées, il fallait se demander si l'excavation a eu lieu réellement, et si les vallées n'existent point par le seul fait de l'exhaussement et de la disposition des montagnes. Je distingue deux sortes de vallées : les unes naturelles, résultant de deux montagnes parallèles qui font angle à leur racine ; les autres géographiques. Quelques-unes de ces dernières sont formées, dans les Pyrénées occidentales, par une division de la chaîne-mère, et conservent la même direction sur une longueur de dix à quinze lieues. Les autres grandes vallées sont rectangulaires et se trouvent renfermées entre les contre-forts ou chaînons latéraux qui s'élancent vers les plaines. Il en est de ces ramifications granitiques, comme des branches des arbres : l'angle qui les rapproche au point de leur bifurcation commune s'élargit à mesure que les chaînes secondaires se prolongent, en perdant graduellement de leur masse et de leur épaisseur, de manière à n'élever à la proximité des plaines que des collines fuyantes et de légères ondulations. Les montagnes rattachées les unes aux autres, comme des anneaux, se rapprochent et s'écartent tour à tour, d'un chaînon à l'autre ; elles forment ainsi, de distance en distance, des étranglemens et des bassins, d'où les rivières se précipitant par cascades, marquent, dans leur chute, les degrés de l'inclinaison du terrain, jusqu'au niveau des plaines, où l'Ebre, la Garonne et l'Océan reçoivent le tribut de leurs eaux.

Les Pyrénées orientales présentent la même configuration, avec plus de symétrie et de régularité. Il est tout simple de croire que les courans d'eau, ayant peu changé de volume, depuis le commencement de notre *Temps* géodésique, n'ont fait qu'obéir à la disposition du terrain et suivre invariablement le lit naturel qui leur était tracé. Bons géognostes, échelonnez d'abord les montagnes, et les vallées ne vous manqueront pas, et vous serez dispensés de vous creuser la tête pour expliquer le mystère de leur excavation.

La chaîne des Pyrénées semble se plonger à l'est dans la Méditerranée; elle se perd à l'ouest dans l'Océan, à la pointe de Figuier, près Fontarabie. Ces deux terminaisons ne sont qu'apparentes. Les Pyrénées orientales se rattachent aux Alpes par la Montagne Noire et les Cévennes. Les montagnes occidentales qui aboutissent à la pointe de Figuier sont une branche latérale, un contre-fort de la grande chaîne; elles s'en détachent au fond de la vallée du Bastan, près d'une antique abbaye, avec le mont Atchiola, qui donne son nom basque à ce chaînon. De là, les Pyrénées, traversant le Guipuzkoa et la Biskaie, se partagent en deux ramifications principales, dont l'une se prolonge jusqu'au cap d'Ortégal, en Galice, et l'autre jusqu'au cap Finistère. Les Pyrénées ne sont donc point isolées dans la structure du globe terrestre, comme l'observation superficielle pourrait le faire croire d'abord; elles appartiennent, en réalité géodésique, à cette large ceinture de montagnes qui, de l'ouest-sud-ouest à l'est-nord-est, embrasse tout l'ancien continent, jusqu'aux confins de l'Asie : elles se posent presque transversalement dans ce système granitique, en formant avec le méridien un angle d'environ 112°.

La base granitique des Pyrénées s'étend de l'est-sud-est à l'ouest-nord-ouest avec des proéminences qui sont plus considérables et plus régulières dans la partie orientale de la chaîne. Rarement le granit perce les couches qui l'enveloppent et se montre à la crête des montagnes : il est indubitable que sa direction souterraine et ses formes primitives ont déterminé l'arrangement et la direction des roches diverses et des couches qui lui sont superposées. Les partisans du système neptunien avouent leur impuissance pour expliquer cet ordre de création; le résultat de leurs observations et de leurs travaux se réduit à la description des strates et des terrains, ainsi qu'à leur classement et à leur nomenclature. Une autre fait, qui pour eux reste incompréhensible, c'est l'existence des roches contournées et les figures bizarres qu'elles affectent ; tantôt roulées en spirale, en croissant ; tantôt légèrement ondulées, comme une chevelure, ou pressées les unes contre les autres en couches minces, comme les feuillets d'un livre : phénomènes qui prouvent la mobilité la plus capricieuse dans les jeux variés de la stratification.

Ramond compare les Pyrénées à une mer soulevée par l'orage, écumante, effrénée, qu'une force magique fixerait soudain dans une parfaite immobilité, et dont l'agitation se peindrait encore dans ses ondes subitement pétrifiées. Mais le lecteur sentira que l'Océan, pris ici comme terme de comparaison poétique, ne saurait être regardé comme le créateur des montagnes ; il faut chercher dans un autre élément la cause de leur fluidité primitive et de la consistance qu'elles ont prise, en se refroidissant tout à coup. Le même principe doit expliquer la direction uniforme du granit, des strates, des bandes et des couches terreuses, ainsi que l'ordre de leur superposition, suivant leur essence plus ou moins fusible ; enfin leurs formes apparentes et leur tendance à se développer en pyramide.

Les Basques héritiers de la civilisation des Ibères, voient dans le feu central du globe, le principe créatif et l'agent rénovateur de la terre : ils lui donnent le nom de *Sougue*, Feu ou Serpent ; ils l'appellent encore *Leheren* (1). Ce mythe, emblème des luttes de la nature, est le même que le *Leherenus*, le Dieu de la guerre, des anciens Novempopulaniens. La géologie ibérienne enseigne que les cataclysmes terrestres sont périodiques et universels ; les devins euskariens (2) avaient même découvert le chiffre de ces im-

---

(1) *Lehen-heren*, premier-dernier.   (2) *Jaun Artiak*.

pôsantes rénovations, dans leurs rapports avec la rotation diurne du globe, sa course annuelle autour du soleil, et les précessions équinoxiales qui sont le résultat de ce double mouvement : ils assignaient à la croûte terrestre une épaisseur moyenne de quinze lieues, dont l'Océan occupe à peine le vingtième. Les calculs modernes confirment la certitude de la science primitive, et de la géognostique transcendante des Enfans du Soleil (1).

C'est le feu central, le Grand-Serpent, qui soulève les montagnes, et préside aux merveilles de leur structure intérieure, en rejetant les matières les plus fusibles à la surface. Parfois l'Océan, comme un voile à mille plis, cache cette création mystérieuse; et les montagnes, après avoir longtemps séjourné dans son sein, apparaissent tard, chargées des singulières dépouilles de l'élément au sein duquel elles prirent naissance. D'autrefois, les montagnes surgissent par enchantement, sur des continens unis et spacieux, et les éruptions répétées du lac infernal groupent rapidement leurs masses titanniques. Les Pyrénées appartiennent à cette dernière classe ; une montagne située près de Salinas, en Guipuzkoa, est le seul point de la chaîne occidentale, où l'on ait découvert quelques coquillages fossiles incrustés dans du marbre bleu, veiné de spath.

La formation des Pyrénées fut secondaire et partielle, dans la grande ceinture granitique du globe terrestre : elle se conçoit par une traînée volcanique, dont le cours aurait successivement semé, comme dans un sillon, les proéminences souterraines du granit primitif, et dont les feux croisés auraient disposé régulièrement, à droite et à gauche, les chaînons et les contre-forts rectangulaires. Cette éruption du feu créateur paraît s'être effectuée d'orient en occident : en effet

(1) Les dialectes basques expriment la vérité et le soleil par le même mot *Eghi-a*.

les Pyrénées ont plus de régularité dans la partie de l'Est ; elles y sont en même temps plus élevées, puisqu'à quinze lieues de la Méditerranée leur chaîne acquiert déjà quatorze cents toises d'élévation, et ne se maintient à la même hauteur qu'à vingt-cinq ou trente lieues des côtes de l'Océan. Les montagnes occidentales sont plus arrondies et plus basses ; leur pente est plus douce ; les tremblemens de terre s'y font sentir avec moins de violence : les sources minérales qui jaillissent de leur sein possèdent moins de calorique ; les substances alumineuses, ferrugineuses, pyriteuses et les gaz s'y combinent en plus petite quantité que dans les eaux de l'est, plus renommées et plus efficaces.

Les habitations des Basques, éparpillées le long des rivières, sur le penchant des collines et dans la profondeur des bois ; la richesse de la végétation, la variété des sites, l'aspect pittoresque des montagnes, cultivées aujourd'hui jusqu'à leurs sommités ; un air de vie, de liberté, de plaisir animant tous les paysages, et la magie des souvenirs historiques, forment des Pyrénées occidentales une contrée des plus intéressantes. Le climat y est tempéré, mais très-variable ; le voisinage de l'Océan communique à l'air une agréable fraîcheur, que le souffle brûlant du *Solano* (1) remplace à l'approche des équinoxes et des solstices. Les vents d'est et de nord-est s'y font sentir rarement ; ils rendent l'air plus frais et plus pur, et font briller le ciel du plus vif éclat pendant la sérénité des belles nuits d'automne. Le vent du sud-ouest interrompt la sécheresse de l'été par de violens orages qu'il apporte sur son aile ; les sommets des Pyrénées, qui leur servent de conduits électriques, concentrent leurs explosions rapides ; la foudre éclate sur les rochers insensibles et frappe les déserts, tandis que l'ondée chaude et brillante fertilise les vallées ; l'orage gronde et se dissipe en quelques

(1) *Hegoua*, vent du sud-est.

heures ; mais il est quelquefois suivi de jours pluvieux. L'automne est presque toujours magnifique dans les Pyrénées ; les hivers, quelquefois très-rigoureux, n'y manquent point de beaux jours ; les longues pluies n'y règnent qu'au printemps ; cette saison se termine quelquefois par des gelées tardives et piquantes ; elle est troublée par des orages précoces, dont l'hiver lui-même n'est point exempt. La nature a rassemblé dans les Pyrénées occidentales toutes ses richesses ; elle y multiplie ses oppositions et ses contrastes en mêlant à la fois les saisons et les climats ; la température y est exposée aux transitions les plus subites ; souvent, au déclin du plus beau jour, l'horizon se couvre d'un voile sombre, la pluie tombe toute la nuit, et le matin le soleil se lève resplendissant dans un ciel redevenu serein : image de la beauté qui brille d'un nouveau lustre après avoir séché les pleurs qui l'inondaient.

La végétation des Pyrénées n'est pas moins riche et variée ; elle peint le climat avec sa mobilité, ses contrastes, ses couleurs fantastiques, ses mille nuances, qui tantôt se fondent harmonieusement, tantôt ressortent vives et tranchées par leur opposition. Les brusques accidens du terrain et la différence des expositions rapprochent toutes les espèces, tous les genres ; on y voit croître les plantes aquatiques à côté des plantes alpines, et de celles que produit un sol aride et calciné ; les saxifrages, la campanule, le canillet moussier, l'aconit, les superbes liliacées, les ellébores, les valérianes, les tithimales, la gentiane, l'origan, la germandrée, l'euphrasie, le souchet long, la tormentille, la sensitive, la clématite, le calament, la petite sauge et la grassette des Alpes, la digitale pourprée, la mandragore, l'arnica. La Flore des Pyrénées occidentales cite avec distinction, parmi ses amans les plus studieux et les plus infatigables, Tournefort, Palassou, Picot-de-Lapeyrouse et Ramond.

La classe des mammifères, qui disputent à l'homme le séjour, et la possession de nos montagnes est fort nombreuse. Sans compter le lynx devenu rare, et la martre qui se cache au fond des bois, l'on y rencontre l'écureuil (1), la belette (2), le hérisson (3), le blaireau (4), le lièvre, la loutre. Le loup et le renard, hôtes vauriens et destructeurs, foisonnent, quoique leur tête soit mise à prix. La chasse du sanglier dédommage le Basque des dégats que cet animal fait dans les plantations de maïs. La famille précieuse des ruminans fournit le cerf, le daim, le chevreuil, le bouquetin devenu très rare, avec ses grandes cornes noueuses, repliées en arrière, l'izard ou chamois, joli animal dont la petite corne droite se termine en crochet pointu ; sa lèvre supérieure est légèrement fendue, il n'a point de larmier comme les cerfs et les antilopes, et sa conformation le rapproche de la chèvre. Dans l'absence de plus formidables quadrupèdes, l'ours est le roi de nos forêts et de nos montagnes solitaires ; l'ours noir frugivore y est plus commun que l'ours brun, carnassier : l'un et l'autre ne se montrent le jour que pendant la belle saison ; le premier se nourrit de mûres, de raisins sauvages et de fraises parfumées, qui tapissent jusqu'à la fin de l'automne les rochers exposés au midi ; son régal le plus friand consiste dans un miel grossier, coulant en ruisseaux le long des fissures de quelques roches pyramidales, où les républiques d'abeilles se sont établies séculairement, par milliers d'essaims, sans craindre que jamais la main de l'homme vienne ravir dans leur patrie inaccessible les trésors de leurs ruches trop pleines.

Le grand aigle, brun fauve, est le plus remarquable des oiseaux sédentaires de nos Pyrénées ; il vit solitaire et taci-

---

(1) *Urchainch*, mange-noisettes.
(2) *Andereiger*, jolie demoiselle.
(3) *Sagarroï*, mange-pommes.
(4) *Harzkou*, oursin ; l'*ursus melos* de Linnée.

turne, bien différent en cela du petit aigle criard, au plumage gris de fer, tacheté de noir et de blanc. Le nom du roi des oiseaux (*arrano*) indique en langue basque son habitude de se percher sur les rochers les plus sauvages ; c'est là qu'il établit son aire et règne en souverain. Tous les oiseaux fuyent les sites que l'aigle fréquente ; seule plus étourdie ou plus confiante, la spipolette s'y montre pendant l'été ; elle vient becqueter, sur les gazons décolorés, la terre fraîche, qu'une variété de taupes fauves rejète en creusant ses galeries à la proximité des glaciers. Je remarque que la langue basque désigne le lierre et le hibou par le mot *huntz*, sans doute parce que le lierre s'attache aux vieux troncs d'arbres et aux masures qu'habite l'ennemi du jour. La même expression caractérise, chez les Basques, l'homme stupide dont l'esprit est plongé dans les ténèbres, par allusion à l'oiseau nocturne qui jamais ne voit rayonner le soleil, et reste aveugle à sa lumière ; les Grecs et les Romains faisaient au contraire du hibou, consacré à Minerve, le symbole de la prudence et de la raison. C'est que les Grecs et les Romains, enfans de la Nuit, étaient des tribus celtiques ; les Euskariens, race méridionale et solaire, comprenaient tout autrement que les Barbares, les clartés de l'intelligence et la vie lumineuse de la création. Ainsi, l'on retrouve jusque dans les plus petits détails du langage, le génie particulier des deux grandes races humaines, et le caractère essentiel des deux verbes qui se disputent d'âge en âge le monde social.

Les Pyrénées, situées entre la Méditerranée et l'Océan, sont un point de repos naturel pour les tribus d'oiseaux voyageurs qui dirigent leurs migrations annuelles tantôt vers le nord, tantôt vers le midi ; la chaîne occidentale, moins élevée et moins aride, attire de préférence ces hôtes passagers, que la diversité de leur instinct, de leur chant et de leur plumage, rend si intéressans à observer. Les chasses, auxquelles les montagnards se livrent avec ardeur, fournissent un trait de plus aux scènes magnifiques que l'ami de la nature ne peut se lasser d'admirer. Dès le printemps, les hirondelles de mer remontent nos rivières, qu'elles effleurent d'une aile rapide, suivies par les goëlands, les mouettes, les coupeurs d'eau, dont le nid repose sur les recifs de l'Océan ; la huppe se montre bientôt à la pointe des bruyères qui commencent à verdir, et chante, en hérissant les plumes de sa jolie crête ; le coucou devance, dans les bois, la naissance des feuilles, et fait entendre les deux notes de son couplet monotone, répété par les enfans du village et par l'écho. L'été vient, et de retour, le brillant loriot défie les merles par des sifflets joyeux et cadencés ; la nature se réveille et s'anime ; les forêts ont repris leur verdure, et la grande voix des Pyrénées élevant ses harmonies, proclame la saison de l'amour. Les vautours exilés par l'hiver rentrent en foule dans les montagnes ; le barbu prend un essor puissant, avec ses larges ailes, dont l'envergure dépasse celle même du grand aigle ; l'arrian, à tête chauve, descend dans les profondeurs des ravins et plane sur les eaux. Avec l'automne arrivent les mûriers, les bec-figues, les étourneaux, les grives, les cailles ; tandis que sur les genêts dorés et les buissons jaunis, les rossignols, les linottes, les chardonnerets et toutes les familles d'oiseaux chanteurs, volent par troupes nombreuses, s'appellent vivement et s'assemblent ; puis redoublent en chœur des refrains d'adieux pour aller chercher au loin un autre printemps et d'autres amours.

La colombe océanique (1), le ramier bleu, qui joue si grand rôle dans la cosmogonie ibérienne, arrive dans les Pyrénées en septembre ; les naturalistes regardent ce bel oiseau comme la souche des pigeons domestiques ; rien n'égale la rapidité de son vol bruyant, il est impossible de se faire une idée du fracas qui accompagne ces oiseaux lorsqu'ils s'a-

(1) *Urzo*, oiseau de l'eau.

battent par milliers dans les grandes forêts de hêtres; hôtes inoffensifs, devenus le symbole de l'innocence et de la douceur. Ils vivent de faînes; leur chair fournit alors un manger délicat, et les chasseurs leur apprêtent mille morts. La chasse la plus amusante se fait avec de grands filets tendus à l'extrémité d'un vallon; le choix du site et l'habileté des chasseurs concourent à la rendre plus ou moins heureuse; les produits en sont assez lucratifs pour faire de chaque *pantière* une propriété importante et privilégiée. L'épervier et le hobereau sont les seuls oiseaux de proie que le ramier doive craindre; la vitesse de son vol le met à l'abri de tous les autres. L'épervier s'élance de terre perpendiculairement, et se renverse sur le dos pour saisir sa victime qu'il frappe de son bec tranchant et de sa poitrine osseuse; les ramiers, instruits par l'instinct, évitent son atteinte, en abattant subitement leur vol. L'idée de la chasse aux filets est fondée sur cette observation. Les chasseurs se postent sur les collines, dans un rayon de demi-lieue, à portée des filets, armés de raquettes blanches, dont la forme imite un épervier; leurs yeux perçans ne se détachent point de l'horizon, où d'imperceptibles vapeurs leur font reconnaître chaque volée de ramiers, plus de vingt minutes souvent, avant son approche; ils s'avertissent mutuellement par des cris et des signaux, lancent leurs raquettes avec tant d'intelligence et d'à-propos, qu'ils manquent rarement de faire prendre aux ramiers la direction fatale; l'instant solennel de leur triomphe est celui où les timides oiseaux se pressant en colonne d'un vol étourdissant que précipite la terreur, donnent tête baissée dans les filets qui tombent pour les envelopper. Tous les ramiers pris vivans sont vendus, mis en volière et garnissent la table du Basque pendant l'hiver; ceux que l'on sert en automne sont tués à coup de fusil et n'en sont, dit-on, que meilleurs; on se sert pour les attirer d'appaux vivans, auxquels on a crevé les yeux. Les Basques, peuple noble et gentilhomme, chassaient encore, au temps d'Henri IV, les ramiers au hobereau et toute espèce de gibier au faucon (1). Le perfectionnement des armes à feu a fait abandonner ce divertissement, interdit au peuple dans toute la France, sous peine de mort, et réservé aux plaisirs de la noblesse et des rois chez les Barbares.

La venue des oiseaux voyageurs dans une contrée est déterminée par la maturité des fruits dont chaque espèce se nourrit. Les uns arrivent aux Pyrénées à l'ouverture des moissons; les autres dans la saison des vendanges. Les grues (2) forment l'arrière-garde de la migration ; mais dirigeant leur vol au dessus des régions que l'aigle fréquente en été, ces oiseaux passent sans s'arrêter, à moins que le mauvais temps et les brouillards ne dérangent leur ligne de bataille, et ne les forcent à descendre. Le héron, la sarcelle, le canard sauvage, l'oie sauvage, l'outarde et la cigogne séjournent, dans les Pyrénées, une partie de l'hiver. Il est un oiseau voyageur plus fameux et plus rare : c'est le cygne sauvage, que sa petitesse distingue du cygne domestique, et que la conformation singulière de la trachée-artère et du bréchet classe parmi les oiseaux chanteurs. Les observations faites par Monge à Chantilly ne permettent plus de douter que les anciens furent véridiques dans la tradition du cygne qui chante. Picot-de-Lapeyrouse en a disséqué quelques-uns; ils n'apparaissent dans les Pyrénées que de siècle en siècle, durant les hivers les plus rigoureux.

L'imagination des Basques, aidée par la réminiscence confuse des pays que les premiers Euskariens ont habités, n'a point manqué de peupler les Pyrénées d'êtres mystérieux et bizarres, qui servent de lien superstitieux entre la création matérielle et visible et le monde fantastique des larves et des

(1) *Aoutore.*
(2) *Kurloo.*

esprits. Le plus populaire de ces mythes pyrénéens est le Seigneur-Sauvage (1), sorte de monstre à face humaine, que le Basque place au fond des noirs abîmes ou dans la profondeur des forêts. La taille du *Bassa-Jaon* est haute, sa force prodigieuse, tout son corps est couvert d'un long poil lisse, qui ressemble à une chevelure; il marche debout comme l'homme, un bâton à la main, et surpasse les cerfs en agilité. Le voyageur qui précipite sa marche dans le vallon, ou le berger qui ramène son troupeau à l'approche de l'orage, s'entendent-ils appeler par leur nom, répété de colline en colline, c'est *Bassa-Jaon!* Des hurlemens étranges viennent-ils se mêler au murmure des vents, aux gémissemens sourds des bois, aux premiers éclats de la foudre, c'est encore *Bassa-Jaon!* Un noir fantôme, illuminé par l'éclair rapide, se dresse-t-il au milieu des sapins, ou bien s'accroupit-il sur quelque tronc d'arbre vermoulu, en écartant les longs crins à travers lesquels brillent ses yeux étincelans, *Bassa-Jaon!* La marche d'un être invisible se fait-elle entendre derrière vous, son pas cadencé accompagne-t-il le bruit de vos pas, toujours *Bassa-Jaon!*

Le Basque raconte, au coin du feu, la rencontre qu'il eut avec le Seigneur-Sauvage pendant qu'il était jeune, et qu'il menait la vie des bergers; il dit l'heure et le lieu, dépeint le paysage et n'hésite point à convenir de sa frayeur, vivement partagée par son auditoire enfantin, qui écoute le récit du grand-père avec la plus avide curiosité. C'était par une nuit obscure, une froide nuit d'hiver; les vents sifflaient à travers les branches des arbres, les brouillards s'étaient abaissés, la neige tombait blanche et glacée; le berger revenant des hautes montagnes chemina seul jusqu'à minuit. Il fut contraint de s'arrêter dans les bois; l'épaisseur du brouillard lui dérobait sa route; il s'arrête : un tronc d'arbre, coupé à la hau-

(1) *Bassa-Jaon*.

teur des branches, s'élevait devant lui tout blanc de neige; le montagnard distrait le frappa machinalement de son bâton; soudain le tronc, en apparence inanimé, bondit terrible, la neige qui le couvrait tombe comme un voile, et laisse voir au berger, immobile de terreur, *Bassa-Jaon*, rugissant comme un lion, l'œil ardent et le crin hérissé!..... Le narrateur du coin du feu raconte cet incident étrange avec un ton de vérité persuasif, et laisse croire adroitement qu'il est le héros de l'aventure; il tient le fait de son père, qui le tenait de son aïeul.... L'on pourrait ainsi remonter deux cents générations jusqu'au temps du séjour des Euskariens en Afrique, car le *Bassa-Jacn* des Basques c'est tout simplement l'Ourang-Outang qui fournit aux anciens Egyptiens et aux Grecs la fable des sylvains et des satyres.

Ce nom de *Bassa-Jaon*, donné à l'Ourang-Outang par les Euskariens, exprime avec une sorte de naïveté l'étonnement mêlé de frayeur qui s'empara de l'Aborigène à la vue d'un animal si semblable à l'homme. De nos jours encore, les nègres de la côte s'imaginent que le mutisme des grands singes est une ruse de leur part, afin de se soustraire à la tyrannie des blancs et aux pénibles travaux de l'esclavage. L'Euskarien, meilleur observateur, ne tarda point à reconnaître dans l'Ourang-Outang un être dépourvu de raison, privé de la parole et inférieur à l'homme social de toute la distance qui sépare la réflexion intelligente de l'aveugle instinct. Il consacra cette découverte par la fable du Forgeron et du *Bassa-Jaon*, dont la forme puérile (1) cache cette moralité philosophique; le Seigneur-Sauvage est une brute, un animal, un singe; et l'homme un homme (2), l'être excellent, intelligent, *Guizon!*

(1) Le forgeron y pince le nez du Seigneur sauvage avec des tenailles rouges au feu.

(2) *Guison*, nous-être-excellent, parfait,

Il ne faut point rejeter indistinctement, comme apocryphes ou fabuleux les récits des Basques sur les apparitions de l'homme des bois dans les Pyrénées occidentales. On trouve dans ces montagnes de vrais sauvages, et leur existence, quelqu'inexplicable qu'elle soit, n'en est pas moins avérée. Des ouvriers, qui travaillaient pour la mâture en 1790, dans la forêt d'Iraty, observèrent à plusieurs reprises deux de ces individus. Le Roy, qui dirigeait leurs travaux, raconte ce fait intéressant dans un de ses mémoires scientifiques. L'un des sauvages, jeune femme aux longs cheveux noirs, toute nue, était remarquable par des formes élégantes, par des traits réguliers et beaux, malgré l'extrême paleur de son visage ; elle s'était approchée des travailleurs et les regardait scier les arbres d'un air qui témoignait plus de curiosité que de crainte ; les paroles que s'adressaient les ouvriers excitaient visiblement son attention. Enhardie par le succès de sa première visite, elle revint le lendemain à la même heure. Les ouvriers avaient formé le dessein d'en faire leur prisonnière, s'il était possible d'y réussir sans lui faire de mal ; l'un d'entre eux s'approcha d'elle en rampant, tandis qu'un de ses camarades parlait haut en gesticulant vivement, pour captiver l'attention de la jeune sauvage ; mais au moment où le bucheron tendait le bras pour lui saisir la jambe, un cri d'alarme, parti du bois voisin, avertit la fille de la nature du piége qu'on lui tendait ; elle fit un bond d'une agilité surprenante et s'enfuit vers la forêt avec la rapidité de l'éclair ; elle ne revint plus, et l'on ignore le sort du couple sauvage.

La grotte de Balzola, en Biskaïe, a la réputation de nourrir dans ses entrailles toute espèce de monstres. Il y a quelques années, les habitans d'une maison voisine entendirent, durant plusieurs nuits, des hurlemens prolongés, qui semblaient appartenir à une voix de femme. La bonne humeur malicieuse qui anime dans les provinces méridionales de la France les *Loups-Garous* et les *Canipotes* de village, ne pouvait avoir aucune part à ces cris nocturnes. Plusieurs jeunes gens firent une battue, à la faveur d'un clair de lune magnique, et le premier objet qu'ils aperçurent à l'entrée de la grotte fut un noir fantôme à visage humain, qui se précipita dans la caverne, en répétant son hurlement sinistre (1).

Le nom significatif de Balzola équivaut à Forge ténébreuse. Ce vaste souterrain, divisé en une multitude de compartimens et de galeries, paraît avoir été dans l'origine quelque riche mine de fer, exploitée par les anciens Cantabres; il est situé à l'extrémité d'un vallon sauvage, au milieu duquel s'élève un rocher pittoresque, naturellement taillé en arcade, appelé *Jent'il-Zubi*, Pont de la Mort. L'entrée de la grotte, pratiquée dans le roc vif, conduit à un vestibule spacieux et sombre, où viennent aboutir toutes les issues du labyrinthe: les eaux que le rocher distille rendent le sol humide; il est parsemé d'ossemens, dont quelques-uns sont humains : la persuasion des paysans est qu'ils appartiennent à des personnes dévorées par les serpens. La voûte du noir portique est tapissée de chauve-souris, accrochées par milliers, les unes aux autres, comme les abeilles qui se pendent en grappes dans leurs ruches : leurs cris et le bourdonnement de leurs ailes frappent d'abord l'oreille du voyageur à son entrée dans la caverne; mais à mesure qu'il avance, des murmures sourds et profonds, des sifflemens aigus, des roulemens lointains se font entendre par toutes bouches du souterrain. Par momens, l'on dirait des gémissemens humains, semblables aux cris que les verges des furies vengeresses arrachaient à leurs victimes; d'autrefois des bruits forts et cadencés, imitent le battement d'une forge, et les lourds marteaux des cyclopes, tombant sur l'enclume d'airain. Il

(1) J.-A. Zamacola. *Historia de las naciones bascas.*

est des jours et des saisons où ces bruits formidables redoublent et se répandent au dehors : l'imagination des paysans les interprète de manière à augmenter la terreur qu'ils inspirent; ils peuvent avoir pour cause, la chute des torrens intérieurs et les compressions du vent, dans les cavités sonores du souterrain.

La grotte de Balzola n'est point la seule du même genre, que l'on trouve dans les provinces basques; il en existe au contraire un grand nombre : elles servaient anciennement de refuge à la population des vallées contre l'invasion ennemie; les guerriers de la montagne eux-mêmes, quand la victoire avait trahi leur valeur, s'y renfermaient quelquefois, pour en sortir invincibles. La Basse-Navarre possède une de ces profondes cavités, capable de contenir plus de dix-mille combattans; une colline masque son ouverture ; la *Tour du Diable*, qui lui sert de couronnement, est bâtie d'ossemens humains et de crânes; la couleur du ciment pétrifié par les siècles atteste qu'il fut détrempé dans le sang. A ces monumens terribles se rattachent de tragiques souvenirs. Quelques-uns datent de la guerre des Basques contre les Romains; il en est qui remontent jusqu'aux premières luttes des montagnards contre les Celtes.

Les Basques, si l'on en excepte les habitans des côtes de la Biskaïe et du Labourd français, qui s'adonnent à la marine, sont un peuple agricole et pasteur. Le bétail fait leur principale richesse, et l'on remarque que dans leur idiôme patriarcal le mot *aberatsua*, désignant le riche, signifie en définition possesseur de nombreux troupeaux. Les Basques n'élèvent point de bœufs; les vaches tirent la charrue dans les vallées; celle que l'on laisse errer sur les montagnes sont petites, agiles et presque sauvages. Les chevaux que l'on y trouve sont également vifs et robustes, mais petits. La belle race que les écuyers navarrais entretenaient avec tant de soin, durant les guerres contre les Maures, est aujourd'hui perdue ou a peu près.

Les années de paix qui se sont écoulées pour les Basques depuis ces luttes glorieuses, ont porté leurs fruits. La culture si riche dans les bassins des vallées a poursuivi ses conquêtes jusqu'aux sommités les plus âpres ; elle lève ses tributs sur les plus petits lambeaux de terrain, les moindres rubans de verdure que lui disputent les rochers : les pentes les plus escarpées offrent des champs cultivés ; il serait impossible d'y tracer des sillons au moyen de la charrue. L'instrument dont les montagnards se servent pour labourer porte le nom de *laïa* : c'est une grande fourchette de fer, à poignée de bois, dont les deux dents peuvent avoir seize à dix-huit pouces de longueur sur trois ou quatre pouces d'écartement. Les femmes et les filles prennent la même part que les hommes à ce travail qui se fait à reculons, et le *laïa* dont leurs mains sont chargées n'est ni plus petit ni moins lourd. Les travailleurs de tout sexe, se rengent en file tenant un laïa de chaque main ; ils les rapprochent de manière à laisser aux bras la force et la liberté nécessaires ; puis, courbés sur les reins, tous frappant sur la même ligne en cadence, soulèvent et retournent profondément un même banc de terre avec une fatigue et des efforts dont il est facile de se faire une idée. — Ce rude exercice contribue à donner aux Basques une largeur de poitrine et d'épaules, qui, jointe à la taille svelte et à l'agilité proverbiale du montagnard, imprime à sa démarche un caractère de majesté sauvage, de souplesse et de vigueur.

C'est surtout en parcourant les vallées pittoresques de la Biskaïe et du Guipuzkoa que le voyageur levant la tête et les yeux s'étonne d'apercevoir sur des hauteurs en apparence inaccessibles ces rangées de travailleurs qui s'abaissent, se relèvent, retombent, avec un mouvement fort et mesuré. Il ne peut s'empêcher de reconnaître à cet aspect le peuple le plus laborieux de l'Occident, et s'émerveille que de jeunes filles aux formes élégantes et souvent frêles puissent soutenir à demi-nues, dans ce pénible exercice, la longueur et le poids du jour. Enfin, au coucher du soleil, le travail cesse, les rangs sont rompus et les *laïas* jetés à terre. Au même instant les notes joviales d'un fifre aigu et les battemens d'un tambour de Basque se font entendre; et, mieux que le repos, ce bruit magique a dissipé de la fatigue jusqu'au souvenir. Les groupes s'animent aussitôt; jeunes filles et garçons se donnent les mains, pour exécuter des rondes agiles sur les plate-formes des rochers. Aux chants des vierges se mêlent les cris éclatans des montagnards; souvent la nuit a déroulé ses ombres jusque sur le penchant des vallées, les danseurs ont disparu dans son obscurité, que le petit tambour de fée et le galoubet de lutin envoient aux échos leurs sons prestigieux. — Quelqu'observation de ce genre aura dicté la phrase spirituelle de Voltaire, où ce brillant poète voulut peindre les Basques d'un seul trait, en les appelant : *un petit peuple qui saute et danse au haut des Pyrénées*.

Les anciens Cantabres se livraient avec succès à l'exploitation des mines de fer; ils suppléaient au manque de machines hydrauliques par l'action du feu : Pline et Strabon ont confusément décrit les procédés qu'ils employaient. Les Basques modernes ne se montrent ni moins assidus, ni moins habiles dans ce travail. La seule province de Biskaïe possède plus de cent quarante forges et martinets qui sont en mouvement jour et nuit. La mine la plus riche que l'on y trouve est celle de Somorostro; elle est commune et semble inépuisable, quoique l'on en retire année moyenne un million de quintaux de minerai. — C'est dans les vallons les plus sauvages, où l'on ne découvre aucune trace de culture, où les troupeaux s'aventurent rarement, que les forges sont établies, au milieu des forêts qui doivent fournir le charbon nécessaire à leur exploitation : les ateliers des cyclopes, occupent les paysages les plus agrestes; les animaux farouches, inquiétés par le génie de l'homme, jusque dans leurs retraites les plus reculées peuvent à peine y cacher leur frayeur ; le bruit retentissant et mesuré des lourds martinets des usines s'y mêle sans cesse aux roulemens des cascades, aux cris des aigles et aux murmures solennels des forêts.

Les côtes de la Biskaïe et du Guipuzkoa présentent d'autres scènes. J'ai dit que la chaîne de Pyrénées s'écarte brusquement du golfe labourdin, et se dirige vers la Galice en traversant la Cantabrie : les montagnes qui se déroulent du côté de l'Océan, s'abaissent à mesure qu'elles approchent du rivage ; le terrain devient sabloneux et découvert, et se termine par une bordure de rochers pittoresques, contre lesquels la mer vient tantôt s'endormir riante et paisible, tantôt se briser avec fracas. Laredo, Lequeytio, Bilbao, Deva, Guetaria, Saint-Sébastien, le Passage, sont les plus considérables des ports qui jalonnent la ligne des côtes : les Basques qui les habitent sont hardis navigateurs, excellens marins, et, dans l'occasion, formidables corsaires. Si je voulais peindre l'activité, je choisirais pour sujet du tableau les ports de la Biskaïe. Une circonstance qui surprend les voyageurs, c'est que les femmes s'occupent du chargement des navires, et font le métier de portefaix. L'on éprouverait quelque peine à les voir supporter de lourds fardeaux, si leur démarche légère, leurs dialogues spirituels, débités avec la plus grande volubilité et leurs rires folâtres n'annonçaient que la fatigue ne saurait les accabler. J'ai vu souvent deux jeunes filles à la taille svelte, les deux mains appuyées sur les hanches, soutenir sur leurs têtes le même ballot, sans rompre l'équilibre, et marcher coquettement de front, d'un pas léger et cadencé. La journée se termine par des danses : les étrangers ne reviennent pas de leur admiration, et trouvent singulière une vie bien simple. Dans tout pays où l'homme cherche le péril, la femme se livre gaiement au travail : les Basquaises sont familières avec l'un et l'autre.

Hélas! les siècles paisibles qui suivirent l'expulsion des Maures ont achevé leur cours dans nos montagnes. Les peuples de l'Occident s'agitent, les convulsions révolutionnaires se succèdent avec rapidité. Les derniers jours de la tribulation ont vu se lever l'astre de sang, et les luttes de l'indépendance ont recommencé pour les enfans d'Aïtor ! Quel sera ton destin ô peuple de l'*Agneau?* La race antique du Soleil doit-elle, par une merveilleuse transfiguration, s'élever à un nouveau rôle social, une grande mission d'avenir ? ou bien, l'arrêt fatal serait-il prononcé contre la nation des *Voyans?* Ses dernières tribus doivent-elles bientôt emporter dans la tombe les mourantes clartés des civilisations ibériennes et la sainte image de la primitive liberté ? — Les jours ne sont peut-être point éloignés, où les guerriers des vallées, décimés par le sabre des Barbares, s'en iront errans sur les rochers, sans autre asile que les forêts sombres et les grottes souterraines, où se réfugièrent nos ancêtres avec leurs armes sanglantes et leurs drapeaux lacérés!...

A. CHAHO.

TABLE.

TABLE

DES MATIÈRES DU PREMIER VOLUME.

	Pages.
Introduction, par M. Édouard d'Anglemont.	5
La cathédrale de Cordoue, par M. le marquis de Custine.	9
Rita, par M. A. Genevay.	24
Ribera, par M. G. Laviron.	31
A mon papier, Cançao, traduit de Camoëns, par M. Ferdinand Denis.	46
Zumala-Carreguy, par M. Augustin Chaho.	49

Le Nid, traduction d'Estevan de Villegas, par M. A. GENEVAY.	70
Le Tage et ses affluens, par M. BORY DE SAINT-VINCENT.	71
Gibraltar, par M. CH. MARCHAL.	79
La Tour de Tolède, par M. EDOUARD D'ANGLEMONT	92
Le naufrage de Sepulveda, poëme portugais, de Corte-Real ; comparé aux chroniques de Maffei et de Goulard, par M. FERDINAND DENIS.	96
L'Ascension au Mont-Perdu, par M. ACHILLE JUBINAL.	124
Le Roi d'Arragon et le duc d'Anjou, par M. HENRY.	137
L'Alhambra, par M. JUAN FLORAN.	143
Saint-Jacques de Compostelle.	167
Le comte Alarcos et l'infante Solisa, romance traduite par M. FERDINAND DENIS.	173
Le tombeau du Cid.	182
L'Ours et la Guénon, fable d'Iriarte, traduite par M. A. GENEVAY.	189
Le Tribut des cent Vierges, romance traduite par M. A. HUGO.	191
Godoï, par M. GENEVAY.	193
Ode à Vénus, traduite de Manoël, par M. EDOUARD D'ANGLEMONT.	212
Alonzo Berruguète, par M. THORÉ.	218
Cervantes à Madrid, par ALPHONSE BROT.	232

	Pages.
Dolores, par M. le comte GASPARD DE PONS.	241
Insurrection de Cadix en 1808, par M. le comte DE CANCLAUX.	261
La vallée de Covadonga, fragment du poème de Pélage, du comte de Salduena, par M. A. MONREGARD.	274
Sainte-Thérèse de Jésus, par M. DANIEL GAVET.	277
Fièvre jaune de Barcelonne, par M. JULIA DE FONTENELLE.	286
Melendez, par M. BERNARD LOPEZ.	300
Un tableau de Pedro Campana, par M. THORÉ.	313
De la Réforme en Espagne.	318
Algésiras, par M. CH. MARCHAL.	325
Don Juan d'Autriche, par M. LASSAILLY.	337
Les Pyrénées espagnoles, par M. AUGUSTIN CHARO.	351

FIN DE LA TABLE DU PREMIER VOLUME.

IMPRIMERIE DE D'URTUBIE ET WORMS,
Rue Saint-Pierre-Montmartre, 17.

www.ingramcontent.com/pod-product-compliance
Lightning Source LLC
Chambersburg PA
CBHW060553170426
43201CB00009B/762